게슈탈트 상담의
이론과 실제

Petrūska Clarkson 저
김정규 · 강차연 · 김한규 · 이상희 공역

학지사

Gestalt Counselling in Action 2nd Edition

by Petrūska Clarkson

English language edition published by Sage Publication of London, Thousand Oaks and New Delhi

Reprinted 1990, 1991, 1992, 1993(twice), 1994, 1995, 1996, 1998.
This second edition first published 1999.

역자 서문

내가 만났거나 읽었던 기라성 같은 게슈탈트치료자들과 저술가들 중에서 가장 밝고 아름답게 빛나는 별들 중에 몇 사람만을 언급한다면, 맨 처음에 떠오르는 사람은 단연 프리츠 퍼얼스(Fritz Perls)다. 그의 천재적이고 박진감 넘치는 게슈탈트 저술들은 60년의 세월이 흘렀지만 아직도 여전히 읽는 사람으로 하여금 전율을 느끼게 만든다. 1950년대의 캄캄한 밤하늘에 혜성과 같이 나타난 그의 치료자로서의 행동과 말은 과히 혁신적이었으며, 모든 사람에게 신선한 충격을 안겨다 주었다. 그것은 단지 그의 언행이 과격하거나 튀었기 때문만은 아니었다. 그의 사상은 낡은 시대의 패러다임을 깨고, 새로운 시대를 알리는 선지자의 목소리처럼 힘차고 박진감이 넘쳤었다. 그는 이미 정체상태에 들어간 낡은 정신분석의 틀을 깨부수고, 새로운 시대를 예고하는 심리치료 분야의 세례요한 같은 역할을 수행하였다.

이후 게슈탈트치료는 로라 퍼얼스(Laura Perls), 폴 굿맨(Paul Goodman), 짐 심킨(Jim Simkin), 이사도어 프롬(Isadore Fromm)과 같은 훌륭한 1세대 게슈탈트치료자들의 작업에 이어 어빙 폴스터(Erving Polster), 미리암 폴스터(Miriam Polster), 조지프 징커(Joseph Zinker), 에드윈 네비스(Edwin Nevis), 소냐 네비스(Sonia Nevis), 게리 욘테프(Gary Yontef), 바이얼릿 오클랜더(Violet Oaklander) 등 1.5세대에 해당하는 치료자들에 의해 더욱 새로운 모습으로 다

양화되고 깊어졌다.

생각해 보면 프리츠 퍼얼스의 천재적이고 개척자적인 업적이 있었기에 이후의 모든 발전이 가능했겠지만, 그래도 후배들의 뛰어난 작업들이 계속 뒷받침되지 않았더라면 게슈탈트치료는 아마도 얼마 가지 않아 빛을 잃어버렸을지도 모른다. 내가 직접 만난 사람들은 모두 1.5세대에 해당하는 스승들이었다. 나는 그들을 통해 프리츠 퍼얼스를 볼 수 있었고, 또한 느낄 수 있었다. 하지만 내가 만난 사람은 단지 퍼얼스만은 아니었다. 1.5세대 스승들 자체가 어떤 면에서는 한 분 한 분 모두 퍼얼스를 능가하는 대단한 분들이었다.

그중에서도 가장 대표적인 분은 현재 90세를 넘기셨는데도 정정하게 살아계시며, 아직도 왕성한 활동을 하고 계신 어빙 폴스터 선생님이시다. 그의 책을 읽노라면 사상의 깊이가 매우 심오하면서도 문체가 어찌나 아름다운지 그의 문학적 감수성에 경탄을 금치 못한다. 게다가 번뜩이는 재치와 유머는 그의 인품에 매료되어 흠뻑 빠져들게 만든다. 실제로 그의 치료집단에서 그를 직접 만나게 되면 그의 호기심에 반짝이는 눈이 가장 먼저 눈에 띄고, 다음으로 따뜻하게 맞아 주는 할아버지의 너른 품이 느껴진다. 그의 치료 작업은 게슈탈트치료의 이미지를 퍼얼스의 선사(禪師)와 같은 분위기에서 할아버지와 손자의 대화 같은 것으로 바꾸어 놓는다.

내가 미국 샌디에이고 게슈탈트치료 연구소에서 1993년도부터 3년간 그의 곁에서 배우며 경험한 그의 치료는 항상 웃음과 유머로 넘쳐나면서도 일순간 섬광과 같은 번쩍임으로 새로운 통찰을 갖게 해 주는, 설명하기 어려운 놀라운 마력이 있었다. 2005년도에 한국에 오셨을 때, 가까이서 뵌 어빙 폴스터 선생님은 참으로 인자하고 따뜻한 할아버지 같은 모습이면서도, 또한 천진난만한 어린아이의

모습도 함께 지니고 있었다.

그의 부인인 미리암 폴스터를 내가 처음으로 만난 것도 미국 샌디에이고 게슈탈트치료 연구소에서였다. 그녀는 참으로 우아하고 품위 있는 여성으로서 항상 조용히 집단의 흐름을 지켜보면서 집단원들의 이야기를 참을성 있게 끝까지 경청하시는 편이었다. 그녀가 어빙 폴스터 선생님과 함께 집단을 이끌 때는 주로 가만히 지켜보다가 가끔씩만 개입하셨는데, 매우 예리하고 정확하여 오랫동안 여운을 남겼다. 그녀의 글이나 말은 음악을 전공했던 그녀의 배경 때문이었을까 항상 단아하면서도 군더더기가 없었으며, 마치 노래하는 것 같았고 생기에 넘쳤다. 그녀의 눈빛은 봄날처럼 온화하였고 가을 하늘처럼 맑고 깊었다.

어빙과 미리암 폴스터 선생님 두 분의 애정은 한없이 깊었고, 서로를 존경하며 배려해 주는 모습이 너무나 아름다워서 모든 사람의 존경과 찬사를 받았었다. 내가 그녀를 마지막으로 본 것은 2000년 몬트리올에서 열렸던 어빙 폴스터 선생님의 은퇴기념 국제학술대회 때였는데, 불행히도 그녀는 다음 해 12월에 유방암으로 돌아가셨다. 하지만 마이클 빈센트 밀러(Michael Vincent Miller)가 썼듯이 그녀는 모든 게슈탈트치료자들의 가슴에 아름다운 여신(diva)으로 살아남아서 항상 따뜻함과 사랑의 미소로 우리를 지켜주시는 것만 같다.

에드윈과 소냐 네비스 부부는 세계 최초로 게슈탈트치료 연구소를 클리블랜드에 세워서 어빙 폴스터, 조셉 징커를 비롯하여 수많은 게슈탈트치료자들의 치료활동과 연구활동을 도왔으며, 또 1977년에는 미국 동부 케이프코드에 '국제게슈탈트치료 연구센터(GISC)'를 설립하여 「게슈탈트 리뷰(Gestalt Review)」라는 국제학

술지를 발간하는 것을 비롯해서 수많은 교육 프로그램과 워크숍을 시행하는 등 게슈탈트치료자들의 연구 및 치료활동을 재정적으로, 그리고 기술적으로 지원하는 다양한 사업을 해 왔다.

두 부부는 또한 게슈탈트치료의 영역을 기업상담, 컨설팅, 코칭, 부부치료, 가족치료 등의 분야로 한껏 확장시킨 인물들이다. 두 사람 모두 벌써 90이 훌쩍 넘었는데도 아직도 정정하게 활동하고 있다. 에드윈 네비스는 17년간 MIT 경영대학원 교수로 재직하면서 기업상담 분야의 개척자로서 기업조직의 변화를 위한 게슈탈트치료 전략을 기술한 5권의 책을 저술하는 등 국내는 물론 국제적으로 많은 활동을 하였다.

소냐 네비스는 아직도 국제게슈탈트치료 연구센터의 공동센터장이면서 케이프코드 부부 및 가족치료연구소장을 맡아서 활동하고 있다. 내가 그들 부부를 만난 것은 2001년 스페인 빌바오에서 열렸던 밥 레스닉(Bob Resnick)의 게슈탈트치료 슈퍼비전 집단에서였는데, 그들은 모두 나이와 상관없이 너무나 열정적으로 일하고 있었다. 게슈탈트치료자로서 아마도 이 두 분만큼 사업적으로, 학문적으로 많은 기여를 한 사람은 없을 것이다.

1.5세대 중에서 그다음으로 떠오르는 인물은 조지프 징커다. 그는 임상심리학을 공부하기 전에 원래 예술가로서 활동하였던 만큼 그의 글은 우아하고 경쾌하며, 매우 아름답다. 그는 직관과 새로운 아이디어들이 용솟음치면서 게슈탈트 치료가 아름다운 예술임을 보여 준 가장 뛰어난 저술가이면서 또한 치료자였다.

내가 1992년 겨울 뉴욕에서 개최되었던 '미국집단치료학회(AGPA)'에서 그를 처음 만났을 때, 이미 그는 머리가 온통 하얀 백발로 뒤덮여 있었으며, 턱수염까지 밝고 하얗게 빛나고 있었다. 한

번은 그의 부부치료 시연을 보았는데, 그의 동작은 마치 춤추는 것 같았고, 말은 노래하는 것 같았다. 그 앞에 섰던 한 젊은 부부는 그의 다정한 말 몇 마디에 금세 눈물을 주르르 쏟으며, 서로 손을 맞잡고 엉엉 울었다. 그의 치료는 물 흐르듯 자연스럽게 진행되었고, 사람들은 그러한 진행에 흠뻑 매료되었었다. 아마도 조지프 징커만큼 자유분방하면서도 게슈탈트치료를 깊이 있는 예술의 경지로 승화시킨 인물은 그 이전에도 이후에도 찾아보기 어려울 것이다.

게리 욘테프는 게슈탈트치료 이론을 굳건한 반석 위에 올려놓았다. 그의 철학적이고 깊이를 알 수 없는 심원한 사고는 그의 저술을 읽는 이로 하여금 깊은 동굴을 탐사할 때처럼 오싹하는 느낌과 더불어 경건한 마음이 들게 만든다. 그는 현대 게슈탈트치료이론을 완성한 인물로 꼽힐 수 있으며, 과거의 게슈탈트치료가 프리츠 퍼얼스의 영향 아래 즉흥적이고 직관적인 경향을 띠었다면, 그의 게슈탈트치료는 지극히 관계적이며 과정적이다. 그는 게슈탈트치료에 탄탄한 이론과 전략을 보강하였으며, 치료에서의 대화를 통한 만남과 과정을 중시하였다. 그의 저서 『알아차림, 대화 그리고 과정』(학지사, 2008)은 게슈탈트치료 이론서로서 지금까지 출간된 것중 가장 뛰어난 것으로 인정받고 있다.

그의 치료는 자로 잰 듯 정확하고, 이음새 없이 자연스럽다. 내담자를 대하는 그의 정중함과 차분함 그리고 온화함은 치료과정을 보는 이로 하여금 게슈탈트치료의 전범(典範)을 대하는 느낌을 갖게 한다. 그가 2008년도에 한국에 와서 많은 사람 앞에서 개인상담 시연을 했을 때, 청중들은 그의 깊이 있고 정교한 치료 장면을 보면서 모두 깊은 감동을 받았었다. 그는 캘리포니아 주립대학교(UCLA) 심리학과 교수를 역임하였고, 현재 자신의 수제자인 린 제

이콥스(Lynne Jacobs)와 함께 '태평양게슈탈트연구소(PGI)'를 운영하면서 많은 후학들을 길러너었으며, 고령에도 불구하고 아직도 왕성한 활동을 하고 있다.

바이얼릿 오클랜더는 게슈탈트치료를 아동 · 청소년들에게 적용할 때 예술매체를 활용할 수 있도록 새로운 영역을 개척한 입지적인 인물이다. 그녀의 치료는 매우 체계적이면서도 간명하여, 게슈탈트치료 이론을 공부한 사람은 누구나 쉽게 배울 수 있도록 되어 있다. 그녀의 책 『아이들에게로 열린 창』(학지사, 2006)은 12개국 언어로 번역되었을 만큼 게슈탈트 예술치료 분야의 명저다.

그녀는 아동 · 청소년 치료에 탁월한 재능을 가졌고, 무엇보다도 게슈탈트치료 이론의 원리를 예술치료와 조화롭게 통합하여 게슈탈트치료의 새로운 분야를 개척한 공로를 인정받고 있다. 2001년도에 클리블랜드에서 개최되었던 국제 아동 · 청소년 게슈탈트치료학회에서 그녀를 만났었는데, 당시 이미 70대 중반인데도 그녀는 아직도 매우 왕성한 활동을 하고 있었다. 최근에 페이스북에서 아직도 열심히 활동을 하고 있는 그녀의 근황을 추적할 수 있었다.

이제 이 책의 저자인 페트루스카 클라크슨(Petrūska Clarkson) 차례다. 앞에서 인용한 게슈탈트치료의 거장들이 모두 미국인들이었다면, 그녀는 유일한 영국인이다. 정확하게 말해서 그녀는 영국계 남아프리카 출신으로서 대부분의 교육과 훈련을 남아프리카에서 받았다. 하지만 전문가가 된 이후 그의 주 활동무대는 영국으로 옮겨졌고, 영국에서 게슈탈트치료의 기초를 세우는 역할을 했다. 그녀는 게슈탈트치료뿐 아니라 정신분석, 융의 분석심리학, 인간중심치료, 교류분석, 통합치료, 집단치료, 영성치료 등의 분야에서도

많은 업적을 남긴 대학자다. 그녀의 저서와 논문은 수백 편에 달하며, 대학에서 강의와 연구활동을 하는 외에도 국제적으로 수많은 치료 및 학술활동을 하였고, 방송과 매스컴에도 널리 알려진 인물이었다.

그녀는 1.5세대의 마지막 게슈탈트치료자로서 1980년대 초반에 런던에서 활동하면서 당시 영국 최초로 종합 심리치료센터인 Metanoia 연구소를 설립하여 게슈탈트치료자뿐만 아니라 인간중심치료, 교류분석치료, 코칭, 기업상담 분야의 수많은 인재들을 길러 냈다. 그녀는 이 연구소에서 피터 필립슨(Peter Phillipson)을 비롯하여 현재 영국에서 활동하고 있는 대부분의 저명한 게슈탈트치료자들을 손수 길러 냈다. 그런데 불행히도 그녀는 2006년에 58세의 일기로 생을 마감하여 주위의 많은 사람에게 안타까움을 주었다. 그녀가 좀 더 오래 살았더라면 분명히 게슈탈트 치료의 발전에 더욱 많은 기여를 했을 텐데 이 점 매우 안타깝게 생각한다.

그녀의 대표 저서 중 하나인 이 책은 게슈탈트치료의 기본 이론서로서 지금까지 가장 뛰어난 저술로 인정받고 있다. 이 책은 너무나 간결하고 정교한 언어로 기술되었으면서도 그 내용은 결코 가볍거나 허술하지 않다. 흔히 어려운 이론을 접하다 보면 나무는 보이되 숲이 보이지 않는 답답함을 느낄 때가 많은데, 클라크슨의 책을 읽으면 항상 머리가 맑아지며, 나아갈 길이 분명하고 또렷하게 보이는 느낌이 든다. 그녀의 명석하고 분명한 논리는 복잡하고 어려운 내용을 독자들에게 쉽고 간명하게, 그리고 재미있게 전달해 주는 특별한 힘이 있는 것 같다.

그녀의 삶이 역동적이고 찬란했듯이 이 책은 읽는 이로 하여금 잔잔하면서도 흥미롭고, 역동적인 느낌이 들도록 이끌어 준다. 독

자들은 그녀의 나지막이 읊조리는 목소리에 자기도 모르게 이끌려 가다 보면, 문득 어느샌가 게슈탈트치료의 깊숙한 산골짜기에 들어와 있음을 알아차리고는 신기한 느낌을 갖게 될 것이다. 게슈탈트치료를 처음 배우는 사람들에게는 입문서로서, 그리고 게슈탈트치료를 이미 여러 경로를 통해 접한 사람들에게는 항상 다시 돌아와 쉴 수 있고, 지나온 길들을 편안히 뒤돌아볼 수 있는 고향집과 같은 역할을 해 줄 것이라 믿는다.

마지막으로 이 책의 번역을 함께한 이상희 박사, 강차연 박사, 김한규 선생에게 많은 감사를 드린다. 세 분이 함께 모여 많은 시간 동안 토론을 하면서 정성스럽게 번역한 1차 원고를 바탕으로 대표역자가 다시 한 문장 한 문장을 공을 들여 다듬어 완성하였다. 그리고 이 책의 출판을 승낙해 주신 도서출판 학지사 김진환 사장님과 원고를 정성스럽게 교정하여 주신 이세희 차장에게도 이 자리를 빌려 고마움을 표한다.

2010년 10월 15일
남양주시 수동면에서
대표역자 김정규

저자 서문

심리치료에 대한 책을 쓴다는 것은 무척 두려운 일이다. 한 존재와의 생생한 만남과 [내담자와의 진화해 가는 대화과정에서 함께 나눈 의미들을 더듬어 회고하면서 그것들의 의미에 대한 편린들을 주워 모아서 기술한] 그것들에 대한 창백하고 정적인 표상에 지나지 않은 글쓰기 사이의 간격을 나는 참으로 고통스럽게 경험한다.

나는 내담자들의 저마다 독특하고 서로 다른 생생하고, 직접적이며, 온전한 존재들이 펼쳐 내는 향연들을 손상하지 않으면서, 동시에 수련생들이나 학생들의 [그러한 영역에 대한] 독서 욕구도 충족시켜 주어야 하는 불가능한 임무를 수행하기 위해 아슬아슬한 항해를 하였다.

나는 게슈탈트치료의 열정적이고, 풍성하며, 순수한 치료현장에 매료되면서도 그것들에 대해 책을 써야 하는 것에는 몹시 초조해짐을 느낀다. 다른 치료자들도 그렇겠지만 나는 가끔 게슈탈트치료자들 사이의 다양한 이론적 견해들 [때로는 모순된 입장들] 때문에 절망감을 느끼기도 한다. 하지만 때로는 바로 이런 것들이 제공해 주는 창조적 자유로움으로 인하여 희열을 느끼기도 한다.

게슈탈트란 무엇보다도 전체에 관한 것이다. 즉, 냄새와 맛, 직관, 우리를 둘러싸고 있는 환경, 역사적 맥락, 우주의 입체영상 [홀로그램]을 모두 포함하는 전체다. 이 모든 것은 [삶이라는 양탄자 속에서 모든 상징과 단어들, 그리고 운율과 형식들이 생명과 비극,

유머로 살아 역동하면서도 결코 그 예술성을 온전히 다 보여 줄 수는 없는] 훌륭한 시에서처럼 모두 동시에 존재한다.

이 책은 게슈탈트치료를 초보상담자들에게 알기 쉽게 설명해 달라는 요청을 받고 쓴 입문서로서 심각한 임상적 장애에 대해서는 다루지 않았으며, 치료의 진행과정에 따른 시간적 흐름에 따라 기술하였다. 이러한 집필 배경으로 인하여 분할되지 않은 한순간의 좌우반구 기능의 온전한 통합과 일치하는 일순간의 정신생리학적 통찰을 강조하는 치료적 접근과는 거리가 생길 수밖에 없었다. 하지만 이 책은 게슈탈트치료의 가능성이 무엇인가를 보여 주는 단지 하나의 조그만 시작에 불과하다. 즉, 살아 있는 만화경의 조그만 편린, 무한 속의 한순간에 지나지 않는다.

이 책은 게슈탈트에 대한 책이 아니다. 왜냐하면 글로 묘사될 수 있는 것은 더 이상 게슈탈트가 아니기 때문이다. 기껏해야 게슈탈트치료 근사치에 대한 책일 뿐이다. 이 책에 나오는 어떤 이야기들도 한 사람의 살아 있는 내담자에 대한 것이 아니다. 왜냐하면 내가 다룬 어떤 내담자라도 한 권의 책에 붙들어 둘 수가 없기 때문이다. 하물며 몇 줄의 문장에야! 그들의 핵심은 항상 글의 묘사를 벗어날 수밖에 없다. 그들의 진실은 그들 삶의 정체성과 이야기, 그리고 말들에 대한 나의 [지각적] 혼돈과 왜곡에 의해 오히려 가려졌다. 하지만 그들이 내게 가르쳐 준 진실의 일부분만이라도 독자들에게 전해질 수 있기를 간절히 바랄 뿐이다. 이 책에 인용된 게리의 사례는 수피시(Sue Fish)가 제공해 준 것이었으며, 그녀에게 감사와 사랑을 담아 이 책을 헌정한다.

페트루스카 클라크슨

차 례

01 소개글

'게슈탈트' 의 정의

독일어인 게슈탈트(Gestalt)라는 말은 영어로 번역하기가 쉽지 않다. 게슈탈트란 모양, 패턴, 전체 형태, 배열(configuration) 등 매우 다양한 개념을 포함하고 있다. 또한 게슈탈트는 단순히 부분의 합과는 다르며, 그 이상의 의미를 가지고 있다.

가족을 생각해 보면 좋은 예가 될 것이다. 가족은 서로 다른 개성을 가진 개별적인 구성원들로 이루어져 있다. 가족 성원들을 [다른 구성원들을 고려하지 않은 채] 한 사람 한 사람 분석할 수는 있지만, 가족을 전체 단위로 보면 한 가족이 움직이는 방식은 그 가족 성원들 개개인의 심리를 다 합한 것보다 더 독특하며 다른 모습

이 된다.

게슈탈트 상담의 목표는 한 사람으로 하여금 자신의 모습과 행동 패턴, 그리고 자신의 전체성을 탐색하고, 발견하고, 체험하게 해 주는 것이다. 치료과정에서 분석이 이루어지기도 하지만, 좀 더 고유한 목적은 [자신의] 모든 분리된 부분들을 통합하는 것이다. 이 과정을 통해 내담자들은 온전히 자기 자신이 될 수 있고, 또한 아직 발현되지 않은 자신을 실현시킬 수 있게 된다. 그리고 이러한 경험에서 오는 충만함은 살아가는 과정에서 체험될 수도 있고, 어느 한순간의 경험에서 느껴질 수도 있다.

상담에서의 게슈탈트 접근

게슈탈트 상담은 각 개인이 매 순간, 매 사건을 인지적이고 경험적으로 통합하는 것을 중시한다. 연구결과에 따르면 뇌의 좌우 두 반구가 서로 다른 기능을 수행한다고 밝혀졌다. 이 기능들은 단순히 서로 다른 별개의 기능이기보다는 강조점이 다르다. 오른손을 주로 사용하는 사람들의 경우에 좌반구는 주로 논리적 사고, 인과적 연계, 그리고 연역적 추론을 담당한다. 같은 경우 우반구는 리듬, 공간관계 그리고 직관을 파악하는 힘을 담당한다(Ornstein, 1972).

게슈탈트 상담은 비선형적인 사고의 특성을 지닌 우반구를 강조하는 접근이지만, 그렇다고 논리적 사고를 배제하기보다는 오히려 이를 보완하는 쪽이다. 우반구적 사고는 일종의 직관적 지식에 적용될 수 있다. 예컨대, 가족이 통합적 전체로서 거실에서 어떻게

관계하고 있는지 그 정서적인 분위기를 전체적으로 파악할 수 있게 해 준다. 아무런 장식이 없는 벽에 조촐한 가구만 놓여 있는 단출한 방과, 그림과 꽃이 있고 몸을 쭉 뻗고 누울 수 있는 부드러운 소파들이 있는 넓은 방은 서로 다른 분위기의 형태(게슈탈트)를 창조해 낸다.

게슈탈트 상담자들은 특히 은유, 상상, 심상 등을 많이 사용하며, 신체 자세나 움직임을 활용하기도 하며, '실연(enactment)'을 행해 보기도 하고, 시각화시키고, 시간을 넘나들기도 하며, 전신을 사용하여 감정을 행동으로 표현하기도 한다.

> 요약하면, 게슈탈트 상담자들이 주로 사용하는 기법은 좌뇌의 기능을 억제하고, 우뇌의 지각과 기억을 자극하여 과거와 현재의 경험을 좀 더 적절하게 상징적으로 드러나게 하여 통합하는 것이다(Fagan, 1977: 67).

게슈탈트 상담의 창시자인 프리츠 퍼얼스(Fritz Perls)는 생동적이며 인습에서 벗어난 사람이었다. 퍼얼스는 그 시대의 분석적 접근에 반기를 들고 정신의학에서 균형을 다시 잡아 보려 했다. 그는 분석적 접근이 환원주의적이고, 결정주의적이며, 지나치게 주지화되어 있다고 보았던 것이다. 퍼얼스는 "생각을 버리고 감각으로 돌아오라."와 같은 도발적인 말을 자주 하였고, 주지화하는 것은 '개똥' 같은 것이라고 조소하였다.

게슈탈트 상담을 오해하고 있는 사람들은 아직도 이러한 말이 좌반구의 지적 기능을 완전히 무시하라는 말로 오해한다. 그러나 현대의 게슈탈트 접근은 신체와 감정, 그리고 지적인 측면들을 통

합하는 데 그 목표를 두고 있으며, 인간의 가장 기본적 욕구를 사회 환경이라는 맥락 속에서 이해한다.

게슈탈트 상담은 또한 실존주의에 뿌리를 두면서 정신분석적 지식을 관계, 알아차림, 실험이라는 세 가지 주요 방책을 통하여 절차적 발명과 결합시킨 통합적 접근법이다.

게슈탈트의 실제 적용 방법을 탐색하기 전에 역사적, 철학적 배경을 이해하고자 하는 독자들을 위해 이제부터 20세기의 심리학 동향의 맥락에서 게슈탈트 접근에 대한 이론적 설명을 하고자 한다. 물론 이 부분을 건너뛰고 책의 나머지를 먼저 읽고 전체적인 맥락을 이해한 뒤에 이 장으로 돌아올 수도 있다.

게슈탈트 접근의 배경

게슈탈트 접근은 실존주의와 인본주의 심리학에서 기원한다. 이 관점을 공유하는 치료자들은 치료자 자신의 가치관과 인간관을 배제하고 상담관계에 임하는 것이 불가능하다고 주장한다. 이런 점에서 볼 때 게슈탈트 접근은 본질적으로 '제3세력'이라고 불리는 인본주의 심리학에 속한다고 할 수 있다. 게슈탈트 접근은 1950년대와 1960년대에 꽃을 피웠고, 1980년대에 이르러서는 전문적으로, 이론적으로, 윤리적으로 성장하였다.

한때 게슈탈트 접근은 미국에서 가장 인기 있는 심리치료 중 하나로 인용되었다(Polster & Polster, 1974). 오늘날 영국에서는 게슈탈트 상담을 자신의 주 치료적 방법으로 생각하는 사람들이 수백 명에 달한다.

게슈탈트 심리치료는 20세기에 들어서면서 나타난 3대 심리학 주류 중 하나에 그 뿌리를 두고 있다. 1900년에 프로이트(Freud)의 첫 주요 저서인 『꿈의 해석』이 출간되면서, 정신분석이론은 심리학적 사고와 심리치료의 중요한 주류가 되었다. 프로이트와 클라인(Klein)의 정신분석은 인간을 생물학적인 결정론적 존재로 보며, 또한 성욕과 공격성의 욕구에 의해 동기유발이 되는 존재로 본다. 프로이트에게 있어서 정신분석의 목적은 탐색과 이해 또는 분석이었지 반드시 변화는 아니었다.

두 번째 주류는 조건반사와 학습에 관해 연구한 러시아의 심리학자 파블로프(Pavlov, 1928)의 이론이다. 그에게 영향을 받은 학파로는 학습이론가, 행동수정 전문가, 그리고 최근에는 인지행동치료자들이 있다.

1968년 에이브러햄 매슬로(Abraham Maslow)는 프로이트나 파블로프의 이론적 전통을 따르지 않는 제3의 집단을 구분하기 위해 '제3세력 심리학'이라는 용어를 사용하였다. 게슈탈트 심리치료는 바로 여기에 속한다. 이러한 인본주의적 및 실존주의적 전통은 사이코드라마의 창시자인 제이콥 모레노(Jakob Moreno)에게서 그 지적, 이념적 기원을 찾을 수 있다.

모레노는 환자 자신이 자기 인생드라마의 주인공이라 보고, 환자 스스로 자신을 치료해 가도록 격려한 최초의 정신과 의사였다고 말할 수 있다. 모레노는 당시 인본주의와 실존주의 원리에 근거하여 아동들을 대상으로 집단심리치료를 시행하였으며, 그것에 대하여 1908년까지 여러 가지 저술을 하였다(Moreno, 1979).

교류분석도 실존주의와 인본주의 심리치료라 할 수 있는데, 교류분석의 창시자인 에릭 번(Eric Berne)은 퍼얼스의 『게슈탈트치료

축어록(*Gestalt Therapy Verbatim*)』(1969b)에 관해 호의적인 글을 발표하였다. 그 글에서 게슈탈트 심리치료와 사이코드라마의 연관성을 다음과 같이 밝히고 있다.

> 퍼얼스 박사는 박식한 사람이다. 그는 정신분석, 교류분석, 그리고 그 밖에 다른 체계적 접근방법들을 빌려오거나 잠식하였다. 그러나 그는 자신이 누구인지 분명히 알았으며, 절충주의로 끝나지 않았다. 퍼얼스는 자신의 치료법에 사용할 구체적인 기법들을 고르는 데 있어 다른 적극적 치료자들과 마찬가지로 소위 '모레노' 문제를 공유했다. 즉, 알려진 적극적 기법들은 거의 대부분 모레노가 사이코드라마를 통해 이미 실험해 본 뒤였다. 따라서 이 점에서 누구라도 어떤 전혀 새로운 기법을 생각해 내기는 어려운 상황이었다(Berne, 1970: 163-4).

프리츠 퍼얼스 자신은 게슈탈트치료를 빈스방거(Binswanger, 1958)의 현존재 치료(Dasein therapy), 빅터 프랭클(Victor Frankl, 1964/1969)의 의미요법(logotherapy)과 더불어 세 종류의 실존치료 중 하나라고 보았다. 하지만 퍼얼스는 게슈탈트치료만이 순수한 현상학에 기반을 두고 있다고 보았다. 현상학이란 개념에서 벗어나 순수한 알아차림만을 추구하는 철학에 기반을 둔 심리학적 접근이다. 어떠한 사건이나 사람, 또는 상황의 의미를 파악하기 위해 현상학자들은 경험을 해석하는 대신 '묘사(describe)'한다. 만일 [개념적] 판단(judgment)을 하게 되면 현상학적인 지각을 흐리게 하며, 직접적인 체험을 방해한다고 보았다.

오늘날의 많은 게슈탈트 이론가들은 게슈탈트 상담이 이론과 실제에 있어서 모두 퍼얼스 자신이 생각한 것보다 훨씬 더 "실존주의

의 주요 사상을 정신의학적 상황에서 잘 통합한 가장 완벽한 치료" 라고 생각한다(Dublin, 1977: 134).

게슈탈트 심리학, 장이론, 그리고 정신분석의 역사적 기원

게슈탈트 심리학

1926년 프레드릭(프리츠) 퍼얼스는 유명한 신경정신과 의사인 쿠르트 골드슈타인(Kurt Goldstein)이 뇌손상을 당한 군인들을 위해 세운 기관에서 일을 했다. 골드슈타인은 개개인의 행동이 보이는 유기체적 통합성을 강조했는데, 이는 젊은 퍼얼스에게 심리적으로 많은 영향을 주었다. 골드슈타인(1939)은 개인의 행동이 유기체의 통합성을 추구한다고 보며, 유기체가 어떤 손상을 입었건 간에 자기실현을 이루고자 하는 욕구가 있다는 것을 강조하였다.

이즈음 퍼얼스는 베르트하이머(Wertheimer, 1944), 코프카(Koffka, 1935), 그리고 쾰러(Köhler, 1947/1970)가 말한 게슈탈트 심리학의 아이디어들도 받아들이게 되었다. 프리츠 퍼얼스가 '집중치료' 라고 이름 붙인 새로운 치료를 '게슈탈트치료'로 이름을 바꾸는 데는 게슈탈트 심리학자인 로라 퍼얼스(Laura Perls)가 영향을 미쳤다. 로라 퍼얼스는 나중에 프리츠 퍼얼스의 아내가 되었는데, 그녀 또한 게슈탈트 이론과 실제, 그리고 훈련에 있어서 자신만의 방식을 가진 훌륭한 지도자가 되었다. 『게슈탈트치료: 인간 성격에서의 흥분과 성장』(Perls et al., 1951/1969)이라는 책에서는 유기체적 자기실현을 추구하는 성격의 핵심으로서 '집중하는 자

기(concentrating self)' 라는 개념이 여러 번 언급되고 있다.

게슈탈트 심리학의 원리들은 주로 지각 실험에 근거를 두고 있는데, 인간의 기능과 성장과정에서 총체적이고, 유기체적이며, 생물학적인 측면들을 강조한다. 펄스는 이러한 게슈탈트 심리학의 원리들 중 몇 가지, 이를테면 전경과 배경의 원리, 분명한 전경을 형성하여 완결하려는 원리, 지각된 장에서 개인적으로 유의미한 개념을 끌어내려는 심리적 욕구, 특히 전체 체계 안에 정보가 좀 빠져 있어도 전체로 지각하려는 경향성 등을 빌려와서 통합하였다. "게슈탈트 운동은 모든 것을 분해하려는 '원자론적' 구성개념에 치명적인 반격을 가하면서 '전체로서의 유기체' 라는 개념을 심리학 용어로 도입함으로써 심리학 전반에 큰 영향을 미쳤다." (Perls et al., 1951/1969: 26)

게슈탈트 이론에서는 인간의 주요 행동들을 자신의 지각과 경험, 그리고 실존에 대해 의미를 부여하고자 하는 욕구로 본다. 따라서 게슈탈트 접근에서는 인간 삶의 본질을 생물학적이든 영적이든 간에 의미 있는 전체로서 규정하는 데 관심을 둔다. 게슈탈트 이론에서 나온 대부분의 게슈탈트 기법은 그러한 인간의 욕구가 어떻게 나타나서, 어떻게 좌절되고, 어떻게 충족되는지를 탐색하는 데 근거를 두고 있다. 이 책에서는 바로 이러한 과정을 설명하고자 하는데, (게슈탈트의 형성과 소멸과정을 토대로 해서) 상담에서 가능한 발달과정을 반영하는 특징적이고 순환적인 패턴들을 기술할 것이다.

욕구가 일어나고, 우선순위를 정하고, 그것이 충족되는 과정을 설명하는 게슈탈트 심리학의 주요 패러다임 중 하나는 '전경과 배경'의 관계다. 이는 인간 욕구의 전체와 경험들을 의미 있는 것으

[그림 1-1] 전경과 배경

로 만드는 지각의 기본 원리다. 이러한 [전경과 배경의] 관계가 [그림 1-1]에 예시되어 있는데, 이 그림은 마주 보고 있는 두 얼굴로 보이기도 하고, 하나의 꽃병으로 보이기도 한다. 하지만 이 두 가지를 동시에 볼 수는 없다. 어느 하나를 전경으로 지각하면, 다른 하나는 배경으로 물러나기 때문이다.

한 개인에게 '전경'으로 떠오르는 것은 대개 그 사람에게 가장 관련 있는 것이거나 의미 있는 것이며, 그 사람의 주요 관심을 나타내는 것이다. 배고픔과 같이 기본적인 욕구충족이 이루어지지 않은 상태에서는 음식이나 자극에 대한 욕구는 강력한 전경이 되기도 한다. 이를테면, 배고픈 비아프라[1] 사람들에게는 [충분한 양의] 값싼 오트밀 한 그릇이 [적은 양의] 근사한 요리를 먹으면서 즐기는 심미적 만족감보다 더 만족스럽고 강력한 전경이 되는 것이

1) 역자 주: 비아프라(Biafra)는 나이지리아의 남동부 지역의 비아프라 만에 면한 옛 주(州)로, 1967년 나이리지아로부터 독립을 선언하였으나, 나이지리아가 비아프라를 봉쇄하는 바람에 기근을 경험하고 항복하였다.

다. 하지만 [어떤 사람들은] 종교적인 기념일에 금식을 하는 것과 같이, 더 높은 수준의 욕구를 충족하기 위해 수면이나 섭식과 같은 기본 욕구를 포기하는 경우도 있다.

배경이란 전경이 되는 경험의 배경을 의미한다. 예를 들어, 이 책을 읽는 데 몰두하는 동안에는 방안에 흐르는 음악이 '배경'이 된다. 그러다가 음악에 귀를 기울이는 그 순간에는 음악이 바로 전경이 되는 것이다. 게슈탈트 상담에서는 우리가 분명한 전경을 하나씩 차례로 [형성하여] 지각하는 것을 좋은 경험이라고 본다.

이를테면, 잠자고 싶은 것과 같은 생물학적 욕구나 친밀성과 같은 사회적 욕구가 명확하게 전경으로 떠오를 수 있다. 전경을 선명하게 떠올릴 수 있다는 것은 이러한 욕구를 배경과 명확하게 구분하여 분명한 관심을 가지게 되는 것을 의미한다. 한 개인의 [변화하는] 욕구들은 서로 합쳐지거나, 혹은 일단 한 번 충족된 욕구가 전체 체계를 [계속] 지배하거나 하지 않는다. [즉,] 자고 싶거나 쉬고 싶은 욕구가 충족되고 나면, 나는 나의 모든 에너지와 열정을 동원하여 일에 매진한다 또 지적인 욕구를 충분히 충족시킨 다음에, 나는 자유롭게 친구들과 즐거운 대화를 하는 데 모든 에너지를 쏟는다.

개념적으로 말하자면, 전경과 배경이 교체되는 순간들의 연결체는 '경험 주기', 혹은 게슈탈트의 형성과 파괴라는 주기로 이루어진다. 전경과 배경이 역동적으로 변화하는 과정에 대해서는 나중에 자세히 설명할 것이다. 전경/배경의 교체과정은 의사가 되기 위해 많은 시간이 필요한 것처럼, 수년간의 훈련을 통해 이루어질 수도 있고, 자신이 엄마에게 원했던 것을 아내에게 계속해서 요구하고 있었다는 것을 내담자가 새롭게 알아차리는 순간, '아하' 하면

서 통찰을 얻는 것처럼 몇 초 만에 일어날 수도 있다. 이러한 통찰은 과거와 미래의 관계, 기대하는 것과 이해하는 것의 관계, 혹은 전경과 배경의 관계를 완전히 바꿔 놓을 수도 있다.

전경과 배경이 유연하고 창조적으로 교체되어야 하는데, 이 과정이 만성적으로 혹은 외상적인 사건으로 방해를 받을 수 있다. [전경에] 경직(고착)되었거나 혹은 [우유부단함으로 인하여] 분명한 전경을 형성하지 못하면, 적절한 게슈탈트를 자연스럽게 [형성하여] 완결 짓지 못하게 된다. 그렇게 되면 '고정된 게슈탈트(fixed Gestalt)'나 '미해결된 경험/상황'을 낳게 되고, 이로 말미암아 현재 순간에 자기 자신이나 타인, 혹은 환경과 접촉하는 것이 어려워진다. 결국 충족되지 않은 욕구들은 불완전한 게슈탈트들이 되어 계속해서 주의를 끌게 되고, 새로운 게슈탈트들의 형성을 막게 된다.

자이가닉(Zeigarnik, 1927)과 오브시안키나(Ovsiankina, 1928)와 같은 게슈탈트 심리학자들은 완결되지 않았거나 해결되지 않은 경험은 심리적 긴장을 수반하며, 우리에게는 이러한 '미해결 상황'을 완결 지으려는 경향이 있다고 하였다. 와이트(Whyte, 1954)와 같은 연구자도 불완전한 형태(예: 결정 면)는 완결되려는 속성이 있다고 말했다. 패턴에 대한 수학적 상징들도 마찬가지로 완결성 혹은 해체를 향한 경향성을 나타내 보인다. 사람들은 글자가 온전하게 쓰여 있지 않든가, 혹은 [내가 한 말에 대해] 온전한 대답을 듣지 못했다 하더라도 그리 불편해하지 않는다.[2)]

(모차르트인지 베토벤인지 분명하지는 않지만) 어느 유명한 작곡가

2) 역자 주: 우리의 완결 지으려는 경향성으로 인하여 나머지 부분을 우리 스스로 만들어 보충하기 때문이다.

[그림 1-2] 불완전한 게슈탈트

에 대한 이야기가 있다. 이 작곡가는 아래층에서 누군가가 피아노 협주곡을 연주하는데 마지막 소절을 치지 않고 끝냈기 때문에 잠을 잘 수가 없었다. 그래서 아래층으로 내려가 자신이 직접 마지막 소절을 연주하고 나서야 잠을 잘 수가 있었다. 결국 불완전한 청각적 게슈탈트를 '완결함으로써' 그는 평화로운 밤의 휴식을 취할 수 있었던 것이다.

시각이나 지각적 수준에서 보이는 이러한 경향들은 우리가 [그림 1-2]를 보면서 의미 있는 방식으로 그것을 완성하려는 욕구에 의해 잘 설명될 수 있다. 상담에서는 이러한 삶의 '미해결 과제'를 다루게 되는데, 매일 매일의 삶에서 전경과 배경을 생생하고 의미 있고 깊이 있게 경험하는 것을 방해하고 왜곡시키는 것을 제거하게 된다. 물론 우리 모두는 어느 정도까지는 미해결된 과제를 참아낼 수 있지만, 이러한 방해가 만성적이거나 저항할 수 없게 되면, 일시적이든 영구적이든 장애가 일어날 수 있다. 바로 이것이 게슈탈트 전문가들이 [치료적] 노력을 기울이는 부분이다.

아동기 때 해결되지 못한 상황들은 종종 '미해결된 상황' 또는 '불완전하게 형성된 게슈탈트'로 경험하게 된다. 이 미해결된 상황들은 성인이 되어서도 계속 그 사람을 방해한다. 이 상황들은 '지금-여기'에서의 기능과 관련되어 있는 행동, 지각, 그리고 사고를 방해하는 경향이 있다. 이로 인해 심리 에너지를 '묶어 버리고'

소진시켜서 지금의 현실에서 효과적으로 기능하지 못하게 만든다. 미해결되고 불완전한 게슈탈트가 스트레스를 받음으로 인해 도중에 부적절하거나 아니면 미숙하게 '종결될' 때 병리적인 현상이 일어날 수도 있다.

이러한 부적절하고 미숙한 종결은 생리적이거나 정서적, 인지적, 또는 행동적 양상으로 일어날 수 있다. 예를 들어, 부모가 이혼을 하고 자녀에게 충분히 설명해 주지 않는다면 아이는 불완전한 게슈탈트가 주는 긴장을 경험하게 된다. 아이는 자신의 경험에 의미를 부여하려고 하기 때문에 세 살짜리 논리에 입각해 자기가 여자아이로 태어나지 않았기 때문에 부모가 갈라섰다고 판단할 수도 있다. 이러한 결론은 부적절한 인지적 완결의 예가 될 수 있다. 이 아이의 경우 그 순간에는 그렇게 판단하는 것이 적절했다. 왜냐하면 그렇게 생각함으로써 자신의 존재에 대한 의미를 만들어 주었기 때문이다. 그러나 서른 살이 된 사람이 여전히 자신의 '성이 잘못되었다'고 인식하고 있다면 부적절하다고 볼 수 있다.

장이론

독일의 심리학자인 쿠르트 레빈(Kurt Lewin)은 심리학에서 장이론의 창시자다. 펄스는 그에게서 주변의 장과 관련하여 심리적 관계를 보는 법을 배웠다. 레빈은 한 개인이 처한 환경적인 장의 맥락을 배제하고 그 사람을 이해하는 것은 불가능하다고 보았다. 인간과 환경의 이러한 상호관련성은 게슈탈트 접근의 중심 개념이다. 레빈은 과거나 미래보다는 '지금-여기'라는 심리적인 현재에 의해 행동이 결정된다고 확신했다. 그는 '무의식'을 어느 한순간에 전경으로 떠오르지 않은 것으로 이해했다.

이러한 관점에서 보면, 인간이라는 존재는 그 자신도 중요한 구성요소로서 포함되어 있는 전체 체계 안에서만 이해될 수 있다. [따라서] 게슈탈트 상담자들은 치료 작업을 함에 있어 사회문화적 맥락 내에서 어떤 욕구를 가진 개인을 염두에 둔다. 물론 관찰자 혹은 치료자 역시 이러한 상호작용적 장의 한 부분이므로, '중립성' 또는 '객관성'을 주장하거나 고립된 개인의 심리를 연구하려는 시도는 비과학적이며, 매우 불완전할 뿐만 아니라 결국 한계가 있을 수밖에 없다고 본다. "유기체와 환경을 분리된 것이 아니라, 유기체와 환경의 상호작용만이…… 심리적 상황을 구성한다."(Perls et al., 1951/1969: xii) 이런 점에서 게슈탈트 접근은 인간의 문제를 체계적 관점으로 보려는 최초의 심리치료 접근 중 하나라고 할 수 있다.

일부 정신분석이론 중에는 인간을 대상-관계의 관점에서 설명하기도 한다. 게슈탈트 상담에서는 골드슈타인 이후, '유기체'와 '유기체적인'이라는 용어가 인간을 지칭하는 데 가장 자주 사용되는 개념이다. 이는 인간이 자신을 둘러싼 환경과 체계적으로 상호의존하는(동물적, 사회적 영적인 욕구를 지닌) 생물학적 존재라는 점에서 인간의 역동적인 특성을 강조하기 위함인데, 따라서 게슈탈트 상담은 진정으로 생태학적 접근이라 할 수 있다. 예를 들어, 징커와 같은 학자는 "대부분의 심리적 체계의 특징들은 사실상 심리적 장, 그리고 심리적 '형태들(gestalten)'의 특징들과 사실상 동일하다."고 본다(1987: 76).[3)]

3) 역자 주: 심리적 체계(system)란 심리학 이론에 입각해서 설정되는 체계들을 지칭하는 것인데, 이를테면 정신분석의 개념인 자아, 초자아, 원초아 같은 것들이다. 이들은 모두 장(field) 이론적 관점에서 그리고 게슈탈트적 관점에서 봐야 더 정확하게 묘사할 수 있다는 뜻이다.

프리들랜더(Friedlaender)와 전체론

퍼얼스는 남아프리카에 머무는 동안 그곳에서 정신분석연구소를 설립하였으며, 그 당시 남아공의 수상이었던 잰 스머츠(Jan Smuts)의 저술들에 영향을 받았다. 잰 스머츠는 인과론에 기초를 두지 않은 신체와 마음의 일치라는 급진적인 사상으로까지 확장되는 전체론(holism)의 개념을 발전시켰다(Smuts, 1926). 인간을 전체적으로 보려는 접근은 복합성과 포괄성, 다양성을 수용하고 주장하며 환원주의에 반대한다.

게슈탈트 상담에 영향을 미친 또 하나의 중요한 영향은 『창조적 무관심(*Schöpferische Indifferenz: Creative Indifference*)』이라는 책을 저술한 프리들랜더의 사상이다. 프리들랜더는 양극단으로 생각하는 것이 인간 심리와 삶 자체가 갖는 근본적인 특징이라고 보았다. 그는 가학증과 피학증, 활력과 권태와 같이 동일한 맥락에서 서로 양극단에 있는 반대 개념들이 어떤 다른 개념들보다도 서로 더 밀접한 관련이 있다고 주장했다. 즉, 이러한 양극단 사이에서 인간은 미묘한 차이를 분별할 수 있는 능력이 있다는 것이다. 게슈탈트 상담에서는 흔히 '창조적 무관심'을 추구한다. 이는 양극단의 두 측면, 이를테면 낙담과 기대와 같은 양극단에서 어느 한쪽으로도 치우치지 않고 동일하게 관심을 갖는 균형 있는 태도를 의미한다.

게슈탈트 상담자는 내담자의 양극단의 경험에 동일한 관심을 가지며, 내담자도 자기 자신의 심리적 과정에 대해 어느 한쪽으로 치우치지 않은 '중립적인 관심'을 개발할 수 있도록 도와준다. "중간지점에서 항상 깨어 있음으로써 우리는 이러한 창조적인 능력을 획득할 수 있다. 어느 한 측면만을 보는 것에서 벗어날 수 있다면,

우리는 유기체의 구조와 기능적인 측면에 대한 더 깊은 통찰을 얻을 수 있을 것이다."(Perls, 1969a: 15) 이런 식으로 접근함으로써 우리는 양극간의 역설적 관계에 대해 좀 더 명확한 인식을 하게 된다. 이처럼 진실과 모순이 동시에 공존하는 역설을 게슈탈트 상담에서는 흔히 만날 수 있다. 여기서는 게슈탈트 심리치료 접근이 오늘날 현대물리학의 관점과 가장 잘 부합하는 이론이라는 정도로만 해 두자(Capra, 1976/1978).

정신분석이론의 수정

퍼얼스는 프로이트의 이론에 가장 중요한 수정을 가하였는데, 특히 아동의 구강기 발달과정에 대한 부분이 그것이었다. 퍼얼스는 정신분석 훈련을 통해 프로이트가 제안한 구강기, 항문기, 남근기의 발달과정 개념들을 습득하였고, 이를 자신의 많은 임상 작업들의 기초로 사용하였다. 그의 저서를 보면, 그가 확실히 정신분석적 지식에 기반하고 있는 것으로 보인다. 그는 유아의 발달과정에서 배고픔의 충동을 최초로 자세히 기술하였고, 이를 정신적인 신진대사에 비유하였다. 사람들이 새로운 정보를 다루는 방식, 이를테면 지식을 삼키는 태도는 흔히 그들이 음식물을 섭취하는 태도와 유사하다는 것이다.

퍼얼스는 태내기(prenatal stage)와 치아전기(predental stage)를 구분하였다. 치아전기 단계의 유아는 '물고 매달리는' 특징이 있다. 새로 태어난 아이의 중요한 과제는 음식물인 엄마의 젖을 [씹지 않고] 흡수하는 것이다.

다음 단계는 아이가 앞니가 나기 시작하는 깨물기 단계다. 앞니로 가위처럼 음식을 자르며, 음식물을 잘게 부수기 위해 턱 근육을 사

용하게 된다. 아이가 물기 시작하면서 엄마는 고통을 느끼게 되며, 무는 것이 고통을 주거나 고통을 받는 것임을 확인하게 된다. "유아가 무는 행동을 제지받을수록, 그러한 행동이 요구되는 상황에서 적극적으로 사물을 다루는 능력은 더디 발달된다."(Perls, 1969a: 109) 유아는 음식에 대한 욕구가 어느 정도 만족되어야 깨물고 싶은 욕구를 누를 수 있다. 네 번째 단계는 어금니가 나면서 깨물고 씹어 먹게 되고, 음식을 잘게 부수어 소화할 수 있는 형태로 만들 수 있게 된다.

퍼얼스는 섭식 행동과 심리적 삶 간의 유사점을 많이 찾아냈다. 예를 들어, 생물학적으로 아주 당연한 치아의 파괴적 행위를 억제하게 되면 이것이 나중에 살인이나 잔인함, 전쟁, 자기 학대 또는 자살 같은 해로운 방식으로 나타날 수도 있다고 보았다(Perls, 1969a: 110). 정신분석 문헌에서는 파괴, 공격성, 증오, 엄청난 분노, 가학증과 같은 용어들이 거의 동일한 용어로 사용되고 있는데, 그것들이 정서를 가리키는 것인지, 기능을 가리키는 것인지, 아니면 도착을 지칭하는 것인지 정확히 아는 사람은 아무도 없다(Perls, 1969a: 117).

퍼얼스는 공격성의 개념을 '무언가에 도달하기(to reach out)'라는 어원에 근거하여 설명하고자 하였는데, 공격성이란 (무분별한 정서 방출이 아니라) '환경을 적절히 변화시키기 위해 개인의 의지를 사용하는 것'이라는 생리적 기능의 의미로 재확립하고자 하였다.

퍼얼스는 정신의 구조를 자아, 원초아 그리고 초자아로 구분한 프로이트의 생각에 동의하지 않았다. 퍼얼스는 정신세계가 보다 구조적이며, 특정한 방식으로 기능하는 하나의 '전체 자기'라고 생각하였다. 퍼얼스는 성격 내부를 [여러 조각들로] 나누는 정신의

구성개념들이 성격의 분열을 조장한다고 주장하였다(Yontef, 1979a: 54).

펄스는 인격의 전체성(wholeness) 또는 온전성을 강조했으며, 자아를 '한 사람의 지금-여기의 경험'이라고 보았다. 게슈탈트 상담에서는 그때-거기가 아닌, 지금-여기에 초점을 맞춘다. 왜냐하면 삶이란 살아가는 것이지 말로 이야기되는 것이 아니기 때문이다. 하지만 이런 태도 때문에 가끔 게슈탈트 접근이 내담자의 과거나 역사적 배경을 다루지 않는다는 오해를 받기도 한다. 그러나 게슈탈트 상담은 현재의 기능으로서의 '기억하기' '상상하기' '계획하기'를 배제하지 않는다. 다만, 정신분석은 과거를 전경으로 두지만 게슈탈트 접근은 현재를 전경에 둔다(Clarkson, 1988).

또한 펄스는 초자아가 [우리의 욕구를] '반사회적인 원초아의 소망들로 펄펄 끓는 가마솥'으로 취급함으로써 [모든] 불안의 근원이 된다고 보는 프로이트의 견해에 동의하지 않는다. 펄스에게 있어 "불안은 지금과 나중 간의 긴장이다." (Perls, 1976) 그는 창조적으로 표출되지 않는 흥분은 불안을 일으키며, 따라서 흥분 자체를 피하게 된다고 하였다. 흥분은 생명력이기 때문에 인간으로 하여금 자신의 욕구를 만족시키는 행동을 하게끔 해 주는 긍정적 요소다. 따라서 어떤 형태로든 흥분 에너지가 방해를 받게 되면, 그 사람의 활력은 줄어들게 된다.

게슈탈트 상담은 (실존적 분석과 함께) 영구히 혹은 실제로[4] 의식화할 수 없는 마음의 영역이 있다는 주장을 거부한다.

4) 역자 주: 여기서 실제로(practically)란 말의 의미는 무의식적 영역이 분석가의 도움을 받지 않으면 의식화될 수 없다는 정신분석의 주장을 받아들이지 않는다는 뜻이다.

> 퍼얼스는 프로이트가 사용했던 의미로는 '무의식' 이라는 용어를 사용하지 않는다. 그렇다고 해서 의식을 벗어난 경험들을 부정한다는 의미는 아니다. 퍼얼스는 의식되지 않은 과정의 현상에 대해 다른 관점을 갖고 있다(Clarkson, 1988: 78).

게슈탈트 상담에서는 무의식이라는 개념을 성격 내의 다다를 수 없는 영역이라기보다는 '알아차림' 이라는 기능적인 개념에 대한 전경과 배경이 교차하는 것으로 설명한다.

> 따라서 우리는 무의식이라는 말보다는 '지금 이 순간에 알아차리지 못하는 것(at-this-moment-unaware)' 이라는 말을 선호한다. 이 말은 '무의식' 이라는 용어보다 훨씬 더 포괄적이고 광범위한 의미를 지닌 말이다. '알아차리지 못함(unawareness)' 의 개념은 억압된 것뿐만 아니라, 한 번도 의식으로 들어오지 못했던 것, 사라져 버렸거나 동화되어 버린 것, 또는 더 큰 게슈탈트에 포함된 것까지도 포함한다. 여기에는 [행동] 기술들, 행동 양식들, [신체] 운동이나 언어습관들, [의식될 수 없는] 맹점 등이 있다(Perls, 1976: 54).

빌헬름 라이히(Wilhelm Reich, 1972)는 퍼얼스를 치료했던 정신분석가들 중 한 사람이었다. 퍼얼스는 그로부터 만성적인 인격장애에서 나타나는 뼈와 근육의 갑옷을 입은 것과 같은 긴장표현이 결국 해결되지 않은 정서적 갈등으로 인한 결과라는 것을 배웠다. 라이히는 사람들이 자신의 정서적 기억과 그에 대한 방어를 자신의 근육과 내장기관에 '저장' 해 놓는다는 사실을 발견했다.

이러한 생리적 억제는 외상 경험을 신체적으로 서둘러 완결시키려는 것이라고 볼 수 있다. 이를테면 어릴 적에 성폭행 경험이 있

는 여성이 질 경련을 보이는 경우가 그러한 예다. 따라서 게슈탈트 접근에서는 심리적인 통합과 에너지를 표출하는 주요 통로로서 '감각하는 신체(sensing body)'에 초점을 맞춘다. 물론 통합이란 결코 완성될 수 없으며, 성숙의 과정 또한 완전히 끝날 수 있는 것이 아니다.

퍼얼스 정신분석가 중 하나인 카렌 호나이(Karen Horney)는 그녀가 알아차린 '당위의 횡포' (1937/1977)를 통해 상전(topdog)과 하인(underdog)에 관한 개념을 발전시킬 단서를 얻었다.

이와 같이 초기 게슈탈트 상담자들은 정신분석적 접근을 기본 바탕으로 하고 있었기 때문에 자신들이 그랬던 것처럼 독자들이 프로이트, 라이히, 랭크(Rank) 등의 저술들을 알고 있으리라 전제하면서 집필했었다. 지금도 특정 정신분석 개념들은 게슈탈트 임상실제에 녹아들어 있으며, 현대 게슈탈트 상담자들은 대상관계이론과 새로운 자기 이론들을 적극적으로 통합시키고 있다(Yontef, 1988).

초월적 요소들 (게슈탈트 상담에서의 '영혼')

대부분의 게슈탈트 상담자들은 어떤 용어를 사용하건 간에 사람들이 의미를 부여하려고 노력하는 초월적인 측면을 인정하는 것이 중요하다고 인식해 왔다. 개개인은 종교적 경험을 응집성을 향한 자기 자신의 욕구로 보지만, 인간을 전인(whole person)으로 다루고자 하는 접근은 종교적 경험을 사회적 욕구로 진지하게 받아들여야만 한다.

나란조(Naranjo, 1982), 폴스터와 폴스터(Polster & Polster, 1977)와 같은 현대 게슈탈트 상담자들 역시 영적 차원의 중요성을 인정

하고, 이를 심리적인 성장과 변화, 발달 전체의 한 부분으로 포함시켰다. 일부 게슈탈트 상담자들은 융 학파의 개념과 게슈탈트 접근 간에 상당한 공통점이 있다는 것을 밝히기도 했다(Whitmont & Kaufmann, 1977; Clarkson, 1989).

선(禪) 사상은 초창기 게슈탈트 이론에 중요한 영향을 미쳤다. 선사상에서는 직접적이고 직관적인 인식을 통해 깨달음을 얻는 것을 강조하는데, 이는 불교의 정신적 전통에 뿌리를 두고 있다. 또한 선은 우뇌적인 이해 양식과 같으며, 반주지주의적이라는 점에서 게슈탈트 접근과도 유사하다.

그러나 이러한 설명은 너무 피상적이다. 선은 이성적인 주지화에 초점을 두지 않았을 뿐만 아니라, 수동적인 명상을 강조하지도 않았다. 선은 깨달음에 이르기 위해 일화나 이야기, 시나 수수께끼 등과 같은 실험적인 방법들을 사용하였다. 이러한 이야기들은 진정한 통찰을 가로막는 골치 아픈 논리와 주지화에서 벗어나게 해준다. 이러한 예화의 목적은 다음과 같이 말할 수 있다.

> 그 목적은 의문을 제기한 사람이 순간적인 깨달음에 도달할 수 있게 하거나, 통찰의 깊이를 확인하기 위한 것이다. 그렇기 때문에 일화는 설명을 하게 되면 효과가 없어진다. 이는, 어떤 점에서는 마치 결정적인 어구에 대해 일일이 자세히 설명을 해 주어야만 한다면, 의도된 웃음을 이끌어 내지 못하는 농담과 흡사하다. 사람들은 바로 그 순간에 즉시 [농담 또는 진리의] 핵심을 깨닫든지, 아니면 전혀 깨닫지 못하든지 둘 중의 하나일 것이다(Watts, 1962/1974: 107).

깨달음과 통찰의 순간은 순전히 이성적이지도, 순전히 직관적이

지도 않다. 그것은 이 둘과 경험을 통합하는 것이다. 이러한 깨달음은 사람들이 세상에서 자신의 존재양식을 변화시키는 새로운 깨달음('아하' 경험)을 얻는 치료적인 통찰의 순간과도 유사하다. 게슈탈트 실험들은 선(禪)에 기반을 두고 있지는 않지만, [치료] 실제에 있어서는 유사한 면이 있다.

게슈탈트 상담자들은 종종 성장을 촉진하는 '수수께끼'를 제시하는데, 이 수수께끼는 경험에 기초하여 좌뇌와 우뇌를 함께 사용하는 사람만이 풀 수 있는 것들이다. 게슈탈트 상담을 생생하게 접하기 위해서는 직접적인 경험이 필요하며, 활자로 전달하기는 다소 제한이 있기 때문에, 나는 이 책에서 선 이야기에서부터 여러 가지 다양한 관점에 대해 폭넓게 다루고자 한다.

선 사상은 독자들에게 게슈탈트치료의 역설적인 측면을 계속해서 환기시켜 줄 수 있을 것으로 기대한다. 인간의 삶처럼, 겉으로 보기에는 모순 같아 보여도 그 이면에 진실이 숨어 있기도 하다. 게슈탈트치료에서는 [지금 순간의 현상에] 있는 그대로 머무름으로써 이미 [현상이] 변화하기 시작한다는 사실을 알고 있기 때문에 역설을 환영한다.

게슈탈트 접근의 철학적 가정

여러 상담이론 중에서 게슈탈트치료는 여러 중요한 철학적 배경에 뿌리를 두고 있다. 이 책에서는 개론적인 수준에서 중요한 특징만 소개하게 되지만, 좀 더 관심이 있는 사람들은 관련된 참고문헌을 읽고 이론 및 실제와 그 가치의 연관성을 파악할 수 있을 것

이다.

실존은 본질에 앞선다

실존주의자들은 인간 존재에 있어서 '실존적 선택'이라는 개념이 근본적으로 중요하다고 본다. 이는 우리들 각자가 무엇을 받아들이고, 거부하고, 생각하고, 느낄 것인지, 또 자신이 어떻게 행동할지를 선택한다는 것을 의미한다. "전체적인 장에 대한, 즉 타인과 자신 모두에 대한 알아차림과 책임이 개인의 삶에 의미와 패턴을 부여해 준다."(Perls, 1976: 49)

이러한 책임을 피하면 '잘못된 신념'을 갖게 되거나, 인간중심 치료적 용어로 말한다면 '진실하지 않은' 혹은 '일치하지 않는' 인격의 대가를 치르게 된다. 이를테면, '나는 세금을 내러 가거나, 아니면 청소를 해야 한다.' 라는 말 대신 '다른 선택을 했을 때 일어날 [부정적] 결과를 원치 않기 때문에 위의 선택들을 하는 것이다.' 라고 말하는 것처럼 수동적인 희생양적 입장으로 삶을 규정짓는 언어를 사용하는 것이다. 인간이 자신이 결정한 선택에 대한 책임을 피할 수 없다는 것을 강조하는 말이다.

알아차림과 책임에 대한 이러한 가정은 개인이 '반응할 수 있는 능력(response-ability)'을 증진시킬 수 있다는 것을 의미한다. 즉, 자신이 누구인지, 지금 이 순간 무엇을 하고 있는지를 충분히 알아차릴수록 변화를 경험할 수 있는 자유가 더 많아지며, 자신의 반응을 더 잘 선택할 수 있게 된다.

예컨대, 어떤 희생적인 행위라 할지라도 온전히 알아차리면서 그것을 선택한다면, 강박적인 피학증적 행동을 선한 믿음에서 나오는 자율적 행위로 바꿀 수 있게 된다. 물론 감옥이나 빈곤, 궁핍

상태와 같이 별로 선택권을 갖지 못하는 경우도 많이 있다. 하지만 실존주의 관점(Frankl, 1964/1969)에 따르면, 이러한 상황에 대해서조차도 인간은 자신의 반응을 선택할 수 있다고 본다. 우리는 진정 자유로운 존재이기 때문이다(Sartre, 1948). 게슈탈트치료는 상담과 심리치료에 실존주의의 주요 원리를 적용하여 이론과 기법을 잘 아우르고 있는 접근이라고 여겨진다.

현상이 우선한다

욘테프(1979b)는 게슈탈트 심리치료를 임상적 현상학이라고 하였다. 후설(Husserl, 1970), 사르트르(Sartre, 1948), 메를로퐁티(Merleau-Ponty, 1973) 등에 의해 발전된 현상학은 게슈탈트 상담의 핵심이 되는 철학적 가정이다. 퍼얼스는 게슈탈트 치료만이 순수한 현상학적 원리에 근거를 둔 심리치료라고 보았다. 현상학이란 어떠한 가정이나 추측을 배제한 직접적인 경험에 집중함으로써 진실 혹은 지식의 근원을 찾고자 하는 것이다.

게슈탈트치료의 철학적 가정은 직접적인 경험세계의 우위를 강조한다. 즉, 한 사람의 개인적이고 독특한 경험이 어떤 이름을 붙이고, 범주화시키고, 판단하는 것보다도 더 중요하다고 본다. 이런 점에서 현상은 '지각의 직접적인 대상'이 된다(Onions, 1973: 1569). 사람이건, 경험이건, 대상이건 간에 나타나는 현상에 온 주의를 기울이는 현상학적 방법은 심리치료에서 선호하는 방법이 되었다.

퍼얼스는 게슈탈트치료를 '명백한 드러남'의 치료라고 불렀다. 묘사가 해석보다 더 중요하다고 본다. 내담자들은 이러한 과정을 통해 그들 자신의 의미를 찾을 수 있게 된다. 한 내담자의 예를 들어보자. 이 사람은 자신이 주변 사람들에게 이중메시지, 즉 '나에게

가까이 와 주세요.' 와 '당신을 믿을 수 없으니, 다가오지 마세요.'라는 이중메시지를 끊임없이 주고 있다는 것 때문에 고민하고 있었다. 게슈탈트치료자가 내담자의 입 언저리에 또렷한 상처가 남아 있는 것을 가리키며 그것에 대해 물었더니, 그때서야 그는 오히려 안도감을 느끼면서 배신당한 사건과 함께 그때 신체적 손상을 입었던 경험에 대해 말하였다.

현상학적 관점은 편견이나 가정을 버리고, 주어진 상황에서 분명하게 드러나는 경험에 [훈련된] 초점을 맞추는 것이다. 현상학자들과 같이 게슈탈트 이론가들은 개인은 그가 속한 세상(장소)과의 의도적인 관계를 통해서만 이해될 수 있으며, 그 경험은 시간의 흐름(시간) 속에서 물리적으로(신체) 경험될 수 있다고 본다.

결국 인간의 경험과 행동이 갖는 사회성[이라는 속성]은 현상학적으로 본질적인 인간 존재의 또 다른 특징이라 할 수 있다. 사람들은 다른 사람과 현재 맺고 있는 관계를 떠나서 이해될 수 없으며, 세상과의 상호연관성을 벗어나서 이해될 수 없다. 억압적인 체계 안에 사는 사람들은 누구 한 사람도 자유롭다고 보기 어렵다. 예컨대, 사르트르(1948)는 "나는 다른 사람의 자유를 나의 목표에 포함시키지 않으면, 자유를 나의 목표로 삼을 수 없다."고 지적하였다(p. 52).

요약

패슨즈(Passons, 1975)는 게슈탈트 접근을 심리상담에 사용할 때 적용되는 이러한 기본 가정들을 다음과 같이 요약하였다.

1. 인간은 하나의 전체이며, 하나의 신체[를 갖고 있는 것이 아니

래이고, 정서들이며, 생각들이고, 감각들이며, 지각들이다. 그리고 이 모든 것들은 서로 밀접하게 연관되어 기능한다.

2. 인간은 그가 속한 환경의 일부분이며, 환경과 떼어 놓고 이해될 수 없다.
3. 인간은 반응적(reactive)이기보다는 주도적(proactive)인 존재다. 인간은 외부세계에 대한 스스로의 반응을 결정한다.
4. 인간은 자신의 감각, 사고, 정서, 지각을 알아차릴 수 있다.
5. 인간은 알아차림을 통해서 선택을 할 수 있으며, 따라서 자신의 행동에 대해 스스로 책임이 있다.
6. 인간은 자신의 욕구를 충족시키고 효과적으로 살기 위한 잠재력과 자원을 갖고 있다.
7. 인간은 오로지 지금에서만 자기 자신을 경험할 수 있다.
8. 과거와 미래는 기억하고 기대하는 행위를 통해서 지금-여기에서만 경험될 수 있다.
9. 인간은 본질적으로 선하지도, 악하지도 않다.

간략히 말하자면, 게슈탈트 심리치료는 나무에 비유해서 설명할 수 있다. 게슈탈트 상담은 그 뿌리가 정신분석과 인격분석(character analysis)에 있으며, 그 줄기는 현상학과 실존주의이며, 그 가지는 동양철학과 초월이론 쪽으로 뻗고 있다. 그리고 이 나무는 [이 나무와] 서로 뗄 수 없는 깊은 관련을 맺고 있는 전체론(holism)과 장이론이라는 풍경 위에 서 있다.

다음 장에서는 게슈탈트 상담의 배경이 되는 역사적, 심리학적, 철학적 근원에 대해 좀 더 구체적으로 논하게 될 것이다.

02 게슈탈트 상담접근의 기초

탄잔과 에키도라는 두 명의 선(禪) 수도자는 폭풍우 속에서 진흙길을 걸어가고 있었다. 가는 길에 비단 기모노를 입고 있는 아름다운 소녀를 만나게 되었는데, 이 소녀는 진흙길을 건너지 못하고 있었다. 탄잔은 소녀를 안아 건너편 쪽으로 옮겨 주었다. 몇 시간 후 절에 도착한 에키도는 탄잔에게 "우리 수도자들은 여자들 근처에 가면 안 되지요. 그렇게 젊고 아름다운 여자를 안는 것은 잘못입니다. 왜 그러셨습니까?"라고 대들었다. 그러자 탄잔은 "나는 그 소녀를 그곳에 두고 왔다…… 너는 아직도 그녀를 품에 안고 있느냐?"라고 대답했다(Reps, 1971: 28).

치료관계

게슈탈트 치료자들 중에는 정신분석 훈련과 경험을 집중적으로 받았기 때문에 상담을 할 때 생생하게 살아 있는 성장의 틀로 전이관계를 사용하는 치료자들이 있다. 그러나 게슈탈트 치료자들은 [정신분석적 방법에] 추가해서 두 사람의 진정한 인간 존재 사이에서 일어나는 생생한 실존적 만남을 가장 중요한 가치로 보고 있는데, 이 두 인간 존재는 치유적인 대화과정 속에서 상호 간에 위험을 감수한다.

핵심은 내담자와 상담자 관계에서 일어나는 매 순간 순간의 과정이다. 이러한 만남에서 추구하는 목적은 두 사람이 충만하고 완전하며 진정으로 만나는 것이다. 당연하게도 이러한 만남에는 실존적 분리와 본질적 고독을 경험하는 것이 포함되어 있다. 진정한 관계를 형성하는 능력의 발달은 치유과정의 핵심을 이루는데, 하이스너(Hycner, 1985)는 이를 대화를 특징으로 하는 관계, 즉 대화적 관계로 설명하였다.

수많은 여정을 거치면서 내담자는 정서적 자원과 안정 그리고 자유를 얻게 되고 상담자를 좀 더 '진정한' 사람으로 보게 된다. 즉, 내담자는 상담자를 더 이상 과거의 인물에 대한 투사적 대체 인물로 경험하지 않게 되며, 습관적으로 해 오던 과거의 패턴을 사용하지 않게 된다.

로라 펄스는 "자신이 마르틴 부버와의 만남에서 아주 깊은 영향을 받았으며, 게슈탈트 치료의 진정한 본질은 치료자와 상담자 간에 형성되는 관계"라고 말했다(Hycner, 1985: 27). 부버는 이러한

'나-너(I-Thou)' 관계는 솔직하게 서로의 본질적인 인간성을 존중해 주는 고유한 두 사람 간의 진정한 만남이라고 설명하였다. 부버(1958/1984)는 인간에 대해 기본적으로 두 가지의 태도가 있다고 하였는데, 하나는 '나-너' 관계이고 또 하나는 '나-그것' 관계다. '나-그것' 관계는 타인을 대상으로 볼 때 일어난다. 실제로 여성과 아동을 포르노 대상으로 '이용' 할 때 '나-그것' 관계가 일어나는 것이다.

상징적으로 볼 때 이런 일은 내담자와 상담자가 자신들의 관계가 갖고 있는 본질적인 인간성을 존중하지 않고 서로를 단순히 투사나 분석을 위한 '대상' 으로 '이용' 할 때 일어나기도 한다. 게슈탈트에서는 내담자와 상담자가 첫 만남부터 서로의 진정한 인간성을 알아차리는 순간들을 주고받는다. 바로 여기에서 가장 풍성한 게슈탈트 작업이 일어난다.

아주 초기부터도 내담자와 상담자는 상호관계에 들어가게 되는데, 이 관계에서는 내담자만 상담자에 의해 변화되는 것이 아니라, 상담자도 내담자에 의해 영향을 받아 변하게 된다. 결국 개개인이 갖고 있는 독특성을 진정으로 이해받는 것은 서로와 믿을 만한 관계를 맺는 이런 맥락에서만 가능하다. 상대방이 누구인지 이해하고 수용하는 속에서 역설적이게도 생산적인 변화가 가능해질 수 있다. 모든 순간은 새로이 창조된다.

전체성

게슈탈트 접근은 내면심리 또는 단순한 대인관계 차원이 아니라

상담관계에 있는 그 사람의 전체성을 강조하는 것에 기초를 두고 있다. 상담과정에서 한 사람이 갖고 있는 여러 측면들은 여러 시기에 걸쳐 다르게 초점이 맞춰지기도 한다. 여기에는 내담자의 삶에 관한 내면심리 측면, 행동적 측면, 생리적 측면, 정서적 측면, 인지적 측면, 그리고 영적인 측면이 포함될 것이다. 그러나 상담자는 상담의 원칙에 따라 그 독특한 여러 측면들을 모두 통합할 것이다.

다양한 차원의 전체성을 수용하고 축하하는 것도 내담자를 위한 상담목적의 하나가 될 수 있다. 이것은 내담자에게 '강요되는' 것이 아니라 인간 존재가 자신의 전체성, 다시 말해 자신의 풍부함과 다양성을 통합해서 경험하고 싶어 한다는 믿음에서 나오는 것이다.

게슈탈트 접근은 인간의 어둡고 퇴행적인 측면과 건강, 행복 그리고 자기실현을 향한 선천적인 욕구를 모두 설명하고 있기 때문에 본질적으로 현실적이고 통합적이다. 게슈탈트치료는 개인적 수준과 집단적 수준에서 드러나는 증오와 질투 그리고 공포의 비합리적인 기원을 부인하지 않는다.

이런 점에서 게슈탈트치료는 그 모든 다양한 풍부함 속에서 삶을 실현하고 축하하고자 한다. 흥미롭게도 게슈탈트 접근의 창시자들 중 한 명인 굿맨(『게슈탈트치료: 인간 성격에서의 흥분과 성장』의 공동저자, Perls et al., 1951/1969)은 무정부주의자였으며, 현대 게슈탈트에서 탐구심이 많고 인습을 타파하며 도전적인 영혼으로 살았던 사람이었다.

게슈탈트 중심적인 상담접근은 신체적 경험, 언어, 사고 그리고 행동이 절대로 서로 떨어질 수 없는 단일체라는 믿음에 기초한다. 게슈탈트를 떠받들고 있는 초석은 가능한 한 내담자가 충분하고

완전하게 자기 자신이 되도록 실존적인 초대를 하는 것이다. 내담자는 자신의 몸이 된다. 게슈탈트 접근에서는 내담자나 상담자가 모두 자연스럽게 신체로 표현하거나 동작을 하는 것을 받아들인다. 단순히 감기나 천식에 '걸리거나' 불행이 천식을 '일으킨다'고 보지 않는다. 감기가 우울증을 '일으키는' 것도 아니다.

기본적으로 나의 신체/마음의 자기는 전체로서 반응하고 있는 것이다. 그렇다고 해서 암에 걸린 것이 내 탓이라는 뜻도 아니다. 그것은 내가 [상황에] '반응할(response-able)' 수 있다는 것을 의미한다. 이런 식으로 인간이 정신과 신체의 통합체라는 것을 받아들임으로써 게슈탈트 치료자는 인간이 책임감을 갖고서, 자신의 치유과정에서 적극적으로 될 수 있다고 강조한다.

> 심장의 관상동맥이 굳어지면 흥분 상태는 다른 여러 증상들 중에서도 불안발작을 일으킨다. 한편 건강한 심장을 가진 사람들에게 일어나는 불안발작은 심장과 호흡기관의 기능에서 일어나는 생물학적 변화와 동일하다. 호흡곤란과 심장박동이 빨라지는 것, 그리고 유사 증상들이 뒤따르지 않는 불안발작은 존재하지 않는다.
>
> 분노나 슬픔, 수치심이나 혐오 등과 같은 어떤 정서들도 그 심리적 구성요소들과 마찬가지로 생물학적 구성요소들 없이는 일어나지 않는다(Perls, 1969a: 33).

현재 활동하는 많은 게슈탈트 치료자들에게서와 마찬가지로 퍼얼스에게서도 몸과 정신은 같은 현상의 양 측면을 의미하는 것으로서 서로 동일한 것이다. 신체-마음의 이원론적 접근과 선형적 인과론의 한계를 넘어서는 게슈탈트 접근의 [이론적 및 실천적] 능력은 기존의 어떤 상담접근과도 비슷하지 않으면서 심신의학 분야

에 막대한 기여를 할 수 있다. 게슈탈트 치료에서 질병이라는 것은 자기를 조절하려는 유기체의 본질적 경향에 장애가 생긴 것으로 간주된다.

자기조절

게슈탈트에서는 인간을 자기를 조절하려는 본능적이고 유기체적인 경향을 갖고 있는 존재로 본다. 퍼얼스는 자기를 실제 그 순간의 지금과 접촉하는 기능이라고 보았으며, 자아, 원초아 그리고 성격은 [그 순간에 출현하는] 자기의 분리된 부분적 구조들인데, 마치 그것들이 자기의 전체 기능인 것으로 오인되어 왔다고 했다. 그는 '자기'를 자기와 자기가 아닌 것 간의 경계에서 일어나는 알아차림 체계로 정의하였다. 자기는 또한 이러한 과정에 대한 평가이기도 하다.

"자기는 변화하는 접촉 경계들이 있는 곳에 존재한다……. 경계가 있고, 접촉이 일어나는 곳이면, 그곳에는 언제나 창조적 자기가 존재한다." (Perls et al. 1951/1969: 374) 그리고 그것은 자발적이고, 생생하게 경험되는 방식으로 게슈탈트를 형성한다. 퍼얼스 역시 그것을 행위와 열정의 장, 즉 가능성의 실현으로 개념화하였다. 이러한 창조적 측면에서 볼 때 자기는 그 자신과 과정들을 의식하는 '집중하는 자기'이거나, 아니면 개인이 자신의 정서, 평가, 그리고 유기체적 욕구의 통합과정을 의식하지 않는 상태에서 이 자기가 작동하기도 한다.

사람들은 성장발전을 위해 욕구충족과 긴장 제거 사이의 균형을

유지하려고 노력한다. 게슈탈트 치료는 욕구에 기초한 접근이다. 게슈탈트 치료는 욕구를 강조함으로써 여러 많은 심리치료들에는 결여되어 있는 동기를 매우 중요하게 다룬다. 게슈탈트 치료는 인간 내부에 어떤 불균형이 일어날 때마다 이 불균형이 배경으로 머무르는 다른 경험들과는 구별되게 전경으로 두드러지게 떠올라 경험될 것이라고 가정하고 있다. 건강한 사람은 이 의미 있는 욕구를 식별하고 그것에 적절하게 반응함으로써 균형을 회복하고, 새로운 에너지를 방출하며, 그다음에 올 중요한 욕구(게슈탈트)가 [전경으로] 떠오르도록 한다.

효과적인 자기조절은(음식이나 사람, 자극 등의 의미에서 볼 때) 자신에게 영양분을 주는 것은 받아들이고, 그렇지 못한 것은 거부하는 분별력 있는 감각적 알아차림에 달려 있다. 게슈탈트 치료에서는 생명력에 대해 가치중립적 의미로 공격성 개념을 사용하는데, 이 공격성을 사용해 인간은 음식물을 파괴하거나 '분해할' 수 있으며, 혹은 성장하거나 즐겁게 놀이를 할 수도 있다. 이러한 자기조절 과정의 순환적 특성은 3장에서 논의될 것이다.

게슈탈트 치료자들은 유기체의 자기조절 경향에 대한 연구를 통해 인간이 자신에게 무엇이 좋은지를 어느 정도 수준에서 알고 있다고 가정한다. 외상 경험이 없는 영아들은 스스로 충분히 선택할 수 있다면 개인적인 욕구 차원에서 자연스럽게 균형 잡힌 식습관을 선택한다는 연구결과가 있다(Cannon, 1932). 이러한 유기체의 자기조절은 방해를 받지만 않는다면 건강하고 균형 잡히며, 자기실현적인 결과를 이끈다. 상담의 목적은 이 자연스럽고 건강한 기능을 재확립하는 것이다.

이러한 관점에서 볼 때, 상담을 받으러 오는 사람은 이 건강한

자기조절 과정이 방해받고 왜곡된 경험을 한 사람들이다. 어렸을 때는 처벌적인 부모로 인해 아동이 철수 행동을 보이는 것이 그 당시로는 건강하다고 할 수 있지만, 이러한 행동이 성인이 되었을 때에는 사회적으로 무능력한 소심함으로 굳어지게 된다. [이상적인] 유기체적 목표는 철수하는 능력을 유지하면서도 동시에 좋아하는 사람에게는 즐겁게 접근하는 행동을 다시 할 수 있도록 하는 것이다. 하지만 이때도 지금-여기의 현실과 잘 부합되게 할 수 있어야 할 것이다.

상담자의 태도

게슈탈트 접근을 실제로 사용한다는 것은 상담자가 다른 사람과의 만남에서 자기 자신을 적극적이고 진실되게 사용한다는 것을 의미한다. 그것은 특정한 상담기법이나 처방된 상담공식보다는 '존재하기와 행위하기의 방식'에 가깝다. 게슈탈트 치료는 상담자가 상담관계에서 [상담과정에] 개입하는 사람으로서 한 인간과 적극적이고 함께 있으려는 의지를 갖는다는 특징을 갖고 있다. 내담자를 지능과 책임감이 있고 매 순간 적극적 선택을 하는 하나의 인간 존재로 보고 치료하는 것은 내담자를 자율과 자기치유 그리고 통합으로 초대할 수 있다는 가정에 기초한다.

학령기 아동들과 학생들은 교사가 보여 주는 비언어적 기대에 따라 차별적으로 반응한다는 연구결과가 있다(Rosenthal & Jacobson, 1968). 교사가 아동들을 지적이지 못하고 학습할 수 없다고 보면, 아동들도 자신들의 원래 능력과는 상관없이 낮은 수행으로 반응한

다. 긍정적인 기대는 긍정적인 방식으로 아동의 수행에 영향을 준다는 것이다. 이러한 연구결과를 참고한다면 심리치료자들이 많은 것을 배울 수 있다.

심리치료자들이 내담자들에게 현상유지에 머물면서 저항할 것이라고 기대한다면, 그 기대대로 현상들이 일어날 가능성이 높다. 아마도 내담자들이 [치료를 통하여] 긍정적 성장을 할 것이며, 위험을 감수할 것이며, 책임감을 받아들일 것이라는 [내담자들에 대한] 게슈탈트 치료자들의 기대는 실제로 그들이 상담 상황이나 실제 삶 속에서 그런 방향으로 노력할 가능성을 높일지도 모른다.

게슈탈트 치료는 내담자와 상담자가 모두 실험을 해 보고, 창조성을 발휘하며, 위험을 감수하는 것에 가치를 둔다. 내담자와 상담자는 새로운 실험을 개발하며, 행동하고 존재하는 실험들을 창조한다. 실험에서 내담자는 능동적인 파트너가 되며, 상담자는 결과를 예측할 수 없는 경험에 참여한다.

제대로 이루어진 게슈탈트 상담과정은 충만하고 풍부하게 살아가는 인생 경험을 가져다준다. 이러한 이상적인 목적은 예리한 감각적 알아차림, 광범위한 정서적 반응, 그리고 효과적인 행위를 통해 성취될 수 있다.

한 내담자는 "지금은 이전보다 훨씬 생생하게 색깔이 보여요. 난 세상이 그렇게 화려하게 만들어졌는지 몰랐었어요."라고 말하였다. 또 다른 내담자는 "많이 행복해진 것뿐만 아니라 슬픔과 상실도 훨씬 더 강하게 경험해요. 그리고 초조함, 성가심 그리고 분노에 대해서도 무한한 범위가 있다는 것을 깨달았어요."라고 하였다.

게슈탈트 상담에서의 기법의 의미

게슈탈트 상담은 마음과 신체, 행위와 내성을 통합하는 전체적인 참조 틀 내에서 다양하면서도 구체적인 기법들을 두루 사용한다. 기법들이 정해져 있는 것은 아니지만 게슈탈트 치료자들은 적절한 '실험들'을 만들어 내는데, 이 실험[5]들은 신체-마음의 자기, 의미 있는 타인과의 진정한 만남, 그리고 환경과의 강렬한 관계를 더 많이 경험하도록 해 준다.

다양한 게슈탈트 기법들은 개개 상담자와 내담자의 상상력과 지적 능력, 그리고 반응성이 제한되어 있지 않다면 얼마든지 풍부하게 [개발되어] 사용될 수 있다. 이 책의 후반부에서는 다양한 관계 수준에 있는 내담자들에게 기법이 어떻게 재발견되고 재개발되는지 보여 주는 사례를 들어 설명할 것이다. 그러나 각각의 독특한 상담자와 내담자 사이에서 일어나는 매 순간 순간의 흐름과 동떨어진 채 기법을 사용하게 되면 도움이 되지 않는다.

기법은 치료자와 내담자가 자신들만의 발견을 스스로 하도록 하기 위해 시험적으로 공유하는 것이지 이러한 노력들을 대신하기

---

5) 역자 주: 실험(experiment)은 상담자가 내담자로 하여금 추상적 언어 수준에서만 설명하고, 분석하고, 이해하는 것의 한계를 넘어 상담과정에서 직접 무언가를 해 봄으로써 깨달음과 통찰을 얻도록 도와주기 위해 고안해 내는 행위를 일컫는다. 여기에는 언어적 실험, 신체적 실험, 동작적 실험, 연기적 실험, 상징 및 은유적 실험 등 다양한 종류들이 있다. 어느 한두 사람에게서 처음 고안되어 사용되었던 실험들이 여러 사람들에게 채택되어 사용되고, 또한 표준적인 형태로 굳어져 사용될 때 이를 '기법(techinique)' 이라고 지칭한다. 따라서 모든 기법들은 처음에 독창적인 실험으로 태어났다가, 차츰 많이 사용되는 기법으로 변해 간다고 할 수 있다.

위해 사용하는 것이 아니다. 상담의 특정 단계에서 단순히 의사소통을 쉽게 하기 위해 기계적으로 정형화된 기법을 사용하는 것은 게슈탈트 정신에 위배되는 것이다. 하지만 게슈탈트 치료를 다른 치료접근들과 소통하고 비교 가능하게 하기 위해서는 종종 이러한 오해의 위험도 감수해야 할 것이다.[6)]

어떤 상담접근들은 치료적 만남에서 일어나는 상담자의 진정한 인간적 측면을 '억제한다(withhold).' 게슈탈트 치료에서는 이런 고착적 태도에 대해 매우 반대한다. 게슈탈트 치료는 성장과정 중에 있는 두 사람 간의 대화를 치유과정의 핵심 차원으로 간주한다. 그렇게 하기 위해서는 상담자의 상당한 알아차림, 자기지식 그리고 책임감이 요구된다. 이는 '기법'이 치료관계에서 부차적인 것임을 의미하는 것이기도 하다. 레스닉(Resnick)은 다음과 같이 말하였다.

> 모든 게슈탈트 치료자들은 지금까지 자신이 사용해 왔던 어떤 게슈탈트 기법이든 [원한다면 언제라도] 그 기법을 더 이상 사용하지 않고도 게슈탈트 치료를 계속할 수 있다. 만일 그렇게 할 수 없다면, 그는 아마도 지금까지 게슈탈트 치료를 해 온 것이 아니라 몇 가지 속임수나 계략들을 갖고 사람들을 갖고 놀았다고밖에 할 수 없을 것이다(1984: 19).

6) 역자 주: 외부 사람들이 볼 때 게슈탈트 치료의 실험 기법들이 매우 눈에 띄기 때문에 그 실험이 개발되고 사용되는 맥락을 무시한 채 기법만을 보고, 그것을 모방하여 기계적으로 사용하기도 한다. 그리고 게슈탈트 치료가 마치 기계적인 실험만을 시행하는 것인 양 오해하기도 한다. 이런 오해를 피하기 위해 게슈탈트 치료자들 중에는 실험을 거의 사용하지 않는 사람들도 있다. 하지만 저자의 견해로는 실험법을 포기하기에는 그것이 게슈탈트 치료에서 너무 중요한 방법론에 속하기 때문에 오해를 감수하더라도 계속 실험을 사용할 수밖에 없다는 주장이다.

관계 내에서의 실험[사용]은 아마도 항상 게슈탈트 치료의 중요한 특징으로 남아 있을 것이다. 사실 징커는 게슈탈트 치료를 '창조적으로 되어도 좋다는 허락(permission to be creative)'이라 정의하기도 했다(Zinker, 1978). 과거에는 간혹 있었던 일이지만 오늘날의 대다수 게슈탈트 치료는 내담자의 '순수성(integrity)'을 침해하지 않는다. 상담 장면에서 가장 주의를 기울이는 것 중에 하나가 전인적인 두 사람 간의 관계에 대한 존중이다. 게슈탈트 치료는 치유과정에서 특정 순간에서의 욕구에 따라 최대한 개방성과 융통성 그리고 구조를 강조한다.

정신신체의 통합체

상담은 언어적인 것뿐만 아니라 인간이 특정 환경과 지속적으로 상호작용하는 모든 방식들을 포함하고 있다. 가장 대표적인 것이 '신체언어'다. 예를 들어, 의도적으로 긴장을 강하게 해 봄으로써 어떤 어머니는 자신이 느끼는 목의 통증이 목이 아픈 딸을 생리적으로 대신 연기한 것임을 알게 되었다. 의미 없어 보이는 발차기는 상담자가 습관적으로 고개를 끄덕이는 행동에 대해 내담자가 불편한 마음을 표현하는 것일 수도 있다.

게슈탈트에서는 (관찰과 묘사 그리고 발견의 현상학적 가치를 높이 평가하면서) 이러한 패턴들을 해석해 주지 않는다. 대신 내담자들에게 이 패턴이 자신에게 주는 의미를 발견하도록 창조적인 실험을 해 보게 한다. 예를 들어, 습관적으로 등을 구부리고 어깨를 움츠리며 걷는 사람은 [자신도 모르게] 과거의 얻어맞던 어린 소년의

역할을 계속 연기하면서, 주변에 그가 '얻어맞는' 사람이라는 정보를 전달해 준다.

종종 주변에 있는 사람들은 이러한 비언어적 단서에 대해 무의식적으로 반응하면서 이 사람의 초기 외상을 재현시킬 것이다. 노상강도나 심지어 일반적인 깡패들까지 이런 비언어적 신호들을 상당히 잘 잡아내고 그에 따라 행동하는 능력을 갖고 있는 것 같다. 그렇게 되면 [이 사람의] 초기 외상이 다시 반복된다. 그러나 [이 사람에게] 자신의 신체와 삶의 경험들을 알아차리게 해 주면 선택이 가능해진다.

상담자에 대한 요구

상담자가 내담자로 하여금 자신의 모든 잠재능력을 개발하도록 요구하기 위해서는 상담자 자신도 자신의 모든 잠재능력들을 개발하려고 노력할 필요가 있다. 한 인간으로서의 게슈탈트 상담자는 진솔해야 하기 때문에 '전문가의 가면'이나 '객관적 역할' 뒤로 숨을 수 없다. 따라서 상담자 스스로 개인 심리치료를 받는 것뿐만 아니라 일생에 걸쳐 열정적으로 성장하고 발달하려는 노력을 해야 한다.

게슈탈트 치료는 상담실에서만 사용될 수 있는 '기법'이 아니다. 게슈탈트 치료에서는 상담자가 삶의 가치에 부합하는 생활방식, 즉 존재가 요구하는 조건에 개방적으로 반응하려는 의지를 가져야 한다. 흥분은 생생하고 풍부한 경험으로서 긍정적인 가치가 있지만, 장례식장에서 울지 않으려고 입술을 깨무는 것처럼 사회가 강

요하는 한계에 적응해 버리고 '현상유지를 수용' 하는 것은 성장에 해로움을 주며, 반 치료적이고 무의미하다.

방어 사용에 대한 존중과 변화에 대한 지지

게슈탈트 치료는 항상 인간의 성장과 발달에 대한 희망을 갖고 존재론적 위험과 실망에 직면하는 용기를 필요로 하며, 또 이러한 용기를 촉진한다. 과거의 지지적인 구조를 사용하면서 기대하지 않았던 새로운 것들을 찾아내려고 노력하는 것은 훌륭한 게슈탈트 상담이 갖는 특징이다.

> 성격 재구조화는 해체와 통합 두 과정으로 이루어지며, 이 과정에서 환자가 동화될 수 있을 만큼의 자료들만 해체함으로써 이 두 과정이 서로 균형을 맞추어야 한다. 그렇게 하지 않으면 환자의 사회적 기능이나 심지어 생물학적 기능마저도 위험에 빠질 수 있다(Perls, 1979: 21).

상담자는 내담자에게 '안전한 피난처'를 제공한다. 지지를 너무 많이 하게 되면 오히려 좌절을 통해 성장할 수 있는 기회를 박탈하는 것이 된다. 또한 도전을 너무 많이 해도 침입적이고, 가학적이 될 수 있다. 내담자에게 진정한 감정과 경험, 행위를 대체해서 습관적으로 사용해 오던 과정들을 상담에서 끝없이 반복하도록 하는 것도 역시 해로울 수 있다. 하지만 어느 특정 시기의 특정 내담자에게는 자극적인 도전이나 양육적인 지지, 또는 간섭하지 않고 중

립적으로 내버려두는 방법을 사용하기도 한다.

관능적이면서도 지적인 한 중년 여성 내담자인 다이나는 '화려하고 홍미로운 사람으로 보이려는' 자신의 의지를 밖으로 잘 드러내기 위해 밝고 선명한 색상의 옷을 입는 실험을 하였다. 그러면서도 그녀는 수년 동안 자녀양육과 가족 부양을 할 때 보여 주었던 자신의 편안하고 건강한 양육적 특성을 그대로 유지하였다.

게슈탈트에서의 진단의 의미

역사적으로 게슈탈트 치료는 개개인을 독특하고 완전한 신체-정신 게슈탈트로 본다는 점에서 반 진단적인 입장으로 여겨져 왔다. 진단이나 정신병리에서 기계적으로 붙여 주는 낙인은 이 고유한 단일성과 개별성이 파편화됨을 의미한다.

전통적으로 게슈탈트 상담자들은 환자를 비인간화시키는 것을 거부해 왔다. 사람에게 '항문기 보유적'이라거나 '조울증적'이라고 이름 붙이는 것은 한 인간의 역사적 맥락에서 볼 때 자신의 존재에 의미를 주기 위해 선택했던 독특한 방식들을 무시하는 것이다. 그러나 일시적이든 장기적이든 인간 행동에서 반복되는 패턴들을 인식하는 것은 전체론적인 접근에 고유한 특성이다.

게슈탈트 상담자들은 이런 환원주의의 위험만 제거한다면 반복적인 자기파괴적 행동 패턴을 인식하는 것이 필요하다고 본다. 따라서 어떤 사람을 '습관적으로 친밀한 접촉을 편향시키는 사람 또는 파손하는 사람'으로 묘사하지만, 이것은 특정한 순간에 보이는 [얼마든지 변경 가능한] 행동을 묘사하는 것이지 그 사람 자체를 범

주화하는 것은 아니다.

장에 대한 전체론적 입장에서 보면, 패턴은 그 패턴이 파괴될 가능성을 함께 동시에 내포하고 있다. 현대 게슈탈트 치료자들은 관습적인 임상진단과 더불어 게슈탈트 치료적 묘사에 기초한 진단적 도식에 가치를 두며, 또한 그것을 사용하며 가르치기도 한다(Delisle, 1988; Resnick, 1984; Van Dusen, 1975a; Yontef, 1984, 1987; Zinker, 1978).

지금-여기

과거에는 게슈탈트 치료가 과거를 인정하지 않는 것으로 잘못 알려졌었다. 초기에 '지금-여기'의 상호작용을 강조한 것은 프리츠 펄스가 수동적이고 비참여적인 정신분석에 대해 반발했기 때문이었다. "게슈탈트 치료는 단순한 역사적 사실이나 이야기들을 신랄하고 표현적인 행위로 바꾸고자 한다. 지금 순간에 집중한다는 것은 과거의 무언가를 [지금-여기에서] 기억해 내는 것을 포함하지만, 이때 그러한 기억은 과거를 현재로 선명하게 가져와서 [도저히 무시할 수 없을 정도로] 신선하고 감각적으로 느낄 수 있게 묘사되어야 한다." (Polster & Polster, 1977)

욘테프(Yontef, 1988)는 네 가지 시공간 영역에 관심을 둠으로써 게슈탈트의 현상학적 시야를 확대시키는 데 기여했는데, 이 네 가지 영역 모두가 장단기 상담이나 일회적 개입을 할 때 필수적인 것들이다.

첫 번째로, 친숙한 지금-여기의 시공간 영역은 미래에 대한 환

상과 계획 그리고 '지금' 생생하게 되살아나는 과거에 대한 기억과 경험이 포함되는 어떤 특정 순간에 있는 전체적인 인간 환경의 영역을 의미한다.

두 번째로, 인간의 '생활공간'은 상담관계와 그 외의 모든 관계에서 진정한 삶의 현존재를 포함하는 '지금-거기' 영역으로 구성되어 있다.

세 번째로, 욘테프는 치료적 맥락으로서의 '그때-여기'를 언급하였는데, 이는 치료관계를 의미하는 것으로서 치료관계의 중심성 및 그러한 치료관계에 영향을 주는 다른 맥락들(예컨대, 상담을 의뢰해 준 기관 등)을 포함한 연속성 및 그 역사를 지칭한다.

네 번째의 시공간 영역은 '그때-거기'인데, 이는 환자의 삶에 대한 이야기로서 이것 없이는 한 개인이 시간의 경과에 따라 어떻게 발달했는지를 알 수 없다. 이는 의미가 드러나도록 해 주는 역사적 배경이며, '이전에 경험했던 순간들의 연속'이다.

최근의 게슈탈트 치료자들은 과거가 확실히 현재의 본질적인 부분이며, 시간에 걸쳐 이루어진 변화는 과정이론에서 빼놓을 수 없다는 것을 인정한다. 시간에 따른 상담의 발달 단계가 이 책의 핵심 구조를 이루고 있는 것은 이런 배경에서 나온 것이다.

책임감

게슈탈트 치료는 근본적으로 인간이 자기 삶의 경험에 대해 책임을 갖는다는 주장에 기초하고 있다. 이는 인간이 매 순간 어떤 방식으로 자신이 행동할 것인지 선택하며, 이 모든 선택에 대해서

그 사람에게 책임이 있다는 것을 의미한다. 빅터 프랭클(Viktor Frankl)은 유대인 정신과 의사로서 나치의 강제수용소에서 살아남은 후 훌륭한 실존주의자가 되었다. 프랭클(1964/1969)은 우리가 어떤 환경(예: 독일 강제수용소)에 처하는 것이 우리의 책임이 아니라고 할지라도, 그러한 환경에 대해 우리가 취하는 태도 및 선택하는 행동을 통하여 삶에 부여하는 의미에 대해서는 여전히 우리에게 책임이 있다고 하였다.

퍼얼스는 유명한 게슈탈트 기도문을 통해 이러한 입장을 극단적으로 보여 주고 있다.

> 나는 나의 일을 하고, 너는 너의 일을 한다.
> 나는 너의 기대에 맞춰 살려고 이 세상에 있는 것이 아니다.
> 그리고 너도 나를 위해 살려고 이 세상에 있는 것이 아니다.
> 너는 너이고 나는 나다.
> 만약 우리의 마음이 우연히 서로 일치한다면, 그것은 아름다운 일이다.
> 그러나 그렇지 못하다면 그것은 할 수 없는 일 아니겠는가(Perls, 1969b: 4).

현대의 게슈탈트 심리치료는 타인에 대한 책임을 무시하고, 자신에 대한 책임만을 강조한 쾌락주의적인 '퍼얼스 식의' 과잉반응을 극복하고, 새롭게 태어나고 있다(Dublin, 1977).

즉, 최근 들어서 게슈탈트 치료자들은 자신에 대한 책임에는 우리와 함께 세상을 공유하고 있는 타인들에 대한 책임도 반드시 포함되어 있다는 철학적이고 생태학적인 사실을 점차 더 많이 인식하기 시작했다. 이런 점에서 볼 때, 다른 접근들과 마찬가지로 게슈

탈트 치료도 진정한 체계적 접근이라고 하겠다. 게슈탈트 치료는 어떤 내용은 [그것이 속한] 맥락 속에서만 그 의미가 있다는 사실에 기초하고 있다. [마찬가지로] 자기는 [그것이 속해 있는] 환경과 따로 분리될 수 없다.

최근에 한 내담자가 다음과 같이 이야기하였다. "처음 상담을 받으러 왔을 때, 나는 내가 아무것도 아니라는 느낌, 그리고 내가 나의 삶을 바꿀 수 없다는 무력감과 절망감에 시달리고 있었습니다. 나는 그 당시 왜 사람들이 중부 아프리카 코뿔소의 멸종 가능성 같은 문제 때문에 걱정하는지 도무지 이해할 수 없었어요. 하지만 내 자신의 힘과 자율성을 회복하고, 내 삶과 내 존재론적 선택이 주는 반향을 내가 '소유(own)'하게 되면서부터 나는 그 코뿔소가 나의 코뿔소라는 것을 느끼기 시작했어요. 왜냐하면 그 코뿔소들은 세상에 대해 내가 반응할 수 있는 연결성을 나타내기 때문이지요."

상담 분야에서 게슈탈트치료가 갖는 의미

게슈탈트치료의 가치와 실제는 교류분석이나 '종합심리요법(psychosynthesis)'과 같은 다른 '제3세력' 또는 인본주의적/실존적 접근들과 서로 잘 융화될 수 있다. 대다수 이런 훈련 프로그램들에서는 게슈탈트치료를 자신들의 상담실제에 통합시키고 있으며, 저명한 게슈탈트 치료자들을 방문하거나 스태프로 초빙하여 그들로부터 정기적으로 게슈탈트치료를 배운다.

인간중심적 상담접근의 창시자이며 영국의 많은 상담 프로그램에 영감을 준 칼 로저스는 프리츠 퍼얼스와는 아주 다른 사람이었

지만, 이 두 사람은 건강과 책임감, 자기실현을 향한 인간 존재의 기본 욕구에 대해서는 공통된 믿음을 갖고 있었다.

데이반루(Davanloo)[7]처럼 정신분석이론에 주로 기초하고 있는 몇몇 단기 심리치료자들의 경우, 게슈탈트치료에서 직접적으로 나온 것으로 보이는 기법들을 성공적으로 통합하고 있다(Conduit, 1987). 그러나 여러 이론이나 기법들에 게슈탈트 기법들을 단순히 접목하여 사용하는 것은 가치관에 대한 가정, 이론, 상담실제, 그리고 삶의 경험들이 서로 온전히 일치하는 진정한 게슈탈트 접근과는 구별되어야 한다.

> 게슈탈트 치료자는 기법을 사용하는 것이 아니다. 그동안 쌓아 올리고 통합해 온 전문기술 및 인생 경험들과 함께 그는 자기 자신을 치료 상황에 사용하며, 적용시킨다. 수많은 치료자와 내담자들이 자신과 서로를 발견하고 함께 새로운 관계를 창조해 나가는데, 그렇게 다양한 경험들이 존재하는 만큼 치료 방식들도 다양하게 존재한다고 볼 수 있다(Perls, Smith, 1977: 223에서 인용).

게슈탈트치료는 모든 상담과정에서 '즉시성(immediacy)'과 '관계성(relationship)' 그리고 '실험(experimentation)'에 초점을 맞춘다. 게슈탈트치료는 치료적 만남에서 지적 능력뿐만 아니라 창조성과 자발성을 지지하며, 그것에 대해 높이 평가한다. 게슈탈트 접근 역시 다른 인본주의 접근과 마찬가지로 기본적으로 인간 존재의 자기혁신과 자기치유의 힘을 믿으며 여기에 전념해 왔다. 또한

7) 역자 주: 단기집중 심리치료(Intensive Short Term Psychotherapy)의 창시자 Hibib Davanloo.

게슈탈트치료는 다른 접근들처럼 지금 순간에 미래를 자유롭게 창조하는 각 인간 존재의 독특한 개별성과 책임감을 강조한다.

때때로 게슈탈트 치료자들은 서로 자신들이 '정통 게슈탈트 상담자'라고 주장한다. 그런데 이 점에서 나는 욘테프(1980: 1)와 같은 입장을 취한다.

세 가지 원리로 게슈탈트치료를 정의할 수 있다. 이 원리들에 입각하여 이루어지는 치료는 치료의 이름이나 기법 또는 치료자의 방식에 관계없이 게슈탈트치료다. 그리고 이 세 가지 원리에 위배되는 치료는 게슈탈트치료가 아니다. 각각의 원리들은 나머지 두 가지 원리와 밀접한 관련이 있다.

원리 1: 게슈탈트치료는 현상학적이다. 그것의 유일한 목적은 알아차림이며, 그것의 방법은 알아차림의 방법이다.

원리 2: 게슈탈트치료는 전적으로 대화적 실존주의에 기초한다. 즉, 나-너 접촉/철수 과정에 의거해서 [모든 현상을] 이해한다.

원리 3: 게슈탈트치료의 개념적 토대 혹은 세계관은 게슈탈트다. 즉, '전체론'과 '장이론'에 기초하고 있다.

03 건강한 주기와 상담과정에의 응용

선승이 묻는다. "모든 사람에게는 태어난 곳이 있다." (기원 또는 시초). "네가 태어난 곳은 어디인고?" 수제자가 답한다. "오늘 아침 일찍 흰 쌀죽을 먹었습니다. 지금은 다시 배가 고프군요." (Watts, 1962/1974: 125)

건강한 게슈탈트 형성과 파괴의 주기

우리가 살펴본 것처럼 게슈탈트 치료는 정신병리에만 관심을 두지는 않는다. 그것의 목표는 성장과 기쁨, 공헌을 가장 건강한 수준까지 끌어올리는 것이다. 방해받지 않은 건강한 경험의 흐름, 즉 만족하고 싶은 욕구의 출현은 건강한 동물이나 자발적이고 꾸밈없

는 어린아이처럼 자연스러운 것이다. 그것은 삶의 에너지와 자기 실현을 위한 추동의 자연스러운 표현이다.

위의 선 세계에서 암시한 바와 같이 욕구는 솟아오르고, 만족되고, 다시 솟아오른다. 지배적인 전경이 배경으로부터 솟아오르며, 주의를 요구하고, 새로운 경쟁적인 전경이 떠오름에 따라 다시 배경으로 사라진다. 이것이 파도처럼 움직이는 인간 경험의 주기다. 그것은 마치 얼어붙는 반응처럼 생존을 위해 일시적으로 억제되기도 하지만, 위험이 사라지면 다시 자기 자신을 드러낼 것이다.

그러한 '본능의 주기' (Perls, 1969a: 69)는 게슈탈트 이론과 실제에서 중요한 패러다임이다. 퍼얼스는 이 본능의 주기를, '자기(self)'가 시간의 흐름에 따라 전-접촉, 접촉, 최종 접촉, 후-접촉 단계를 거치면서 나타나는 과정으로 개념화하였다. "현재는 과거가 미래를 향해 나아가면서 지나가는 통로이며, 이[현재]는 또한 자기가 현실과 접촉하면서 활동하는 무대다." (Perls et al., 1951/1969: 374)

유기체적 흐름

게슈탈트 치료에서 '유기체'란 단어는 '대상관계이론'에서 '대상'이란 단어와 비슷하게 사용된다. '유기체'라는 용어가 선택된 이유는 그것이 주관성, 생동성, 생물학적 뿌리를 의미하기 때문이다. "유기체는 온전한 단위로서 기능하는 인간의 본질적인 측면들이나 부분들, 혹은 기관들의 전체를 아우르는 개념이다." (van De Riet et al., 1980/1985: 36) 유기체의 흐름이라는 게슈탈트 개념은 게슈탈트 형성과 파괴를 반복하는 건강한 흐름으로 표현할 수 있는데, 이는 들숨과 날숨을 자연스럽게 반복하는 호흡 패턴과 유사하다.

모든 형태의 생명은 시간과 공간 속에서 구체적으로 발달해 가는 하나의 게슈탈트로 나타난다. 식물이 자라고 꽃을 피우고 번식하는 리듬은 모두 시간 속에서 이루어진다. 폰 프란츠(Von Franz, 1978: 32)에 의하면 시간이란 그 안에서 성장의 형태가 명백한 순서로 펼쳐지는 것을 의미한다. 이 책은 이 원리를 상담의 순서에 응용하였다. 이와 유사하게 인간의 욕구도 주기적 또는 파도와 같은 패턴으로 떠오르고 만족된다. 이 게슈탈트 형성과 파괴의 주기는 알아차림 주기라든가 본능의 주기, 접촉–물러남 주기, 경험 주기 등으로 다양하게 불린다.

같은 치료자라 할지라도 어떤 날에는 다른 목적으로 다르게 가르칠 수 있다. 또한 게슈탈트 치료자들끼리도 어느 한 내담자의 관심이 주기의 어느 부분에 해당하는지에 대해 의견이 다를 수 있다. 아마도 가장 주요한 것은 건강한 행동과 역기능적인 행동을 파악하는 다양한 모델을 이해하고 통합하는 데 있어, 하나의 공통된 개념을 사용한다는 것이다(Hall, 1977; Melnick & Nevis, 1986; Zinker, 1978).

이 과정은 리듬 있는 파동의 성질을 나타내기 위해 파도와 같은 도형으로 잘 표현되곤 한다. 그래서 이러한 체계적인 순환, 상호관계성, 전체성을 강조하기 위해 '주기'라는 개념을 사용한다. 게슈탈트의 파괴와 형성 주기 또한 세상이 주기적으로 파괴되고 재창조되는 우주적인 리듬을 갖고 있다는 유서 깊은 세계관에서 나왔다. 그 주기는 순환하는 시간에 대한 원형적인 직관적 통찰을 반영한 말이다. 현대 물리학은 모든 원자 내 미립자 에너지가 춤을 출 뿐만 아니라 그 미립자 자체가 창조와 파괴의 과정을 반복하는 에너지의 춤 자체라는 것을 밝혔다(Capra, 1976/1978).

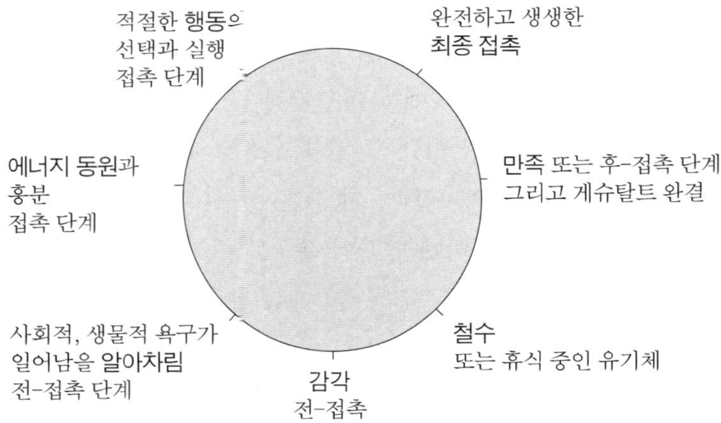

[그림 3-1] 게슈탈트 형성과 파괴의 주기

[그림 3-1]의 7단계 코형은 굿맨이 틀을 잡고 징커가 통합한 것을 근거로 한 모형이다(Perls et al., 1951/1969). 이것은 게슈탈트 상담자와 치료자를 훈련시키는 데 있어, 다른 모형과 비교하고 그들 자신의 독특한 관점을 실제에 적용시키는 데 도움이 될 것이다.

어떤 사람이 긴 겨울이 지난 후 봄볕을 즐기면서 정원에 앉아 있다. 그는 새의 노랫소리, 수선화, 뼈다귀를 가지고 노는 강아지에 주의를 기울이고 있다. 이러한 시각과 청각은 그의 알아차림의 장에서 전경을 형성한다. 점차 더워지자 그는 그의 셔츠 깃을 느슨하게 푼다. 이것은 아직 완전하게 형성된 전경은 아니다. 왜냐하면 그는 아직도 정원의 풍경과 소리에 주의를 기울이고 있기 때문이다. 그다음에 기온이 더 올라가자 새로운 전경이 떠오른다.

즉, 시원하고자 하는 욕구가 일어난 것이다. 전경이었던 것이 배경이 된다. 강아지는 더 이상 그의 주의를 끌지 못한다. 이제 그는

체온을 편안한 수준으로 유지하는 데 관심이 있다. 그는 그늘로 이동하거나 셔츠를 벗거나 집 안으로 들어감으로써 이를 이행할 수 있다. 욕구에 따라 적절한 행동을 선택하고 이행함으로써 다른 욕구가 떠오를 수 있는 길을 만든다. 이런 식으로 만족 또는 게슈탈트의 완결을 통해 유기체적 욕구가 연이어서 나타나는 지속적인 과정이 생긴다.

물리학이나 천문학과 마찬가지로 심리학에서도 더 크고 거시적인 주기가 더 작고 미시적인 주기를 반영한다. 예를 들어, 원자는 태양계를 닮은 구조를 지니고 있는 것 같다. 경험의 더 큰 단위는 더 작은 단위를 반영한다. 한순간의 애타는 한숨이 애타는 삶의 좌절을 반영한다. 입체 영상처럼 전체는 각 부분을 반영하고 각 부분은 전체를 대표한다. 들숨과 날숨의 파동과 같이 작은 게슈탈트 경험 주기는 자연의 과정이다. 지금의 과업이 어떤 것이냐에 따라 숨을 빨리 쉬느냐, 아니면 천천히 쉬느냐가 결정되고 건강한 유기체는 최대한 효율적으로 호흡을 조절할 것이다.

성인의 발달 단계와 같은 거시적인 주기는 평생이 걸릴 수도 있다. 더 큰 주기든, 더 작은 주기든, 주기는 자연적 과정이 유기체의 목표에 도달하도록 허용되기만 하면 창조적이고 만족스럽게 관리될 수 있다.

이렇게 간단하지만 미묘한 패러다임이 건강한 유기체적 기능을 설명해 준다. 이 주기에서 어떤 장애라도 일어나면 '불편함(dis-ease)'이 일어나는데, 이는 다음 장에서 더 논의할 것이다. 이 장에서는 상담과정과 연관된 건강한 주기에 초점을 맞출 것이다. 흐름을 방해하지만 않는다면, 주기는 그 사람의 변화하는 욕구에 맞춰 자연스럽고 만족스럽게 진행된다. 그래서 새롭게 떠오르는 모든

욕구는 주의를 기울이면 분명한 전경이 되고, 그 후에 다시 배경으로 물러난다. 이것이 유기체의 자기조절 현상이다. 즉, 사람들이 건강한 삶에서 하는 호흡, 섭식, 성행위, 배설과 같은 정상적인 기능을 조절한다. 주기 또는 파도와 같은 파동은 아주 짧은 순간부터 오랜 시간이 걸리는 계절의 변화에 이르기까지 범위가 다양하다.

임의적인 시작 지점

여기에서는 논의의 목적을 위하여 특정 시작 지점, 즉 철수 또는 휴식 단계부터 기술할 것이다. 모든 인간의 주기는 어떤 특정 지점에서만 시작하는 것이 아니다. 본능의 주기 모형은 경험의 통일된 성질을 강조하고자 하는 개념적 도구일 뿐이다. 이는 인과관계를 지칭하는 것이 아니다. 게슈탈트 치료는 '왜'보다는 '어떻게'에 관한 것이다. 이런 주기의 논의는 감각 단계부터 시작할 수도 있다.

아내가 잔소리를 하니까 남편이 피하게 되고, 그래서 아내는 더 잔소리를 한다. 혹은 남편이 피하니까, 아내가 잔소리를 하게 되고, 그래서 남편은 더 피하게 된다. 남편의 회피를 '야기한' 것이 아내의 잔소리인가, 아니면 아내의 잔소리를 '야기한' 것이 남편의 회피인가? 지금-여기에서 그들의 관계를 현상학적인 관점에서 보면, 양쪽 모두 바람직하지 못한 상황을 유지하는 과정에 대한 책임이 똑같이 있는 것이고 누구 한 사람의 과실이 아니다. '원인'을 임의적으로 부여하는 것은 게슈탈트 이론의 접근방식이 아니다. 게슈탈트 치료자는 부부와 그 관계의 장을 통일된 전체로 보는데, 각자가 그들의 체계 내에서 상대방의 행동에 원인이 되는 동시에 반응한 것이 된다고 본다.

주기의 단계들

이 주기는 이론적이든 실험적이든 어떤 각도에서도 볼 수 있다. 어떤 부분이 우리의 관심이 되건 그것은 지속적인 생존체계 내의 한 지점을 나타낼 뿐이지 불변의 시작점은 아니다. [그림 3-1]은 다양하게 많은 단계들에 대한 여러 관점 중에서 하나의 시각을 나타낸다. 이 주기의 다양한 단계는 게슈탈트 형성과 파괴의 과정에서 순차적으로 초점을 두어야 하는 부분을 나타낸 것이다. 문자의 정적인 성질 때문에 단계와 단계 사이에 명확한 구분이 있는 것처럼 보일 수 있다.

그러나 그렇지 않다. 그러한 오해는 부서지는 파도의 본질을 설계도나 수학 공식으로 파악하려는 것과 같다. 진정한 게슈탈트적인 의미로는, 한 단계가 떠오르면 다른 단계는 배경이 된다. 인간의 리듬을 명확하고 한정된 단계로 나누는 것은 게슈탈트 원리가 아니다. 독자들은 항상 이러한 단계들이 서로 영향을 미치며, 다른 자연의 시간표와 마찬가지로 발달하고 나뉘고 합쳐진다는 것을 명심해야 할 것이다. 기상 예보를 정확하게 예측하기는 힘들지만, 언제 서리 피해를 받지 않고 파종할 것인지 모르는 것보다는 낫다.

철수

주기에서 첫 번째 단계는 철수 또는 휴식 단계다. 이 휴식 단계에서 개인은 균형 상태에 있거나 게슈탈트 형성과 파괴 과정의 중간 위치에 있게 된다. 여기에는 명백한 전경이 없고 유기체는 항상성의 상태 또는 완벽한 균형 상태에 있다. 너무 덥지도, 너무 춥지도 않다. 성적인 흥분 상태이거나 성적인 박탈 상태도 아니다. 불안하거나 흥분된 상태도 아니다. 이것은 조용한 휴식 단계로 게슈

탈트의 만족스러운 완결 상태 후에 온다. 예를 들어, 오르가슴 후의 정적과 같은 것이다. 거기에는 알아차릴 만한 강력한 전경이 없다. "충분히 살아 있는 사람에게 그 상태는 잠재적인 발전을 무한히 할 가능성을 잉태하고 있다. '다음에는 어떤 흥미로운 일들이 일어날까?'라는 질문에는 조용함과 자신감, 개방성, 균형감이 스며들어 있다." (Hall, 1977: 53)

감각

유기체(또는 사람)는 무한정 휴식하지는 않는다. 살아 있는 사람에게는 새로운 유기체적인 결핍 또는 과잉이 일어나야만 한다. 우리가 충족시키고자 하는 욕구 또는 환경이 우리에게 부과하는 요구가 발생하면서 우리에게 내적인 혹은 외적인 장애가 일어나게 되고, 따라서 이를 통해 유기체와 환경 간에 존재했던 항상성의 균형이 위협받게 된다.

분화되지 않은 '배경'으로부터 그 어떤 것이 서서히 떠오르기도 하고 갑작스럽게 떠오르기도 한다. 그리고 그것은 우리에게 '전경'이 된다. 예를 들어, 차를 한 잔 마시고 싶은 열망과 같은 것이다. 퍼얼스 등(1951/1969)은 감각 또는 고유수용감각[8)]의 흥분을 네 가지 종류로 구분하였다.

1. 환경과의 접촉을 추구하는 주기적인 충동 또는 열망, 예를 들어 배고픔이나 애정 욕구 같은 것

8) 역자 주: 고유수용감각(proprioceptive sensation): 신체 내의 자극을 느끼는 감각의 일종. 예를 들어, 신체 일부분이 공간 중 어디에 위치해 있는지 눈을 감고도 알 수 있는 것이 이것의 기능이다. 또한 심장 박동, 호흡, 근육 긴장도, 내장 불편감 등이 포함된다.

2. 접촉 또는 전경이 더 신체와 관련된 욕구, 예를 들어 주기적인 고통이나 긴장성 두통 같은 것
3. 환경적 사건에 의해 촉발되는 욕망이나 정서 또는 고통, 예를 들어 냉정한 전화를 받은 것 혹은 친구로부터 따뜻한 포옹을 받은 것
4. 환경의 변화에 반응해서 일어나는 생리적인 재적응, 예를 들어 기온 변화, 자극수준의 변화, 소음, 지진 같은 것

펄스와 헤퍼라인(Hefferline), 굿맨은 이것들을 '전-접촉'이라 부르고 전경/배경 형성과정의 시작으로 간주하였다. 이것은 감각적인 정보가 기록되기는 하지만 아직 충분히 의미 있는 알아차림까지는 가지 않은 단계라 말할 수 있다.

알아차림

우리는 이러한 사건들이 감각 또는 고유수용감각을 통하여 우리의 자유롭게 떠다니는 의식에 나타남으로써 서서히 알아차릴 수도 있고, 한순간에 알아차릴 수도 있다. 이렇게 떠오르는 새로운 전경은 그 순간의 경험에서 관심의 초점이 된다. 이 전경이 화재경보기처럼 더 강렬하고 더 긴급할수록 반응은 더 분명하고 더 즉각적이 될 가능성이 많다. 강의를 하는 도중에 물을 마시고 싶은 소망은 목마름(유기체의 불균형)에 주의를 기울일 만큼 충분히 강한 동기가 있어야 하므로 시간이 걸릴 수 있다.

"알아차림은 경험의 한 형태다. 그것은 감각운동계와 정서적, 인지적, 에너지의 충실한 지원하에 개인/환경 장의 가장 중요한 사건과 부단히 접촉하는 과정이다."(Yontef, 1979b: 29) 알아차림은

새로운 게슈탈트를 창조하는 의미형성 기능을 한다. 즉, 단편적인 자기지식 조각들을 선경한 통합체로 통찰하는 것이다. 마치 오렌지 껍질을 처음 벗길 때 뿜어져 나오는 향을 인식하는 것과 같다.

과거에 대한 알아차림, 또는 미래에 대한 예지가 필요할 때, 효과적인 알아차림이 중요해진다(Simkin & Yontef, 1984: 290). 예를 들어, 직업적인 면에서 크게 성공한 50대의 남자가 상담에 왔다. 그는 가족과 친구와의 관계에서 정서적인 공허감에 점차 불만족스러워짐을 알아차렸다. 이전에는 세속적으로 성공하는 것이 그의 전경, 혹은 지배적인 욕구였다. 그러나 이제는 관계가 점차 중요해졌다. 그의 이러한 새로운 욕구에 대한 알아차림은 미래에 더 주의를 기울일 것을 요구하였고 이전에 있었던 야망은 배경으로 물러나게 했다.

에너지 동원

욕구의 알아차림 뒤에는 보통 흥분과 에너지 동원이 뒤따른다. 이러한 정서적 그리고/또는 신체적 각성 상태에서는 목표 전경이나 욕구가 더 예리하고 분명해지며, 에너지와 이 욕구를 충족시킬 수 있는 행동에 대한 이미지가 형성된다. 이 단계에서 건강한 사람이라면 숨을 깊고 자유롭게 쉬며, 운동 체계는 준비가 잘되어 있으며, 감각은 환경의 정보를 최대한 받아들일 수 있도록 개방되어 있다.

예를 들어, 한 젊은 여성이 진로상담을 하러 왔다. 앤은 명석하고 여러 방면에 재능이 있었다. 그녀는 학구적인 직업들에 흥미가 있었지만, 여러 가지 선택 조건들 중에서 가장 훌륭한 선택을 하기 위해 상담을 원했다. 상담과정에서 지속적인 스트레스하에서 또는

3년 내지 5년간의 긴 공부에도 가장 흥미를 잘 유지할 수 있는 학문을 골라내는 것이 중요할 것이다. 건강한 주기에서 이 단계는 퍼얼스 등(1951/1969)이 기술한 대로 **접촉** 단계들 중에서 흥분과 에너지 동원의 단계다.

행동

하나의 단일한 전체로서의 접촉과정[또는 전경 형성과정]에서 따로 떼어서 볼 수 있는 또 다른 지점으로 '**접촉실행**(contacting)' 단계를 들 수 있는데, 이는 적절한 **행동**을 선택하여 수행하는 단계다(Perls et al., 1951/1969). 이것은 지각적, 행동적, 정서적 행동의 조직화를 포함한다. 내담자는 여러 가지 가능성들을 선택하거나 거부한다. 그는 장애물을 극복하는 방법을 모색하는 과정에서 여러 형태의 행동들을 실험해 보면서 가능한 해결책들을 적극적으로 찾는다. 지금-여기의 현실에서 욕구를 적절히 해소하기 위해서는 행동이 매우 중요하다. 예컨대, 30세의 한 실직자는 여기저기에 많은 지원서를 내며, 정기적으로 구직 기관을 찾아가기도 한다. 그는 또한 스스로 나태해지거나 직업에 대한 흥미를 잃지 않으려고, 그리고 최신 직업 정보와 기술에 발맞추면서 지속적으로 경력을 쌓기 위해 자원봉사를 나가기도 한다.

최종 접촉

현실과 상상의 차원 모두에서 여러 가능성들을 적극적으로 고려하여 적절한 행동을 선택하고 실행한 다음에는 굿맨(Perls et al., 1951/1969: 403)이 '최종 접촉'이라고 부른 완전하고도 격렬한 접촉이 뒤따른다.

보기, 듣기, 느끼기, 움직이기, 만지기 같은 감각과 운동 기능은 접촉을 하기 위한 기능이다. 전체가 부분의 합 이상인 것처럼, 접촉도 이용 가능한 모든 기능들의 합 이상이라는 것을 기억해야 한다. 보고 들었다 해서 접촉이 잘 이루어진 것은 아니다. 훌륭한 접촉은 그것을 어떻게 보고 듣느냐에 따라 결정된다. 접촉은 동물이나 사람, 혹은 기억이나 이미지, 자신의 일부분과도 할 수 있으며, 또한 사물이나 자연과도 할 수 있다. 단순히 일몰을 보는 것과 풍부하고 생생하며 가슴에 사무치듯 타오르는 낙조를 경험하는 것의 차이는 단지 접촉의 질에 있다.

접촉은 자기와 환경과의 경계에서 일어나며, 우리와 세계와의 가장 심오한 소통이라고 볼 수 있다. 접촉이 이루어지는 순간은 주의집중이 최고로 순수하게 정제된 상태로서 주의집중 행위와 그 대상이 서로 분리될 수 없는 하나가 된다. 그것은 성교할 때의 황홀한 절정의 순간이며, 감동적인 음악을 들을 때의 전율의 순간이다. 그것은 창의력 문제의 마지막 조각들이 꿰어 맞추어질 때 느끼는 완전한 몰입상태다.

접촉은 하품을 하거나 도둑고양이를 내쫓거나 논쟁을 벌일 때에도 적용이 된다. 접촉의 질은 인생을 '흘려 버릴' 것이냐, 아니면 인생을 충분히 살아 나가고 경험하게 할 것이냐를 결정한다. 한 내담자가 사별 후에 몇 년을 금욕적인 체념으로 살다가 마침내 홍수 같은 눈물을 흘리게 되었다. 그는 흐느끼면서 말했다. "내가 아파하고 있어요. 내가 울고 있어요. 이제야 내가 나인 것처럼 느껴져요!"

이것이 게슈탈트다. 있는 그대로의 것을 변화시키지 않고, 그것이 다르기를 바라지도 않으며, 폭발 단계든 평온한 단계든 간에 다

만 자연스러운 표현과 순간 순간의 경험의 변화와 생생함을 재확립시키는 것이다.

> 더군다나 접촉은 살아 있는 대상뿐만 아니라 살아 있지 않은 대상과의 상호작용까지 이어진다. 나무나 낙조를 보는 것이나 폭포 소리를 듣거나 동굴의 고요를 듣는 것도 접촉이다. 또한 접촉은 기억과 심상으로도 분명하고 충분하게 이루어질 수 있다……. 접촉은 매력적이지만 분명히 구별되는 두 개의 관심 전경이 만날 때 일어나는 역동적인 관계다. 그 구별은 하나의 유기체와 다른 유기체 사이에서도 일어날 수 있고, 하나의 유기체와 환경의 비유기체적인 대상, 또는 하나의 유기체와 그 유기체의 새로운 특성 사이에서도 일어날 수 있다(Polster & Polster, 1974: 102-8).

좋은 **접촉**은 게슈탈트의 핵심 개념이다. 좋은 접촉이란 지각적으로는 주의나 상호작용을 방해하는 외부자극이나 배경자극을 배제하고, 개인에게 가장 중요한 면에 분명하고 생생하게 초점을 맞추는 것이다. 청각적인 예를 들어 보자. 사람이 많은 파티에서 다른 사람들의 시끄러운 대화와 커다란 음악 소리보다는 상대방과의 대화를 더 또렷이 들을 수 있다.

시각적인 예는 공항의 군중 속에서도 사랑하는 사람은 전경으로 떠오르고 수많은 나머지 사람들은 배경으로 희미하게 보이는 것이다. 포도주를 음미하고 우정을 경험하는 것도 이러한 예로 들 수 있다. 무관한 외부자극을 걸러 내거나 배경으로 밀쳐 내야 이 두 경험의 즐거움은 더 커진다.

잠깐일 수도 있고 조금 더 오랫동안 지속될 수도 있지만, 오로지 분명하고 생생한 전경이라야 비로소 [존재하는] 게슈탈트라고 말

할 수 있다. 온몸으로 표현되는 슬픔이건 성적인 클라이맥스건 간에, 그러한 게슈탈트는 지각과 운동과 정서를 하나의 행동으로 통합하여 지금-여기를 지극히 자발적으로 풍부하고 명료하게 만들어 준다.

이러한 완전한 최종 접촉은 어떤 하나의 게슈탈트가 완결되었음을 의미한다. 순간적으로 한 개인은 그가 창조하거나 발견한 전경에 완벽하게 몰입한다. 건강한 접촉은 그 순간 가장 중요한 것에 전심전력으로 몰입하는 것이다. 다른 사람과 그런 접촉을 시작하고 싶은 것도 인간의 기본 욕구다. 헤어지고 싶은 욕구도 그렇다. 접촉은 우리의 가장 풍부한 기쁨의 원천이고, 우리의 가장 강렬한 아픔의 순간이기도 하다. "접촉은 변치 않고 그 상태로 있는 것과 의미상 양립 불가능하다. 접촉을 통해 변화하고자 노력할 필요가 없다. 변화는 그냥 일어나기 때문이다." (Polster & Polster, 1974: 101) 역설적으로 진정한 접촉은 변화의 문을 개방한다. 주기는 계속 움직인다.

만족

다음 단계는 펄스 등(1951/1969)이 **후-접촉**이라 부른 것이다. 그것은 본질적으로 만족과 게슈탈트의 완결을 지칭한다. 이것은 깊은 유기체적인 만족을 경험하는 단계이며, 친근감이나 창조적인 표현을 충분하고 완전히 한 후에 느끼는 '여운'에 비유할 수 있다. 이 단계를 표현하는 이미지는 방금 전까지도 자신의 일부였던 신생아를 이제는 낳아서 안고 있는 어머니의 이미지다. 이것은 폭풍 후에 찾아온 고요이며, 분리와 철수가 시작되기 전의 고귀한 시간이다. 이것은 소화와 동화의 과정이며, 이때 수용할 수 없거나 영

양가가 없는 것은 뱉어 낼 수 있다. 필연적으로 파괴와 흡수 활동이 이어진다.

이러한 후-접촉 또는 만족 단계는 주기에 대한 이론적 토론 과정에서 자주 생략된다. 이는 아마도 인간 경험의 완결 단계를 중시하지 않는 것을 반영하는 것 같다. 그러나 이별을 이야기하는 것은 우리가 뒤에 남겨 두고 떠나온 것들에 대해 충분한 인정과 수용을 할 때 그 진정한 의미가 있다. 사람들은 일어나지도 않는 일을 오랫동안 걱정하는 경우가 많다. 그러나 어떤 일이 일어난 후에 오랫동안 그 일을 축하하는 경우는 그리 많지 않다. 남성적인 문화에서는 주기가 시작하는 초기 단계가 여성적인 후기 단계보다 더 중시되는 경향이 있는 것 같다. 그러나 주의에서 멀어져 가고 배경으로 사라짐에 따라 점진적으로 동화되고, 쇠락하고, 음미하는 경험은 깊은 즐거움과 심오한 배움의 원천이다.

> 변화 경험은 시간에 따라 단순하게 움직이기 때문에, 복잡한 일상생활을 해야 하는 사람들은 이 변화 경험을 쉽게 흘려 버릴 수 있다. 그러나 상상을 통해 그렇게 간주되는 경우를 제외하고는 아무것도 고정되어 있지 않기 때문에 우리는 지금과 다음 순간 사이의 변화 시점에서 살고 있다. 사람들이 새롭게 유지될 수 있는 것은 이러한 움직임을 통해서이며, 우리 삶의 이야기가 성숙해 가는 것도 이 움직임을 통해서다. 비록 환자들이 아직 그 순간을 보지 못할지라도 소설가나 치료자는 이러한 필수불가결한 순간을 인식하고 고양시킨다(Polster, 1987: 67).

철수

후-접촉 단계의 다음은 다시 철수 단계로서 새로운 욕구를 예고하는 감각이 다시 솟아오를 수 있는 비옥한 진공 상태로 진입하게 된다. 그러면 사람은 철수와 감각 단계 사이의 중립적 변화 지역에서 '진공 상태'의 공허함을 경험하게 되면서 자기조절 주기가 다시 시작된다. 외적인 주기다고 해서 내적인 주기와 다르지 않다. 그 원칙은 음식, 산소, 배설과 같은 생리적 욕구의 충족에서와 마찬가지로 신체접촉이나 사회적 인정, 예술적 표현 욕구와 같은 보다 미묘한 기능에도 적용된다.

건강한 주기와 관련된 상담과정의 단계

감각

일반적으로 사람들은 삶에서 내적, 외적인 혼란이 와야 상담에 오고, 비로소 자신의 소망을 알아차리게 된다. 청소년은 호르몬의 불균형 때문에 감정의 폭풍을 겪게 되고 그래서 그들과 가족들이 상담을 받게 된다. 사회경제적 체계(유기체-환경의 장)의 변화 또한 현상을 뒤엎어 놓는다. 영국에서 일어난 광부들의 파업은 수많은 가족들이 그들의 역할과 신념, 정치적 입장까지도 재평가하도록 만들었다.

흔히 불만의 첫 번째 징후는 반복되는 가슴 압박감, 지속적인 오한, 심한 두통, 호흡 곤란처럼 신체적 감각으로 경험된다.

50대 후반의 어머니인 프랜시스가 상담에 왔다. 그녀는 그녀가 어렸을 때 받은 교육을 그대로 답습해서 1950년대의 성역할을 동

일시하고 있었다. 그녀의 셋째 자녀가 대학교육을 받기 위해 집을 떠나자 그녀는 상실감과 슬픔을 느꼈다. 그녀는 자신의 둥지가 빈 후에야 삶의 의미를 다시 평가할 필요를 느꼈다. 그녀는 이제까지 살아오면서 상담의 필요성을 느낀 적이 없었다. 그러나 사회적으로, 신체적으로, 인지적으로 변화를 겪으면서 그녀는 지금 당황스럽고 혼란스럽다. 남편은 성관계에 대해 관심이 줄고 TV 앞에서 시간 보내길 원하지만, 그녀는 지난 몇 년간 어느 때보다 성관계를 갖고 싶어 한다.

알아차림

그녀 자신과 정서적 욕구에 대한 이 새로운 알아차림으로 인해 그녀는 상담을 찾게 되었다. 삶의 변화에 대해 누군가에게 이야기하고 싶은 욕구가 높아지자 그녀는 개인적인 문제를 논하는 잡지 기사를 더 보게 되었다. 그녀는 자신이 라디오 상담 프로그램을 듣고 있다는 것을 발견했다. 그녀는 자신의 친구들 중 몇 명이 과거에 상담을 받은 적이 있다는 사실을 알고 난 다음, 그들에게 그 경험에 대해 물어보았다.

에너지 동원

에너지 동원 단계에서는 자신의 떠오르는 욕구와 관련된 긴장감이 운동에너지로 바뀌어 표출된다. 일반적 의미의 각성을 경험하면서 흥분이 자율신경계의 변화로 나타난다. 그녀는 자신의 에너지도 동원할 뿐만 아니라 상담비 등의 환경 자원도 동원한다. 그녀는 정서적으로도 인지적으로도 자신을 상담과정에 개방할 용의가 있다. 이제 프랜시스는 가장 신뢰할 수 있는 친구가 추천한 상담자

와 약속 시간을 잡는다. 며칠 후 그녀는 처음으로 상담자를 만난다. 상담실로 들어갈 때, 심장 박동이 증가하고 호흡이 빨라지며, 새로운 상황을 대하면서 오는 흥분감을 경험한다. 그녀는 이 느낌이 불안과 비슷하다고 인식하지만, 이러한 실험적인 접촉에는 실제 위험이 없다는 것을 안다. 그래서 의미 있는 만남을 기대하게 되고, 비록 그것이 항상 기분 좋은 과정은 아닐지라도 만남에서 무언가를 배우리라 결심한다.

행동

이 단계에 이르러 프랜시스는 행동에 돌입한다. 그녀는 중요하게 떠오르는 욕구충족을 목표로 지각적, 정서적, 행동적 활동을 조직화해서 적절한 행동을 선택하고 실행한다. 이 욕구는 이전 단계에서 발견한 것으로서 지금까지 사회에서 요구받은 역할을 뛰어넘어 자신과 자신의 잠재력을 실현하고자 하는 소망이다. 상담관계의 첫 단계에서 그녀의 정서적, 정신적 에너지의 대부분을 상담자와 협력관계를 맺는 데 쓴다. 그녀는 상담자의 수련과정과 슈퍼비전, 비밀 보장에 대한 견해를 물어본다. 그리고 한 인간으로서의 상담자에 대해 자신의 판단과 직관을 이용하여 상담자가 믿을 만하다고 결정해서 기꺼이 자신을 드러내고 이제까지 회피해 왔던 부분까지도 털어놓는다. 그녀는 자신을 옭아맨 교육제도에 대해, 그리고 자신의 과학적 잠재능력을 무시한 남자 선생에게도 분노를 표현한다.

상담관계 내에서 자신의 욕구를 실험하고 탐색하면서 그녀는 사회와 가족이 부여한 어머니와 아내 역할에 대한 기대로부터 벗어나는 것을 지지받는다. 그녀는 자신의 생리학적인 과정과 심리적

인 과정에 대한 감각적 알아차림이 증진되고 민감성이 더 섬세해진 분리된 한 인간으로서의 자기감각을 발달시키기 시작한다. 그녀는 실험을 통해서 어렸을 때 은유적으로 '삼켰던' 메시지와 자기 정의를 다시 재구성한다. 그녀는 이를 다시 검토하여 어떤 것은 삼키고 어떤 것은 뱉어 낼지, 그리고 어떤 것은 씹고, 맛을 보고 소화할지를 결정한다.

그녀는 자신만의 출장요리사업, 연애하기, 화공 기사가 되기 위한 대학 입학과 같은 삶을 충족시킬 수 있는 조건들을 실험해 본다. 그녀는 희망 일기를 쓰고, 자기표현의 수단으로 도자기 공예를 하며, 중년에 진로를 바꾼 여성 역할 모델을 찾아보고 있다.

최종 접촉

상담과정에서 접촉이라 함은 문제 상황을 가능한 한 많은 측면에서 충분하고 완전하게 알아차리는 것을 말한다. '교착점' 또는 '막다른 골목'은 인간 발달의 여정을 편안하게 계속 하려면 해결해야 할 총제적인 전경이 되어 왔다. 흔히 분노와 두려움, 슬픔, 기쁨과 같은 정서적 반응을 내 것으로 받아들이게 되면, 이런 막다른 골목은 해결된다.

수용적이고 지지적인 관계 속에서 프랜시스는 과거에 누적된 상처와 삶에서의 실망감들을 접촉하고 표현하였고, 이를 통해 프랜시스는 자신의 지적, 행동적, 심리적 자원을 동원하여 자신의 문제들을 해결할 수 있게 된다.

이 단계에서 프랜시스는 그녀가 원하는 것, 즉 잠재력을 실현하는 것과 그녀가 이전에 '당연하게' 믿었던 것, 즉 중년에는 편히 지내야 한다거나 손자들에게 옷을 짜주는 것 사이의 갈등을 해결한다.

이 진정한 접촉의 시기는 상담과정의 극치로서 흔히 '전환점(metanoia)'으로 경험된다(Burchfield, 1976: 911). 그러고 나면 내담자는 이전의 존재로 돌아가는 것은 생각도 할 수 없다. 그녀의 사회적 체계 속에 있는 중요한 요소들도 그녀의 변화에 영향을 받는다. 남편과 아이들은 초반의 회의와 불안감에서 벗어나서 프랜시스의 성장력과 새로 찾은 자신감을 높이 평가하고 강화한다. 남편은 그녀가 재발견한 관능미와 성적인 실험에 대한 과감성으로 인해 호기심이 일고 흥분이 된다. 딸들은 '안전하고 안정적인 옛날의 엄마'를 잃어 한탄하지만, 그러면서도 엄마의 대학 졸업식에 참석할 때는 자부심을 갖는다.

만족

만족 단계에서는 상담의 즐거움과 통합이 특징이다. 상담 회기는 이제 더 이상 갈등과 양가적인 정서로 가득 차 있지 않다. 발달과제를 잘 이루었다는 분명한 느낌이 있다. 프랜시스는 더 이상 좌절하지 않고 대학에서 자신의 지능과 사회 기술을 검증해 보는 것을 두려워하지 않는다. 때때로 자신의 삶에 대한 책임감이 흐려지면 이전의 단순한 삶을 부러워하기도 한다. 그렇더라도 자기발달과 자기실현의 여정에 충실하여 얻은 보상과 풍성함이 훨씬 더 좋아 보인다. 상담관계는 점점 덜 중요해지고, 상담실은 그녀의 알아차림에 대한 열매를 나누고 성공을 축하하는 자리가 된다.

철수

건강한 상담주기에서 마지막 단계는 내담자가 상담관계의 이별을 준비하는 것이다. 내담자는 상담자로부터 자기 알아차림을 증

진시키는 방법과 더 효과적인 문제해결 방법을 많이 배웠고, 이제 안내자 없이도 이를 활용할 수 있다.

프랜시스는 상담자에게 애정 어린 이별을 고한다. 많은 도움이 되고 중요했던 이 접촉을 이제 끝내는 것이 슬프지만 도움 없이 성장을 지속한다는 것에 흥분도 되고 기쁘기도 하다. 그녀는 전문 여성들의 모임과 같은 곳에 정기적으로 참여하여 스스로 지지 구조를 구축했다. 남편은 배우자일 뿐만 아니라 친구가 되었다. 그녀의 새로운 삶은 풍성함과 도전으로 가득 차서 전경이 되었다. 상담 경험은 배경으로 사라진다.

거시적 주기 내의 미시적 주기

이제까지 상담과정에서의 건강한 주기를 설명하였다. 그 주기는 몇 주가 걸릴 수도 있고 몇 년이 걸릴 수도 있다. 그러나 이 주기의 본질은 상황과 시간에 걸쳐 동일하기 때문에 그것은 한 회기 안에서도 나타난다. 대부분의 상담 회기에서 내담자는 가장 시급한 욕구를 알아차리고, 그것을 다루기 위해 에너지를 동원하여 지각적, 정서적, 생리적 수준에서 조직화하여 충분하고 완전한 표현을 하거나 혹은 만남이 이루어진다. 기능적인 주기에서 이러한 완결이 이루어진 후에는 만족과 즐거움이 뒤따르며, 그 후에 다시 중요한 주제가 새롭게 떠오른다.

이 장에서는 내담자와 상담자가 게슈탈트 형성과 완결을 통해 이상적인 상담이 이루어지는 과정을 질서정연하게 기술하였다. 물론 실제 생활에서는 이것이 쉽지 않다. 잘못된 시작도 많고 불균형

을 이루는 진척, 후퇴, 정체도 흔하다. 다음 장에서는 원활하고 조화로운 주기의 기능을 방해하는 여러 가지 측면에 대해 언급할 것이다.

04 주기에서의 역기능과 장애

수도사: 선생님은 언제나 진실한 삶을 살고자 노력하십니까?
스승: 물론이지. 나는 배고플 때 먹고, 피곤할 때 잠을 잔다네.
수도사: 모든 사람들이 다 그렇게 하는 것 아닙니까?
스승: 아니. 그렇지 않다네.
수도사: 왜 그렇죠?
스승: 사람들은 먹을 때 먹지 않고, 여러 가지 다른 생각들을 하느라 스스로 혼란에 빠지기 때문이지(Suzuki, 1949).

'불편함(dis-ease)'[9]의 원인과 기제, 또 각 국면에 대한 전체론적인 관점은 전 과정의 특정 요소를 좀 더 자세하게 논의한 후에 다룰

9) 역자 주: disease가 '질병'이란 의미를 지니지만, 원문에 'dis-ease'이라고 쓴 것으로 보아 원문의 뜻을 살려 '불편함'이라고 번역하였다.

것이다. 게슈탈트의 진정한 의미를 볼 때, 전체가 부분의 합 이상이라는 점을 명심해야 한다. 앞으로 각 부분에 대해 논의가 이루어지겠지만, 이는 연속적이고 전체적인 과정을 임의로 구분해 놓은 것에 불과하다.

'불편함(Dis-ease)'의 의미

게슈탈트 이론의 기본개념 중 하나는 인간이 근본적으로 건강하며 균형과 건강, 성장을 추구하는 존재라는 것이다. 따라서 인간이 결함을 가진 존재라고 가정하는 접근은 게슈탈트 접근과 양립할 수 없다. 펄스는 식물이나 동물은 자신의 성장을 스스로 막지 않는데, 단지 인간만이 자신의 성장을 막는다는 사실에 관심을 기울였다. 그 역시 '신경증'이라는 단어를 사용했지만, 사실 "성장장애라고 했어야 했다."고 말한 바 있다(1969b: 28).

게슈탈트 상담자들은 인간이 본래 건강하고 자기조절력이 있는 존재라고 믿는다. 치료 작업은 자기실현의 과정을 막는 장애와 장벽, 방해물 제거를 촉진시키는 것이다. 대부분의 사람들은 질병이란 의사나 심리전문가의 도움을 구해야 하는 병이라는 의미로 받아들인다. 그러나 게슈탈트 상담자들은 인간이 충분히 기능하지 못하는 상태를 나타내고, 편하지 못하고 조화롭지 않은 상태를 강조하기 위해 '불편함'이라는 용어를 즐겨 사용한다.

"게슈탈트 상담에서는 행동, 접촉, 선택, 확실성 등이 건강함을 나타내는 것이라면, 정체, 저항, 경직, 통제 등은 불안과 같이 '불편한' 상태를 의미한다."(Van de Riet et al., 1980/1985: 60). 사람들

이 '불편' 해지면 자신을 둘러싼 외부 환경과 심리적이고 신체적으로 건강한 관계를 맺지 못하고, 전인으로서의 자기 자신을 경험하지 못하게 된다. 따라서 알아차림의 주기가 편안하고 자연스럽고 효율적으로 이루어지지 못한다.

미시적 수준에서 보자면 [가슴을 부풀린 채로 숨을 충분히 내뱉지 못하는 것과 같은] 거친 심리생리적 속박자세는 자연스러운 호흡을 방해한다. 이는 개체가 자신이 정한 목표를 이루기 위해 효율적으로 호흡하지 못하게 만든다. 이와 마찬가지로 심리적인 측면에서 볼 때, 이전 습관과 낡은 정체성을 버리지 못하면 새로운 경험을 하지 못하게 방해를 받는다. 게슈탈트의 형성-파괴-재형성 과정이 막히면 건강하지 못하다. 일부 게슈탈트 상담자들은 주기의 각 단계들 사이, 이를테면 감각과 알아차림 사이, 알아차림과 행동 사이가 막힐 수 있는 것으로 본다(Zinker, 1978).

이 책의 입장은 퍼얼스 등(1951/1969)의 견해를 따르는데, 그는 본능 주기의 어느 한 단계에서 혹은 그 단계 동안에 방해들이 일어날 수 있다고 생각하였다. 각 단계들 사이에서, 각 단계에서, 혹은 각 단계의 전후에서 등, 어디에서 방해가 일어난다고 보느냐에 따라 서로 다른 다양한 접근들이 가능하다. 그러나 개념적으로 인간의 경험을 설명하려는 이러한 접근들은 다 부분적인 측면을 설명하므로 어느 하나의 '절대적'인 접근은 없다.

게슈탈트 알아차림 주기는 인간의 자연스러운 욕구충족의 가능한 전후 관계 또는 경험주기에 근거하고 있기 때문에 그 자체는 항상 건강하다. 그러나 유기체의 원초적인 욕구를 부인하거나, 그것을 다른 것으로 대체해버리는 정도에 비례해서 진정한 만족은 멀어질 수밖에 없으며, 주기는 방향성을 상실한 채 표류하게 되어 개

체는 불편한 상태에 이르게 된다.

'미해결 과제'와 고정된 게슈탈트

미해결 과제

'미해결 과제' 개념은 에너지가 어떻게 차단되고 '방해' 받는지를 설명하는 게슈탈트 접근의 핵심 개념이다. 이는 지속적인 흐름만이 전체, 완전함, 유기체적 단일체로서의 '게슈탈트'를 형성한다는 사실을 의미한다. 떠오르는 충동이나 욕구는 모두 유기체 주기를 완결 짓기 위해 우리로 하여금 무언가를 하게끔 한다. 그리고 그 무언가를 행하면 그 목적은 충족된다. 그 욕구는 화장실에 가고 싶은 것과 같이 지금-여기의 현실과 관련이 되기도 하며, 부모에게 인정을 받고 싶은 것과 같이 현재에서 해결하고 싶은 과거의 미해결 과제와 관련이 되기도 한다.

> 이러한 상황이 해결되고 나면 또 다른 미해결 상황이 생겨날 수 있다. 이는 우리의 인생이 사실 근본적으로는 끝없는 미해결 과제, 즉 미완성된 게슈탈트의 연속이라는 것을 의미한다. 어느 한 가지 상황이 해결되고 나면, 또 다른 문제가 나타나는 것이다(Perls, 1969b: 15).

사람들이 자신의 욕구를 충족시키기 위해 알아차림의 주기에 따라 편안하고 자발적으로 움직이지 않는다면 그 욕구는 미해결된 상태로 남게 된다. 어린 시절의 에피소드나 중요한 욕구가 충족되

지 않은 채로 남아 있으면 생리적으로나 심리적으로 적절하게 자신의 주기를 완결시키지 못한다. 예를 들어, 사랑했던 강아지가 죽었는데도 슬퍼하거나 우는 것이 허용되지 않았던 아이는 성인이 되어서도 새로운 애착대상에 대한 애정을 억제할 수밖에 없다. 왜냐하면 어린 시절의 그러한 슬픔을 충분히 표현하도록 허락받지 못한 사람은 나중에 동물이나 인간에 대해 건강하고 자연스러운 방식으로 애착관계를 형성하기 어렵기 때문이다.

이와 유사하게 고통이나 짜증, 타인을 향한 분노 등은 자기 주장적 행동으로 해결하거나 혹은 그냥 놓아 버림을 수용함으로써 해소해야 한다. 전자를 숨을 들이쉬는 것에 비유한다면 후자는 숨을 내쉬는 것에 비유할 수 있다. 해소하지 않으면 경험은 완결되지 못하고 미해결 과제로 남으며, 에너지와 심리적 자원이 '미해결 상황' 속에서 억압되게 된다.

심리적으로 불완전한 게슈탈트 치료는 신체적으로도 동일하게 나타나는데, 체념한 자세로 가슴을 웅크리고 있는 자세를 취하거나, 공격적인 자세로 위협하는 듯 습관적으로 숨을 몰아쉬어 가슴을 잔뜩 부풀리기도 한다. 미해결 과제는 과거의 만족스럽지 못했던 관계, 이를테면 부모의 학대에 저항하지 못했다거나 자기 자신의 잠재력을 충분히 충족시키지 못한 아쉬움일 수 있다.

인간의 심리적 에너지는 어느 한곳에 묶여 있기도 하고, 알아차림으로부터 억압되기도 한다. 이러한 억압은 심리적으로나 신체적으로 지금-여기에 충분히 반응하면서 삶의 풍요로움을 경험할 수 있게 하는 자원을 고갈시켜 버린다. 어린 시절 '동생을 사랑하면서도', 형제자매 사이의 경쟁심과 같은 감정 표현이 허용되지 않았던 경우, 성인이 되어 오른쪽 어깨에 만성적인 통증이 나타나

기도 한다.

이는 원래의 욕구를 옆쪽으로 보내면서 치환이 일어난 것이다. 이렇게 되면 욕구는 원래의 목표에서 벗어나 제대로 해소되는 것도 아니고, 잘 참을 수도 없게 된다. 원래의 상황이 제대로 완결되지도 않고, 이전처럼 경쟁적이지 않을 수도 있는 현재 관계에서 현재 순간을 충분히 만족스럽게 즐길 수도 없기 때문에 신체적 및 심리적 미해결 상황은 '종결지으라는 압력'을 계속 준다. 물론 성인의 정신병리는 이러한 단일한 사건으로 발생하기보다는 현재 그 사람의 생활 속에서 다양한 변인들이 얽혀 발생된다.

완결에 대한 욕구

미해결 과제는 불완전한 게슈탈트를 의미한다. 왜곡되고 병리적인 방식이라 하더라도 전체를 완결 짓고자 하는 것이 인간의 기본적인 특성이다. 건강한 게슈탈트 알아차림 주기에서 어린아이가 배고픔을 느낄 경우에는 먹을 것을 줄 보호자를 부르기 위해 에너지를 동원하여 큰 소리로 운다.

아이의 울음소리에 보호자가 먹을 것을 주는 것과 같이, 적절한 행동을 통해 환경과 충분하고 만족스러운 접촉이 이루어지면 욕구는 충족되고 배고픔이 채워진다. 젖을 문 아이의 입가에 긴장이 줄어들면서 얼굴에 번지는 흡족함을 보고 알 수 있듯이 아이는 만족감을 느낀다. 그러고 나면 자연스럽게 새로운 욕구가 나타난다. 그 욕구는 자고 싶다거나 안아 달라거나 놀고 싶은 욕구일 수 있다. 그 욕구가 무엇이건 간에 새로운 욕구가 알아차림 주기에서 떠오르고, 그 욕구가 만족스럽게 완결되고 나면 또 다른 새로운 욕구가 나타난다.

건강한 사람은 새로운 욕구가 적절하게 충족되고 나면 유기체의 주기가 자연스럽게 반복된다. 그 욕구란 죽기 전에 교향곡을 완성하려는 고차원적 욕구에서부터 위생이나 배설과 같은 아주 일상적인 욕구까지 매우 다양하다.

상황이 여의치 않은 예로서 아이가 배가 고파 우는데도 보호자가 아무런 반응을 하지 않는 경우도 있을 수 있다. 이때 건강한 아이들은 보호자가 반응할 때까지 더 크게 악을 쓰고 울어 대며 자신의 욕구를 드러낸다. 이런 방식으로 아이는 세상에 자신의 상태를 알려서 욕구를 충족시키는 방법을 배우게 된다. 그러나 보호자가 여전히 아이의 배고픔을 채워 주지 못하면 아이는 더 이상 울지 않게 된다. 바로 이 시점에서 아이는 '포기하게'(Bowlby, 1953) 되며, 게슈탈트가 병리적인 방식으로 '고정(fix)' 되어 버린다.

이렇게 억압이 발생하는 경우, 유아는 생존을 위해 자신의 강렬하고 원초적인 감정을 억누르게 된다. 이로 인해 신체적으로도 변화가 생기는데, 이를테면 입을 악무는 등 신체의 어느 부분을 꽉 붙잡는 방식으로 나타난다. 치료자들은 완결 지으려는 본능적 욕구 때문에 아이들이 자신들의 초기 외상이나 만성적 박탈 경험을 인지적으로 종결[10]한다는 것을 발견했다.

많은 사람들이 자신들이 왜 어린 시절에 이해와 돌봄을 받고 싶은 일차적 욕구가 충족되지 못했는지를 설명하려고 했다. 하지만 그런 시도는 흔히 정확하지 못했는데, 그것은 그들의 설명이 논리 이전의 전 조작적 수준에서 이루어졌었고, 다분히 상징적이고 마술적이었기 때문이다. 그러나 그 당시에는 [이렇게 유아적인 결론

10) 역자 주: 여기서 인지적으로 종결한다는 말의 의미는 어떤 이해되지 않는 현상에 대해 아이들이 나름대로 자신의 수준에서 해석한다는 뜻이다.

을 내리는 것이] 유기체가 그다음에 떠오르는 욕구로 넘어가기 위해 현재를 완결 짓는 최선의 방법이었다.

엄마가 아이를 안아 주기 싫어하거나, 아이의 생리현상을 처리해 주기를 꺼린다면 아이는 자신에 대해 무가치감을 경험하곤 한다. 아이는 매우 원초적이고 비논리적인 방식으로 그 이유를 찾는데, 엄마가 자신을 돌봐 주지 않는 이유는 자신이 뭔가 크게 잘못한 것이 있기 때문이라고 결론을 내린다. 후에 아이는 자신이 태어날 때 엄마가 거의 죽을 뻔했다는 이야기를 우연히 듣게 된다. 이러한 사실은 아이로 하여금 자신에게 뭔가 잘못된 점이 있다는 [혹은 자신이 나쁘다는] 느낌을 갖게 만들며, 이는 미래의 [부정적인] 자기 이미지를 형성하는 데 기여한다.

이와 같이 [개체는] 정서적, 인지적, 신체적 종결을 하게 되면서 마침내 고정된 게슈탈트를 형성하게 되는데, 이는 세상과 타인들과의 관계에서 항상 미리 예측할 수 있는 방식으로 반복해서 나타난다. 매번 개체는 원래의 욕구를 충족하려고 하지만 계속해서 실패하게 된다. 왜냐하면 그는 원래의 유기체 욕구충족이 실패한 경험에 기초해서 시도하기 때문이다. 따라서 [개체의] 반복에 대한 강박은 완결의 실패에서 비롯한 것이라 이해할 수 있다.

주기 순환에서의 기능장애들

게슈탈트 이론에 따르면 과거의 미해결 상황을 현재까지 유지시키고, 개인의 욕구충족을 방해하며, 자기 자신뿐만 아니라 타인 및 환경과의 건강한 접촉을 방해하는 몇 가지 심리기제가 있다. 이를

[접촉]경계혼란[11]이라고 부르는데, [그렇게 부르는 이유는] 이것이 유기체와 환경의 경계선에서 창조적인 자아가 건강하게 기능하는 것을 방해하는 '고착(fixation)' 같은 것이기 때문이다. 게슈탈트 이론에서는 이를 자기조절행동으로 보며, 방어 기능도 있다고 본다.

게슈탈트 치료에서는 유기체와 환경의 역동적인 상호작용에 기반을 둔 '과정중심(process orientation)'[12]적 입장을 취하는데, 이는 변화의 가능성을 높여 주기 때문이다. 이 장에서 논의되는 [접촉]경계혼란의 전부 혹은 일부는 알아차림 주기의 마지막 접촉 단계를 방해할 수 있다. 그러나 모든 [접촉]경계혼란들은 전체 과정의 일부 혹은 모든 단계에 영향을 미칠 수도 있다.

퍼얼스는 접촉을 방해하는 가장 강력한 수단으로 특별히 융합, 내사, 투사, 반전을 꼽았다(Perls et al., 1951/1969). 굿맨은 자의식을 언급하였고(Perls et al., 1951/1969), 폴스터는 편향이라는 개념을 추가하였다(Polster & Polster, 1974). 퍼얼스는 가끔 '둔감화(desensitisation)'에 대해서도 언급하였다(Perls, 1969b). 다른 이론가들은 이러한 개념들을 조합시켜 보기도 했는데, 이 책이 개론서라는 점을 감안하여 위에 언급한 일곱 가지 기제에 대해서만 논의하고자 한다.

멜닉과 네비스(Melnick & Nevis, 1986)뿐만 아니라 퍼얼스(Perls,

---

11) 역자 주: 접촉경계혼란(contact boundary disturbance)은 종종 줄여서 경계혼란(boundary disturbance)이라고 부른다.

12) 역자 주: 과정중심(process orientation)은 게슈탈트 상담의 가장 중요한 특징 가운데 하나인데, 내용(content)보다는 과정에 더 주의를 기울이는 접근법을 지칭하는 것이다. 과정이란 감정이나 욕구, 신체감각, 생각, 행동 등 매순간 변화하는 현상의 흐름 또는 현상 그 자체를 가리킨다. 한편, 내용은 언어적 개념이 지칭하는 대상으로서 실재하는 것이 아니라 단지 '생각된 것'일 뿐이다.

1969b)나 폴스터 부부(Polster & Polster, 1974)와 같은 대부분의 고전적 게슈탈트 이론가들은 성인들이 상황에 따라 의도적으로 접촉 차단을 하는 수가 있는데, 이는 유기체에게 유익하고 건강한 선택일 수 있다는 점을 강조하였다. 하지만 일시적으로 사용될 때는 유기체에게 유익하고 건강한 선택이 될 수도 있지만, 다른 시기에 다른 사람들에게는 만성 병리나 급성 병리로 나타날 수도 있다.

펄스 등(Perls et al., 1951/1969)은 이러한 기제를 만성적으로 부적절하게 사용할 경우에만 신경증적인 것으로 보았다. 즉, 강박적으로가 아니라 특별한 상황에서 합리적으로 선택하여 일시적으로 사용하는 경우라면 모두 유용하고 건강한 측면이 있다고 여겼다. 그러나 불가능하거나 혹은 존재하지 않는 대상에 고착되거나, 알아차림을 빈약하게 만들거나, 욕구와 경험의 의미 있는 통합을 방해한다면 건강하지 않은 것이다.

각각의 신경증 기제는 서로 연결되어 있어서 기능적으로 상호연관되어 있다. 이를테면 투사나 반전이 일어나려면 내사와 융합이 먼저 일어나야 한다. 이러한 것들을 살펴보고자 하는 이유는 신경증을 가진 사람들을 분류하기 위해서가 아니라, 각 신경증적 행동의 구조를 탐색하기 위한 것이다.

> 모든 신경증적 기제는 하나의 고착이며, 또한 모든 [신경증적] 기제는 알아차리지 못한 융합을 내포하고 있다. 이와 마찬가지로 모든 행동은 어느 정도 잘못된 동일시를 따르는 것이며, 감정을 [자신의 것으로] 소유하지 못하고, 공격성을 자기 자신에게 돌리거나 자만심에 빠져 있다.
>
> [우리가] 이러한 도식을 통하여 보여 주고자 하는 바는 억압이라

> 는 위협을 받는 상황에서 고착이 전체 접촉과정을 통해 일어나며, 또한 무의식이 반대 방향에서 이를 마중 나오는 순서를 보여 주고자 함이다(Perls et al., 1951/1969: 458).

어느 특정한 [접촉]경계혼란은 게슈탈트 형성과 파괴 주기의 각 단계마다 더 두드러지게 나타나는 경향이 있다. 신경증 기제가 나타나는 과정은 주기의 어느 단계에서의 충족을 방해하거나 손상을 주어 결국 다른 단계까지도 완결되지 않고, 왜곡되거나 손상되는 것을 의미한다.

그러므로 불편함(dis-ease)이란 게슈탈트의 형성과정에서 방해를 받거나 어느 하나 이상의 단계에서 장애가 있음을 의미한다. 치료과정에서 이러한 면을 어떻게 찾아내느냐가 중요하다. 종종 '둔감화'라고 불리는 감각 단계에서의 기능장애는 신체의 고통이나 불편한 상태 등이 무시되거나 외부 환경으로부터의 정보가 차단될 때 일어나는 현상이다.

이러한 장애의 예로 조셀린은 밤늦게까지 일하면서 한기를 많이 느껴 자주 감기에 걸리곤 한다. 어릴 적부터 학대를 받아 왔기 때문에 성인이 된 지금 신체가 자신으로부터 소외된 것이다. 그녀는 어릴 적에 겪었던 정신생리적인 상처로 인해 다치거나 배가 고프거나 피곤한 것과 같이 매우 기본적인 수준의 자각조차 방해받는다.

그녀는 고통스러운 감각이나 자극을 차단하는 데는 성공했지만, 삶의 기쁨과 즐거움에서마저 자기 자신을 소외시켜 버렸다. 하루 종일 성능 좋은 로봇처럼 쉬지 않고 일만 해서 행여 나중에 병이 나지 않을까 염려한 고용주가 상담을 권한 것이다. 분열성 성격장애를 보이는 내담자는 흔히 이러한 감각장애를 보이기도 하는데, 신

체 내부의 감각이나 외부 환경의 자극을 최소화시키거나 왜곡시켜 버린다.

게슈탈트 형성 주기의 알아차림 단계에서 일어나는 기능장애(이 장의 후반부에는 이를 '편향'이라는 개념으로 좀 더 확장시켜 설명하게 될 것이다.)는 개인이 자기 자신의 욕구나 외부 환경으로부터의 요구를 제대로 알아차리지 못할 때 일어난다. 자기 신체 내부의 정보뿐만 아니라 외부의 정보를 제대로 알아차리지 못한다는 것은 중요한 의미가 있다.

사람들은 이 단계에서 자신의 안녕과 욕구충족에 가장 중요한 것에 주의를 기울이지 않거나, 주의를 다른 곳으로 돌려 버리기 때문에 새로운 전경이 떠오르는 것을 막는다. 수동공격적인 특성을 지닌 사람들은 자신의 알아차림을 차단함으로써 다른 사람들이 자신에게 가하는 자극을 막는다. 이를테면 다음과 같은 상황이다. 피터는 잔뜩 화가 나서 창문을 노려 보며 앉아 있다. 루시가 "무슨 안 좋은 일이라도 있어?"라고 묻자, 그는 경멸스럽다는 투로 "아무것도 아니야."라고 말한다. 이런 식으로 그는 그녀를 무시하고 그녀에게서 받을 수 있는 영향을 최소화시키는 것이다.

다음은 에너지 동원이 중요한 단계인데 에너지 동원이 불충분하거나 지나치게 과도할 경우, 또는 흥분을 차단하거나 잘못 해석할 경우에 기능장애가 일어난다. 극심한 우울상태에 있는 내담자들이 이에 해당하는데, 그들은 자신의 에너지를 동원하지 못해 음식을 먹지 않거나 자기 자신을 돌보지 못하곤 한다. 에너지 동원의 문제는 학대하고 방임하는 부모가 내면화된 것처럼 해로운 내사로 인해 자주 일어난다.

일반화된 흥분과 명확하지 않은 에너지 동원은 불안한 상태에서

볼 수 있다. 제니는 대학수업을 받는 동안 늘 불안해진다고 호소한다. 그녀의 에너지는 분명히 각성되어 있어서 이용 가능하며 방출될 수 있는 상태다. 그러나 강의실 자리에 앉으면 각성상태가 되어 근육이 긴장되고 과호흡을 하게 되고, 그래서 결국 목표지향적인 행동이나 만족스러운 게슈탈트 형성이 이루어지지 못한다.

제니는 불안을 감소시키기 위해서나 또 자신이 추구하는 지적 성장을 위해서 적절한 에너지 동원을 이루어야 한다. 그러나 제니는 선생님이나 동료들이 자신을 무시하거나 지루해하고 쓸모없는 사람으로 볼 거라고 상상한다. 제니와 상담을 해 가면서 이러한 부정적인 메시지는 어린 시절에 부모에게서 들었던 파괴적인 말을 '내사'(혹은 내면화)했기 때문이라고 밝혀졌다. 이 때문에 제니는 자기 자신을 무가치한 사람이라고 믿게 되었고, '불친절'하고 '지루한' 방식으로 행동하게 된 것이다.

행동 단계에서는 행동을 하긴 하지만 중요한 유기체 욕구를 충족시키는 데 적합하지 않은 방식으로 행동함으로써 기능장애가 일어날 수 있다. 이 단계에서 일어나는 기능장애는 주로 편집증 장애에서의 '투사'처럼 자기 자신의 부분을 인정하지 않고 다른 사람의 탓으로 돌리기 때문이다.

투사는 개인이 자신의 감각이나 경험을 완결시키는 데 필요한 행동과 충분하고도 완전하게 '접촉'(in touch)하는 것을 방해한다. 실제로 강박과 중독처럼 어떠한 행동을 계속 반복할 수도 있다. 그러나 이러한 행동은 유기체의 진정한 욕구를 충족시키지는 못한다. 예를 들어, 제이크는 불안해지면 타인으로부터 이해받고 진지하게 받아들여지고 싶은 오랫동안 잊고 있었던 자신의 욕구를 인식하기보다는 강박적으로 청결한 행동을 한다.

주기의 최종 접촉 단계에서는 행동이 충분하고도 분명하게, 그리고 적절한 방식으로 연결되거나 방출되지 않아서 기능장애가 일어날 수 있다. 예컨대, 외부 환경에 대해 행동하거나 적절한 외부 대상에게 그 행동을 향하게 하는 대신, 자기 자신에게로 행동을 하는 것이다. 여기에 대해서는 후에 '반전'에서 자세히 설명할 것이다.

예를 들어, 클라우스의 경우 다른 사람과 애정 관계에서 친밀감을 잃거나 거부받을 위험을 감수하는 대신, 과도하게 공상에 잠기거나 음식이나 마사지, 혹은 비싼 옷들로 자신을 만족시킨다. 또 앨빈은 자신을 학대하는 상사에게 화를 내는 대신, 오히려 희생자가 되어 자신을 꾸짖고 자신에게 화를 내곤 한다. 그녀는 감히 상사에게 말대꾸를 할 생각은 하지 못하지만, 자주 후두염을 앓는다. 후두염을 앓을 때 그녀는 마치 자신의 목을 조르는 것 같은 경험을 하는데, 이는 사실 그녀가 상상 속에서 상사에게 하고 싶은 행동이다.

억압이나 양심 때문에 표현을 억누르다 보면 신체는 미묘한 전기화학적 근육반응을 일으키게 되는데, 그 결과 굳어진 방어적 성격으로 나타나기도 하고, 당뇨나 천식 혹은 암과 같은 다소 심각한 신체질환의 원인이 되기도 한다.

후-접촉(post-contact) 단계 또는 만족 단계에서는 경험의 충족감과 완결을 온전히 음미하지 못하고, 하나의 경험에서 다른 경험으로 성급하게 넘어갈 때 장애가 일어날 수 있다. 이 단계에서 자신의 경험을 습관적으로 차단하는 사람은 대부분의 경험에서 완결된 느낌을 갖지 못한다. 이는 마치 맛있는 음식을 먹고 난 후나 친구로부터 도전적인 직면을 받은 후에 느낄 수 있는 즐거운 '뒷맛'을 빼앗긴 것 같은 상태다.

접촉이 반드시 충분히 만족스럽지 않은 경우가 있는데, 바로 '접촉하고 있음을 알아차리고' 있을 때다. 이는 사랑에 빠진 상태에서 [그 경험에 흠뻑 젖어드는 대신] 의식적으로 사랑의 시를 떠올리는 것과 같다. 자기 자신이나 자신의 행위를 관망하고 비평하는 것을 게슈탈트에서는 '자의식(egotism)'이라 하며, 성치료에서는 '구경하기'라 하는데, 이는 자기애적 성격 패턴과 유사하다. 성관계에서 오르가슴을 제대로 느끼지 못하는 여성들 중에는 이 단계에 문제가 있는 경우가 많다. 발 밑의 잔디를 충분히 느끼기 위해서는 잔디와 잘 접촉하고 있다는 것을 어떻게 알아차릴까 생각하는 것이 아니라 서 있거나 걸어 다니면서 중력을 느끼는 것이 좀 더 만족스러운 접촉이다. 그래야 '잔디의 느낌'을 충분하고도 생생하게 경험할 수 있다.

알아차림 주기 중 이 단계에서 기능장애가 있으면 자발성이 부족해지며 신체와 환경으로부터 소외되기도 한다. 이 단계에서 만성적으로 접촉을 차단하는 사람은 마치 자기 자신을 잘 '통제하는' 것처럼 보이지만, 사실은 자기 자신과 환경에 '조율하는' '비자의식적인 편안함(unself-conscious ease)'이 부족하다. 은유적으로 말하자면 억지로 '강물을 밀어서 움직이는 것'과 같다(Stevens, 1970).

만족 이후에는 완전한 철수, 또는 휴식 단계로 균형과 고요 그리고 개방 상태로 들어가게 된다. 이 단계에 혼란이 생기면, 이전의 상황을 흘러가게 두지 않거나 새로운 전경이 떠오르는 것을 막게 된다. 이렇게 함으로써 자기 자신이나 환경으로부터 분명한 전경이 자발적으로 떠오르기 전의 '공백' 상태를 피한다.

이것은 놓아 버리지 못하는 사람의 특성이다. 이런 사람들은 자

기상을 새롭게 변화시키거나 살던 집을 떠나 다른 곳으로 이사를 가는 것처럼 삶의 새로운 단계에 들어갈 때 어려움을 겪을 수 있다. 이전의 관계를 정리하고 새로운 애착을 경험할 수 있기 위해서는 이전의 경험들을 놓아 버리고 그것들을 애도하는 것이 반드시 필요하다.

변이이론(transition theory)에서는 이를 '중립 지역(neutral zone)'이라고 일컫는다(Bridges, 1980/1984). 자기 자신을 소진시키면서까지 일하는 일 중독자들이나 전문가들은 이 단계에서 만성적인 장애를 보이는 경우라고 하겠다. 일에 대한 만족감이 모든 것을 지배하고 있고, 만족의 근원이 되는 일에 애착 또는 융합되어 있어서 다른 것에 만족을 느끼지 못하게 되는 것이다. 중립 지역으로 들어가기를 거부하고 피함으로써 게슈탈트 형성 주기가 자연스럽고 조화롭게 흘러가는 것을 방해한다.

게슈탈트 형성 주기 각 단계에서의 장애와 차단은 한 인간이 자신의 욕구를 충족시키려는 자연스러운 리듬을 방해한다. 융합은 감각 단계에서 만족스러운 발달을 방해하며, 둔감화는 완전한 자각을 막으며, 편향은 에너지 동원을 방해한다. 또 내사는 효과적으로 행동하지 못하게 하며, 투사는 접촉을 방해하며, 반전은 만족 단계를 약화시키고, 자의식은 효과적인 철수를 방해한다.

[그림 4-1]은 게슈탈트 형성과 파괴의 주기를 설명한 그림인데, 각 단계에서 일어나는 특징적인 접촉경계혼란의 예를 제시하고 있다. 원의 안쪽 부분은 '자기(self)'를 나타내고, 원의 바깥 부분은 환경을 나타내며, 이 둘 사이의 선은 그들 간의 경계를 나타낸다. 즉, 원을 나타내는 선은 유기체와 환경이 교류하는 경계가 된다. 여기서 논의된 일곱 가지 접촉경계혼란은 작은 원으로 이어진 화살표

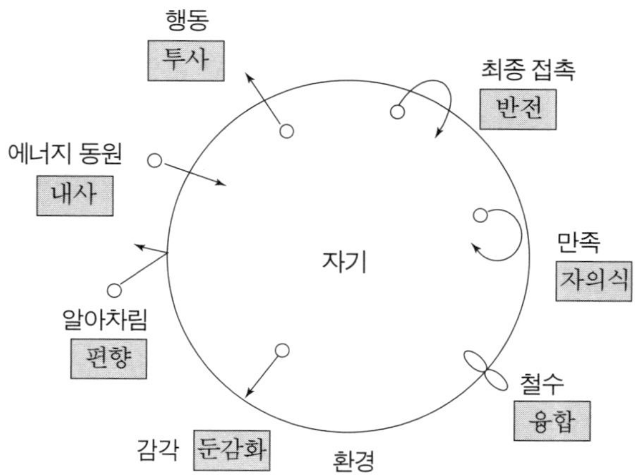

[그림 4-1] 게슈탈트 형성과 파괴 주기와 각 단계의 접촉경계혼란

로 표시해 놓았는데, 여기서 작은 원은 정신 내적 자료와 환경적 자원을 나타낸다.

위의 그림을 음식 먹는 행위로 비유하여 설명하면 좀 더 쉽게 이해할 수 있을 것이다. 둔감화에서는 정신 내적 자극들이 내부 경계에서부터 차단된다. 둔감화는 얼어붙은 입으로 음식을 먹는 것처럼 맛을 느끼지 못하고 먹는 것과 같다.

편향에서는 외부자극들이 유기체-환경의 경계를 통과하지 못하는데, 이를 악물고 어떤 것도 먹지 않으려는 것과 같다.

내사에서는 외부자극들이 너무 쉽게 받아들여진다. 마치 음식을 씹거나 맛보지 않고 통째로 삼키는 것과 같다. 투사에서는 이미 섭취한 음식을 내뱉거나 토하는 것처럼 정신 내적 자극을 너무 쉽게 배출하는 것이다.

반전에서는 외부 대상에게 맞춰진 자료가 자기 자신에게 되돌아

온다. 이는 자신의 입술을 어루만지거나 깨무는 것과 비슷하다. 자의식은 정신 내적 자료들이 외부 환경과 관련 없이 재생된다. 이는 마치 먹으면서 거울을 들여다보는 것과 비슷하다.

융합은 자기와 환경의 경계에 무한대 기호로 표현하였는데, 경계의 기능을 무너뜨리는 것이다. 이는 젖을 빠는 대신 가슴을 핥는 것과 흡사하며, 종종 십대들이 '침 나누기(키스하기)'라고 빗대어 말하는 것과 비슷하다.

접촉경계혼란(혹은 차단)의 세부사항

둔감화(감각 최소화하기)

'둔감화'란 신경증 환자가 자기 자신이나 환경을 경험하지 않으려는 것을 가리킨다. 집중하는 자기는 마비되어 죽은 것처럼 느껴진다. 자기에 대한 감각과 느낌이 약해지고 경시되며, 심지어 무시되는 현상이다. 고통이나 불편함은 다양한 전경이 떠오르는 것을 방해한다. 한 예로 햇볕에 너무 오래 누워 있는 것을 들 수 있다.

더 극단적인 예를 들자면, 술을 얼마나 많이 마실 수 있는지 자랑하는 사람들이나, 주식시장과 같은 극심한 스트레스 상황에서 잠도 자지 않고 일하는 사람들처럼 신체의 욕구를 무시하는 것이다. 그러나 그들은 이러한 삶의 방식이 건강과 심장에 해가 된다는 사실을 인식하지 못한다.

둔감화는 알아차림 주기의 어느 단계에서나 발생할 수 있다. 예를 들어, 매우 갈증이 심한 사람이 음료수를 마시면서도 TV 뉴스

를 보느라 마지막 접촉 단계에서 갈증이 해소되는 느낌을 못 느끼는 것이다. 이 책에서는 감각 단계에서 일어나는 차단에 대해 다루고자 한다.

적절한 수준의 둔감화는 건강하게 살아가는 모습의 일부분일 수도 있다. 이를테면 육상선수가 경주에서 이기기 위해 작은 물집의 괴로움 정도는 무시해 버리거나, 어떤 사람이 잠자리가 불편해도 잠을 자기 위해 불편한 점을 무시하는 것이다.

편향(감각이나 의미 있는 영향을 회피함)

'편향'은 다른 사람과의 직접적인 접촉을 회피하는 것을 의미한다. 환경과의 접촉을 모호하게 하거나 일반화시켜서 알아차림을 줄이는 방식이다. 주제를 교묘하게 바꾸기도 하는데, 이를테면 여자가 "당신은 나를 사랑하나요?"라고 물었는데, 남자가 "사랑이 무슨 의미인가요?"라고 답하는 것과 같다. 어떤 내담자는 강렬한 감정이 있는데도 그 느낌을 직접 나누는 대신에 추상적인 언어를 선택하고, 내용을 완화시켜 말하거나, 눈을 마주치지 않는다.

습관적으로 편향을 하는 사람은 효과적으로 에너지를 사용하지 못해서 자신이나 타인 및 환경으로부터 피드백을 얻지 못한다. 아마도 어떠한 비난도 경험하지 않겠지만, 또한 어떠한 인정과 사랑도 받지 못할 것이다.

> 편향을 하는 사람은 자신의 행동을 통하여 수확물을 거두지 못한다. 어떠한 일도 일어나지 않는다. 말은 하지만 감정을 느끼지 못하거나, 잘못 이해하기도 한다. 당연히 기대할 만한 것을 실행에 옮기지 않으므로 상호작용이 이루어지지 않는다. 어떤 사람이 합리적이

> 고 정확하게 의사소통을 한다 하더라도 다른 사람에게 와 닿게 말하지 못한다면, 타인들은 그를 온전히 느낄 수가 없을 것이다(Polster & Polster, 1974: 90-91).

편향은 신경증 환자가 자기 자신이나 환경으로부터의 자극에 영향을 받지 않으려는 것과 같다. 그렇게 되면 집중하는 자기는 소외되고 버려진 것처럼 느껴진다.

편향은 대체로 해로운데, 풍부하고 생생한 접촉에서 맛을 제거해 버리는 것에 비유할 수 있다. 그러나 때때로 편향이 위험한 상황에서는 생존전략으로 매우 유용한 경우도 있다. 예를 들어, 전체주의 국가에서 선전이나 오보에 대해 편향을 하는 것은 매우 도움이 될 수 있다. 왜냐하면 나중에 진실된 상황이 오게 되면 더 나은 접촉을 할 수 있기 때문이다. 편향은 알아차림 주기의 어느 단계에서든 방해를 하지만, 특히 개인의 알아차림 단계를 흐트러뜨린다.

내사(내면화된 '당위의 법칙'에 지배를 받는 것)

'내사'란 우리가 음식을 섭취하거나 중요한 타인으로부터 사상이나 가치 기준을 받아들일 때 사용하는 최초의 기제다. 펄스는 이가 나는 것을 중요한 발달사건으로 보고 있는데, 아이는 이로 씹기 전까지 토하거나 내뱉는 것 말고는 역기능적인 나쁜 것을 구분해서 쉽게 배출할 수 없다.

치아 공격성이 생기면서 환경으로부터 얻는 정보를 씹고, 유기체에 중요하고 유용한 것은 받아들이고 맞지 않는 것은 구별하여 버릴 수 있는 능력이 생기게 된다. 이러한 능력은 음식뿐 아니라

관계나 정보 등 유기체에 영양을 공급하는 모든 것에 적용된다. "내사가 일어나면 신경증 환자는 집중하는 자기가 토해 내길 원하는 이질적인 물질들을 정상적인 것으로 생각하고 받아들이려고 한다."(Perls et al., 1951/1969: 463)

어린 시절에는 '항상 열심히 일해야 한다.' '늘 다른 사람을 먼저 배려해야 한다.' '언제나 감정을 통제해야만 한다.'와 같은 가르침을 아무 비판 없이 곧이곧대로 '받아들인다'. 또한 '너는 게으른 아이야.' '넌 네 언니보다 더 창의적이구나.' '우리 집 남자들은 모두 알코올중독이 되고 말 거야.'와 같이 남들이 자신에 대해 말하는 것을 그대로 받아들인다.

내사가 습관화된 사람은 자신이 무엇을 '해야만 하는지'에 대해 '늘 귀를 쫑긋이 세우고' '주시하고' 있다. 그렇기 때문에 자기 자신의 욕구에 귀 기울이고 조절할 수 있는 내적 능력이 부족하다. 내사는 '너는 항상 ~해야만 한다.'는 식의 완고하고 강압적인 법칙으로 인해 자기 자신을 소외시킨다. 남성 소비자들을 위해 여성을 수동적이고 순종적인 모습으로 묘사하는 잡지의 사진처럼 문화적 고정관념도 많은 사람들에게 교묘하게 내사가 일어나도록 한다.

성인이 되어서도 계속되는 이러한 내사는 타이핑을 하는 법에서부터 상담자를 모델링하는 것에 이르기까지 어떠한 기술을 학습하는 초기 단계에서 종종 도움이 된다. 이상적인 상황이라면, 이러한 과정 후에는 처음의 모든 규칙들이 특정한 인물과 상황, 그리고 시기에 적절하며 적용할 만한 것인지를 가늠해 보고 재검토해 보게 될 것이다.

내사는 알아차림 주기의 모든 단계를 방해할 수 있다. 예를 들어, 어떤 여성은 성행위를 즐기지만, '성행위가 오직 남자들의 성

적 욕구를 해소하는 것'이라는 내사된 메시지 때문에 오르가슴까지는 도달하지 못한다. 그러나 일반적으로 내사는 에너지 동원을 심각하게 방해하는 경우가 많은데, 자신의 욕구를 충족시키기 위한 적절한 행동을 취하는 것을 막기 때문이다.

투사(나 자신에게서 인식하지 못한 나를 타인에게서 보는 것)

> 투사는 실제로는 자기 자신의 내부에 가지고 있는 특성, 태도, 감정 또는 행동을 자기 자신의 것으로 경험하는 대신에 그것들이 타인이나 다른 대상의 속성이라고 지각하고서, 다른 사람이 자신에게 그렇게 대한다고 느끼는 것이다. 예를 들면, 투사를 하는 사람은 자신이 다른 사람을 배척하고 있으면서 이를 알아차리지 못하고 다른 사람이 자신을 배척하고 있다고 믿거나, 다른 사람에게 성적으로 접근하려는 자신의 성향을 알아차리지 못하고, 오히려 다른 사람이 자신에게 성적으로 접근한다고 믿는다(Perls et al., 1951/1969: 211).

투사는 미래를 계획하고 예측할 때 건강하고 건설적으로 사용될 수 있다. 모든 창의성은 자기를 어느 정도 상상의 작업에 투사해야 한다. 때때로 사람들은 자신이 이미 정직함이나 지혜와 같은 특성을 어느 정도 가지고 있는데도 이를 인식하지 못하고, 다른 사람들에게서 이러한 특성들을 발견한다. 투사는 "부처님 눈에는 부처님이 보이고, 돼지 눈에는 돼지만 보인다."는 우리나라 속담에 근거를 제시해 준다.

편견은 특히 파괴적인 투사다. 자기 내면에서 부인하고 싶은 부분을 멸시받는 인종이나 계층, 성별에게로 돌려 버림으로써 받아들이기 싫은 어두운 측면에 대한 책임을 벗어나는 것이다. 투사에

도 진리의 측면이 있지만, 이런 사람들은 종종 환경에 매우 선택적인 주의를 기울이거나 스스로 환경을 변화시키기에는 무력하다고 여긴다. 투사는 알아차림 주기의 모든 단계를 방해하지만, 특히 주로 행동 단계에서의 장애로 나타난다.

반전(다른 사람에게 하고 싶은 것을 자신에게 하는 것)

'반전'이란 '그대로 되돌아오는 것'을 의미한다. 반전에는 두 가지 유형이 있다. 첫째, 다른 사람이나 사물을 향해 하고 싶은 행동을 자기 자신에게 하는 것이다. 이러한 반전은 원래는 다른 사람이나 대상에게 했거나, 하고 싶었던 것에서 나온다. 여기서 성격은 '행위자(who does)'와 '피행위자(done unto)'의 두 부분으로 나뉜다.

이런 사람들은 상처를 준 부모에게 공격적인 충동을 표현하는 대신, 자신에게 공격적인 충동을 돌리며, 내면으로 향한 적대감으로 인해 자신을 학대하는 삶을 산다. 심지어 반전된 살인 행위라고 할 수 있는 자살에 이르기도 한다. "반전에서 신경증 환자는 집중하는 자기가 버려지고 환경으로부터 배제된다고 느끼는 데 지나치게 몰두한다."(Perls et al., 1951/1969: 463)

사람들은 자신의 감정이나 생각이 가족들로부터 받아들여지지 않는다고 여길 때, 또는 자연스러운 감정 표현이 제지당할 때 반전을 배운다. 공격하고 싶은 욕구는 신체 내부에 갇혀 버려 신체근육이나 복부에 긴장을 가져오고, 신체 화학적 균형에 영향을 미치게 된다. 에너지는 감추어진 원래의 충동을 억압하는 데 사용되어 그때그때의 환경에서 마주치게 되는 욕구를 충족시키는 능력을 고갈시킨다.

우리들 대부분은 공격성은 나쁘기 때문에 공격적인 충동을 표현하는 것은 파괴적이며 반드시 손실을 가져온다고 배워 왔다. 그러나 게슈탈트 치료에서는 공격성을 그것의 본래적 의미인 '밖으로 나아가려는 움직임'이라고 정의하는데, 이는 사랑이나 생산적인 활동처럼 살아가는 데 없어서는 안 되는 것이다.

반전이 긍정적으로 사용되기도 하는데, 이를테면 회의석상에서 부적절하게 울지 않도록 행동을 제어해 주기도 한다. 그러나 상처받았거나 화가 났는데드 불구하고 전혀 표현하지 못하고 억제하는 것은 좋지 못할 수 있다.

반전의 또 다른 형태는 타인이 자기에게 해 주기를 바라는 행동을 스스로 자신에게 하는 것이다. 부모로부터 사랑과 보살핌을 받지 못한 사람들은 자기 스스로를 보살피며, 타인이 자기에게 해 주길 바랐던 방식으로 스스로 자신을 위로하기도 한다. 예컨대, 배리는 종종 자신의 외로움에 대해 이야기할 때 그의 손을 셔츠 안에다 넣어서 자신의 가슴을 어루만진다. 자신의 손이 무슨 말을 하고 싶은지 귀를 기울여 보면, 그는 차갑고 소원했던 아버지로부터 듣고 싶었던 위로의 말들을 스스로 자신의 '내면의 아이'에게 말하고 있다는 것을 알아차릴 수 있었다.

이러한 방법은 원래의 대인관계 욕구를 방해하지만 않는다면 자기 지지의 중요한 방법이 될 수 있다. 반전은 주기의 어느 단계에서나 일어날 수 있지만, 특히 최종 접촉 단계를 차단하곤 한다.

자의식(자발성을 통제하여 차단하는 것)

게슈탈트 치료에서 '자의식'이란 자신으로부터 한 발짝 물러서서 자신과 환경과의 관계를 관찰하고 비판하는 것이다. 이러한 신

경증 기제는 개인의 욕구를 충족시키기 위한 효과적인 행위를 가로막으며, 환경과 접촉하는 것을 방해한다.

한 사람이 가을 공원을 산책하면서 자신이 얼마나 즐기고 있는지 마음속으로 논평한다면, 이는 그 경험 속에서 진정으로 '비자의식적' 즐거움을 느끼는 것을 파괴할 수 있다. "자의식에서 신경증 환자는 모든 것을 알아차리고 그것에 대해 할 말이 있겠지만, 집중하는 자기(concentrating self)는 욕구나 흥미가 없이 텅 빈 것 같은 느낌을 갖게 된다."(Perls et al., 1951/1969: 463)

퍼얼스와 헤퍼라인, 그리고 굿맨은 자의식에 대한 논의에서 비록 어느 한 접근에만 국한된 것은 아니지만 '정신분석을 받은 사람의 신경증'에 대해 기술하면서, 이러한 종류의 자의식적 관찰이 얼마나 문제가 될 수 있는지를 보여 주었다. 자의식은 '잘 적응하는 성격' 이나 '자기실현을 이루는 사람' 과 같이, 자신이 속한 사회가 추구하는 '이상적인 생산물'이 될 때 발생한다.

이때 일어나는 통찰은 잘 통합되거나 동화되지 않은 것이다. 마치 낯선 모양의 맞지 않는 새 옷 마냥 자신을 누른다. 그는 거울에 비춰진 '자신의 모습'에 감탄하지만, 삶은 진정한 자발성이 결여되어 있고, 욕구는 마치 프로그래밍된 것처럼 보이며, 하는 일도 활기가 없어 보인다.

하지만 퍼얼스와 헤퍼라인, 그리고 굿맨은 자의식이 정교하고 복잡해지는 오랜 성숙 과정에서 잘 생각해 보지도 않고 해 버리는 약속이나 취소행동(undoing)을 막으려는 욕구 등을 피하기 위해 반드시 필요하며 정상적인 발달 단계에서 나타나는 하나의 현상이라고 지적하였다(Perls et al., 1951/1969: 456).

자의식은 주기의 어느 단계에서든 발생할 수 있다. 예를 들어,

엄마가 아이의 울음소리를 듣는 데 에너지를 동원하는 대신, 자신의 청각이 예민하다는 것을 기뻐하는 데 시간을 보내는 것 같은 것이다.

자의식은 때때로 만족감을 충분히 경험하는 대신에 자기 자신에게 몰두하여 만족을 느끼지 못하게 한다. 환경과 접촉하는 순간에 자의식으로 인해 충분히 주고받는 것을 차단하기 때문이다. 이 때문에 '충만하고' 진실되게 만족할 수 있는 느낌이 방해받는다. 만성적인 자의식은 자기애적 성격장애와 같이 습관적인 성격 패턴이 될 수 있는데, 공감이 부족하고 과장된 패턴이 만연하며, 타인에 대한 평가에 지나치게 예민한 성향으로 굳어진다(Yontef, 1988).

융합(역기능적인 밀착-관계)

'융합'이란 유기체와 환경이 서로 구별되지 않는 상태다. 태아와 어머니의 관계처럼 경계가 모호하다. 두 사람은 그들 사이의 경계가 서로 다르다는 것을 인식하지 못하고 서로의 생각이나 태도, 감정이 융합되어 있다. 두 사람은 마치 한 사람인 것처럼 행동한다. 경계를 강조하게 되면 개인의 생존뿐만 아니라 관계를 위협하는 것으로 여긴다. 오랜 기간 함께 살아온 부부는 서로 닮아 가며, 입맛도 비슷해지고, 생각하는 것도 비슷해진다.

'우리는 주정부의 고육정책이 우리 아이들에게 유익하다고 믿는다.' 라고 말하는 것처럼, '우리'라는 말을 당연하게 쓰는 일이 그리 드물지 않다. 그들은 분리되고자 하는 기본 욕구를 포기하고, 자신의 성격 일부분을 포기한다. 갈등이나 불일치에 대한 어떤 생각도 관계의 기반을 위협하는 것으로 여긴다.

모든 접촉경계혼란은 근본적으로 생존의 기능을 가지고 있다.

마찬가지로 아동 발달에서 어머니와 아기가 정서적이고 심리적으로 융합되는 것은 필수적이며, 건강한 부분이라 할 수 있다. 배우자와 사별한 사람을 공감적으로 이해하는 것처럼 어떤 관계에서 융합이 유익한 경우도 있다. 또 환경과 융합되는 것이 삶을 풍요롭게 하고 고양시키기도 하다.

이를테면 명상에서 절정경험을 한다거나 미술과 같은 표현예술에서 깊이 있고 충만한 경험을 하기 위해 자기 자신의 경계를 허무는 것이 중요할 수 있다. 이처럼 건강한 접촉이 이루어지면, 이러한 순간이 다시 오리라는 확신을 갖고서 [경계를] 놓아 버릴 수 있다.

모든 인간사의 해결에서와 마찬가지로 융합과 경계를 지키는 것, 그리고 경계를 만드는 것 사이에 적절한 균형이 필요하다. 우리가 살고 있는 행성에 대한 공격을 우리 자신의 생물학적 안위를 위협하는 것으로 지각할 수 있어야 하는 것처럼 우리가 경우에 따라 환경과 어느 정도 융합하는 것은 필요하다. 그러나 그것이 사람이건 상황이건 간에 '다른 것'과 계속해서 융합되어 얽히면 자기 자신을 잃어버리고 만족스러운 접촉이 제대로 이루어지지 못해, 결국 분열이 일어난다.

또한 융합은 인간이 근본적으로 가지고 있는 실존적 외로움, 죽을 수밖에 없는 운명과 공백에 대한 두려움에 직면하지 않으려는 방어로 볼 수도 있다. 사람마다 이러한 '공백'을 다르게 경험한다. "각 사람들마다 공백은 다른 의미를 갖는다. 강박증 환자에게는 장애를 의미할 수 있지만, 어떤 이에게는 늙음과 죽음으로 받아들여진다. 또한 젊은 여성에게는 성관계의 절정에서 자신을 놓아 버리는 것일 수 있으며, 초기 정신분열증 환자에게는 자아를 파괴하려

는 힘으로 느껴지기도 한다." (Van Dusen, 1975b: 92)

관계에서 역기능적인 친밀감을 추구하고 융합하려는 사람은 다른 사람과 다르다는 것을 견디지 못하며, 자신의 자원을 발견하길 꺼린다. '합병된' 관계에서는 어느 누구도 제대로 성장할 수 없다. 보살피는 역할을 하는 사람은 자신이 의존하거나 버림받는 것에 대한 두려움을 피하기 위해 [자신에게] '의존하는' 사람과 결탁한다.

또한 자신의 일에 건강하지 못하게 몰입할 때 융합이 일어나기도 한다. 상담자들 중에는 한 개인으로서의 자기와 전문가로서의 역할을 구별하지 않을 정도로 자신의 일에 동일시하는 경우가 있다. 이런 경우 소진되고, 환멸을 느끼며, 좌절을 겪기도 하는데, 이런 일이 생기는 것은 결코 놀라운 일이 아니다.

> 융합이란 새로운 것이나 서로 다른 것을 경험해야 하는 당혹감을 완화시키기 위해 서로 간의 차이를 줄이려는 사람들이 시도하는 환영과 같은 것이다. [그리고] 서로 [현상유지에] 타격을 주지 않겠다는 공동이해를 바탕으로 체결되는 표면적 동의라고 할 수 있다. 반면에 좋은 접촉이란 서로 간에 지극히 깊은 연합(union)을 경험하는 가운데서도 접촉하는 대상에 대한 분명하고도 심오한 '타자(the other)'의 감각이 유지된다(Polster & Polster, 1974: 92).

융합은 경험 주기에서 리드미컬하고 자발적으로 떠오르는 감각기능을 방해할 수도 있다. 예를 들어, 새로 태어난 아이와 융합된 상태에서 아이의 욕구에 주의를 기울일수록 어머니 자신의 욕구를 알아차리는 예민함은 자연스럽게 줄어들 수밖에 없다. 물론 한동안 이런 기간은 필요하다. 그러나 이러한 융합이 장기간 계속 된다

면 우울증에 빠지거나 남편과 원활한 성생활을 하는 데 어려울 수 있다.

융합은 알아차림 주기의 어느 시점에서나 발생할 수 있다. 예를 들면, 감각 수준에서 융합이 일어날 수도 있는데, 임신한 아내가 입덧을 할 때 남편도 비슷한 경험을 하게 되는 경우다. 이 장의 서두에 언급한 바와 같이 융합은 철수 단계에서 차단을 일으킬 수 있다.

만성적인 경계선 성격장애가 있는 사람들에게서 만성적인 융합이 자주 일어난다. 이들이 보이는 융합은 변덕스럽고 불안정해 보일 수 있다. 그들은 매우 이상화된 인물과 융합하거나, 반대로 형편없는 사람과 융합하는 강렬하고 충동적인 대인관계를 보인다. (전적으로 양육적이다가도 전적으로 거부하는) 다른 사람에게 합병되려는 욕구는 주의 깊은 경계 설정을 필요로 하는데, 특히 책임감을 강조하고 양극성을 통합하는 것이 중요하다(Yontef, 1988).

몇몇 만성적인 접촉경계혼란은 통상적으로 사용되는 진단분류체계와 연관되어 설명되기도 한다. 현실의 인물들을 진단명으로 설명할 의향은 없다. 진단명은 논의와 토론을 자극하기 위해서이지 사례를 정확하게 기술하기 위해서 제공되는 것이 아니다. 게슈탈트 접근을 사용하는 상담자는 진단분류체계에 근거하여 설명된 가정들에 대해 끊임없이 의문을 제기한다. 마찬가지로 진단분류를 배척하는 가정들에 대해서도 지속적으로 의문을 갖는다.

게슈탈트 접근의 상담자들은 현상학적 기술(phenomenological description)과 임상적 예언(clinical prediction) 사이의 창조적인 긴장을 통해 그들 나름대로의 이해를 발전시켜서 상담을 한다. 이 둘[즉, 현상학적 기술과 임상적 예언] 중 어느 것도 고정시키거나 포기해 버릴 필요는 없다.

게슈탈트 상담과정에서 차단의 활용

경험 주기의 어느 시점에서나 차단이 일어날 수 있다. 따라서 상담자는 어느 시점에서나 작업할 수 있도록 준비되어 있어야 한다. 상담을 시작하는 시점은 내담자 스스로가 시작이라고 발견한 그 지점이다. 예를 들어, 내담자가 분명한 전경으로 떠올려야 하는 시점에서 에너지를 동원하는 데 어려움을 겪을 수 있다. 그렇다면 움직이지 못하고 이렇게 정지된 지점이 시작점이 되는 것이다.

> 따라서 게슈탈트 상담자는 내담자와 작업할 때, 어느 시점에서 작업을 시작해야 할지에 관해 이론적으로건 실제적으로건 개의치 않는다. 치료자는 주기의 모든 시점에서 동일하게 작업할 준비가 되어 있어야 하며, 내담자가 최대한 깊고 선명하게 경험하도록 도와줄 수 있어야 한다(Melnick & Nevis, 1986: 45-6).

이 책에서는 경험 주기의 특성과 과정을 이해하고, 경험 주기가 일부 중요한 역동적인 측면에서 어떻게 상담과정과 흡사한지 살펴보고자 한다. 또한 접촉경계혼란의 기능과 자연스러운 각 단계에서 이 접촉경계혼란이 어떻게 영향을 주는지는 논의를 통해 언급할 것이다. 어느 특정 단계에서의 차단에 초점이 맞춰지더라도 정의를 내리거나 처방을 내리기 위한 것이 아니라 논의를 위한 예로 제시되는 것임을 명심하기 바란다. 다음 장에서는 경험 주기의 각 단계에서의 작업과 관련하여 상담에 필요한 전제조건을 좀 더 다루게 될 것이다.

05 감각: 상담의 필수 전제조건

> 가까운 친척이 죽었다는 소식을 듣고 눈물을 흘리며 슬퍼한 한 선(禪) 수도자의 이야기다. 동료 수도자들 중 한 명이 수도자가 이런 개인적인 애착을 보이는 것이 보기 흉하다고 말했다. 그는 이 말을 듣고서 "바보 같은 소리 마시오! 난 울고 싶어서 우는 겁니다."라고 말했다(Watts, 1962/1974: 155).

4장에서는 게슈탈트의 형성 및 파괴 단계들과 이 모든 단계들에서 일어날 수 있는 접촉경계혼란에 대해 설명하고 있다. [그림 4-1]에 나와 있는 것처럼 이 책에서는 게슈탈트 형성과 파괴 주기의 특정 단계를 접촉경계혼란과 결부시켜 논의할 것이다. 물론 어떤 접촉경계혼란이라도 게슈탈트 형성과 파괴 주기의 모든 단계에서 일어날 수 있다. 그러나 이 책에서는 게슈탈트 형성과 파괴 주기의

도식을 의도적으로 구분하고 설명하기 위해 사용하였다. 그래서 상담과정에서 끝없이 변화하며 일어나는 게슈탈트의 변화무쌍함을 온전히 보여 주지는 못한다.

다음에 나오는 6개의 장은 상담과정의 발달 단계를 반영할 수 있도록 주기의 각 단계들에 맞추어 제시되어 있다. 각 장은 상담과정의 순서에 따라 각각의 발달 단계에 초점을 맞추고 각 단계를 게슈탈트 주기와 그에 상응하는 접촉경계혼란들과 연결시켰다. 그리고 각 장에는 첫째, 상담과정과 관련된 게슈탈트 경험 주기 단계들에 대한 일반적인 논의, 둘째, 각 단계들에서 일어나는 전형적인 주제에 대한, 논의 마지막으로 주기의 특정 단계에서 자주 함께 일어나는 접촉경계혼란을 다루는 기법들이나 실험들에 대한 소개가 포함되어 있다.

물론 이 접촉경계혼란들은 다른 단계에서도 일어날 수 있다. 이 실험이나 기법들은 기법 그 자체로 사용하는 것을 권하지는 않는다. 상담자가 해결책을 제시해 주거나 규정된 대로 반응하는 것처럼 보여도 가장 좋은 게슈탈트 치료는 미리 의도된 '기법'을 사용하지 않는 것이다. 이러한 실험이나 기법들을 소개하는 이유는 상담과정의 특정 단계에 다라, [서로 다른 접촉경계혼란에 상응하는] 서로 다른 성격유형에 따라 일반적인 적용원칙에 맞게 신중하게 이들을 사용하라는 의도에서다. 게슈탈트 상담에서 상담자는 전략을 미리 정해 놓고 사용하지 않는다. 여기에 나오는 소위 절차나 실험들은 이전에 상담자와 내담자들이 자발적으로 발명해 낸 것들로서 발견과 창조성을 자극한다.

감각 기능 확립하기

상담관계가 가능해지기 위해서는 특정한 전제조건이 있어야 한다. 게슈탈트 치료에서는 인간의 고통에 대해 주로 언어적으로 접근하며, 따라서 최소한 말로 의사소통할 수 있는 능력이 필요하다. 그러나 반드시 그럴 필요는 없다. 예를 들어, 어떤 게슈탈트 상담자들은 뇌손상 환자들을 치료할 때 리듬과 음악과 같은 매체를 사용하여 감각지각과 신체경험을 촉진한다. 게다가 자기실현이라는 개념을 만드는 데 기여한 사람이 골드슈타인(Goldstein, 1939)이라는 점을 기억할 필요가 있다.

골드슈타인은 자기실현을 인간 유기체가 갖고 있는 최고의 동기라고 가정하고 모든 다른 욕구들은 [예컨대, 성애적(erotic) 욕구나 공격적 욕구] 자기실현 욕구에서 나온 파생물이라고 보았다. 그는 뇌손상 군인들과의 작업을 통해 이 개념을 고안해 냈다. 이러한 개념은 내담자가 갖고 있는 능력이 어느 정도이든 상관없이 게슈탈트를 다루는 데 좋은 지침이 되어 준다.

게슈탈트 상담자들은 항상 신체에 주의를 기울이는데, 어떤 게슈탈트 상담자들은 치료적 마사지나 신체작업에 관한 훈련을 받기도 한다. 게슈탈트 치료는 상담자가 내담자에 대해 생각하고 해석하고 이해하기보다는 내담자를 보고 듣고 느끼고 냄새 맡는 것에 기초를 두고 있다. 그리고 중요한 것은 알아차림이다. 이렇게 감각을 중요하게 강조하게 된 것은 펄스의 영향인데, 그는 인지치료나 정신분석치료의 상담과정에서 일어나는 지나친 주지화에 반대했다.

물론 게슈탈트 치료자들이 사고 기능을 배제했다는 의미는 결코 아니다. 다만 퍼얼스는 상담관계를 발달시키는 데 있어 무척 중요하지만 그동안 무시되어 왔던 판단이나 해석 또는 분류 이전에 감각이 중요하다는 점을 강조하고자 했다. 이는 게슈탈트 상담의 현상학적 핵심, 즉 경험에 대해 개방하는 철학적 태도로서 인간의 주관적 경험을 우선시하는 치료에 반영되어 있다.

이러한 상호성의 관계는 내담자와 상담자가 상담과정에서 서로 파트너가 될 때 존재할 수 있다. 그렇게 되면 전문가가 내담자보다 내담자의 심리를 더 잘 '이해'하는 것이 아니라 내담자와 상담자가 함께 작업을 할 수 있게 된다. 게슈탈트 치료는 상담과정에서 지지를 통해 자율성을 길러 주긴 하지만, 궁극적으로 상담의 목적인 상호의존성이 함께 있어야만 이러한 자율성도 길러진다.

게슈탈트 경험 주기에서 이루어야 할 [치료자의] 과제는 내담자로 하여금 자신에게 가장 성장적인 방식으로 철수 단계를 완결 짓고, 전-접촉(fore contact)의 공백 단계를 거쳐 감각적으로 반응할 수 있도록 도와주는 것이다.

더 이상 고통을 느낄 수 없을 정도로 피가 날 때까지 벽에 머리를 부딪치는 사람은 일상적인 생활의 고통과 불편함에 대한 감각이 무뎌져 있어 생존이 위협받는다. 담뱃불로 신체를 지지거나 손목을 긋고 오랫동안 음식을 먹지 않는 것과 같은 자기훼손 행위는 종종 유기체의 감각 기능을 되찾고자 하는 인간의 필사적 시도라고도 할 수 있다.

그리고 최면 상태, 신경증적인 전환 상태, 외상 후유증, 또는 수면박탈은 일시적으로 감각 분리와 비슷한 상태를 만들기도 한다. 비록 모든 상담자들이 긴장형 정신분열증이나 무감각 상태의 우울

중 환자들을 치료해야 하는 상황에 놓여 있지는 않겠지만, 이러한 증후군에 익숙해져서 초기 증상들을 알아차리고 약물치료와 같은 필요한 조치를 취할 수 있는 것이 중요하다. 일반적인 상담 중에서도 훨씬 약하긴 하지만 다소의 감각 기능 상실과 함께 일시적인 철수 상태가 종종 일어날 수 있는데, 특히 정서를 깊이 다루거나 새로운 통찰을 하고 난 후에 그럴 수 있다.

또한 자기 자신의 감각으로부터 소외되어 아무리 화려하고 매혹적인 외부자극에 대해서도 더 이상 진정한 분별이나 쾌감을 느끼지 못하는 경우도 있다. 이런 사람들은 흔히 자기애적 성격장애자들로서 자신은 '모든 것들을 이미 다 보았고, 경험해 버렸기 때문에' 모든 것이 지루하고 재미없으며 공허하다고 말한다. 어떤 경우에는 성적 전율을 느낀 후에 그 전율보다 좀 더 기이하고 도착적인 것을 원하면서 강박적으로 또 다른 성적 전율을 찾는 사람도 있다.

내담자와 상담자는 모두 자신들의 생활경험에서 비어 있는 공간에 친숙해지고 그것을 인내하며 탐색을 통해 이를 '무익한 공백'에서 '풍부한 공백'으로 바꾸는 것을 배워야 한다. 그렇게 되기 위해서는 시간이 무르익었을 때 '나아가는' 책임감과 동시에 혼돈과 불확실 상태에서 머무르려는 의지가 필요하다. 그렇게 되면 가능성과 잠재성을 동시에 가진 공허와 혼돈의 배경 속에서 서서히 감각이 전경으로 떠오르게 된다.

알아차림 주기의 감각 단계에서 이루어지는 상담 작업은 느리고 고통을 수반한다. 그리고 관계는 세세한 경험에 초점을 맞춘 수많은 작은 단계들로 이루어져야 한다.

창조적인 치료자는 [내담자가 의식하지는 못하고 있지만] 내담자

의 아직도 살아 있고 생기 있는 경험 속으로 비집고 들어갈 수 있는 방법을 찾아내야 한다. 거기에서 치료자는 내담자로 하여금 자기 자신의 알아차림을 사용하여 환경[속]에 닻을 내릴 수 있도록 가르쳐 주어야 한다. 여기에는 내담자 자신의 몸에 대한 알아차림, 즉 의자에 앉았을 때의 느낌, 공간 속에서의 위치, 작은 소리와 움직임 등이 포함된다(Zinker, 1978 99-100).

상담자의 감각 기능이 민감하게 살아 있어야 내담자에 대한 평가뿐만 아니라 경험이 일어날 수 있는 배경도 평가할 수 있다. 크래펠린(Kraepelin) 시대의 정신과 의사들은 자신들이 정신분열증의 냄새를 맡을 수 있다고 말하곤 했다. 초보 상담자라 하더라도 폭력 가능성이 있거나 자살 또는 정신병으로 될 가능성이 있는 내담자들을 민감하게 알아차릴 수 있도록 배우는 것이 중요하다.

보통 첫 만남에서 치료에 대한 대략적인 설명을 해 주게 되는데, 이를 통해 상담자는 초기에 감각적 정보를 알아차리고 계획하고 이후 상담과정을 어떻게 진행할 것인지 결정한다. 궁극적으로 상담자의 가장 진실한 동맹군은 자신의 직관이다. 그리고 이 직관을 얼마나 갖추느냐에 따라 상담자의 확실한 자산이 될 수 있다.

진단과 치료계획

현대 게슈탈트 치료자들은 현상학적 배경을 갖고 있지만, 그럼에도 불구하고 진단에 대한 안목을 갖고 이를 적절히 활용할 수 있어야 한다(Clarkson, 1988). 그러나 1940년대 후반에 개발된 퍼얼

스의 독창적인 기법들 속에 이미 게슈탈트 상담의 계획과 구조가 포함되어 있었다. 그는 "내담자의 신경증 구조가 분명해지면 치료자는 그에 따라 자신의 행동방향을 계획해야 한다. 하지만 치료 전반에 걸쳐 치료자는 지속적으로 민감성과 융통성을 유지해야 한다."고 말했었다(Perls, 1979: 21).

나는 지금도 이 말이 맞다고 생각한다. 물론 여기에서 상담자는 자신이 무엇을 다룰 수 있고 무엇을 다룰 수 없는지 알고 있어야 하는데, 이는 다시 내담자와 내담자의 환경을 처음부터 민감하고 실존적으로 정확하게 평가하고 진단할 수 있는 상담자의 훈련, 성격, 경험, 자원 및 능력에 달려 있다.

게슈탈트 상담자들이 갖고 있는 진단에 대한 태도들은 정신과적 용어를 전혀 받아들이지 않고 거부하는 입장에서부터 DSM-IV의 성격장애들을 게슈탈트 상담의 알아차림 주기, 접촉 기능, 저항 기제, 지지체계, 기본적 양극성과 자기상에 대한 이론들과 연관시켜 아주 복잡하고 정교한 체계를 만들어 내는 사람들에 이르기까지 아주 다양하다(Delisle, 1988).

이 개론서에서 추구하는 목적은 상담자들로 하여금 지각과 인식, 예측을 통합하는 자신만의 접근법을 개발할 수 있도록 격려하는 것이다.

상담자들은 첫인상과 주관적인 반응들, 그리고 실존적 만남에 대한 개방성들을 잘 결합함으로써, [진단적 기술과 변화 가능성이라는 두 측면의 역설이 서로 전경과 배경이 되면서] 그리고 접촉경계혼란과 알아차림 주기의 단계들을 사용함으로써 자신의 상담 방향을 설계할 수 있다. 각 개인은 독특하다. 결국 상담은 '강박 충동적'이라는 명칭이든 '나는 새로운 상황에서 항상 불안해요.'라고

스스로 자신에게 부여하는 말이든 진단을 바꾸려는 시도라고 볼 수 있다.

이 책에서 나는 상담순서를 특정한 접촉경계혼란과 연결시켜 개념화할 수 있는 지도를 제시하였다. 이런 접근법을 사용한다면 알아차림-접촉 주기의 단계별로 가장 자주 방해가 일어나는 특징적인 접촉경계혼란을 토대로 하여 개인에 따라 아주 다양하고 독특한 형태로 생생하고 역동적인 묘사가 가능하다. 예를 들어, 만성적으로 의심과 거절 그리고 악의를 투사하는 사람은 접촉 주기의 철수 단계에서 더 심하게 그럴 수 있다. 이런 접근법에서는 치료계획도 유기체적인 방식으로 이루어져야 한다.

예비(감각) 단계의 일반적인 문제들

단계 설정

게슈탈트 치료를 위한 상담실 분위기는 게슈탈트 치료가 갖고 있는 몇 가지 가치들을 반영한다. 게슈탈트 상담의 상담실에는 상징적 작업을 할 수 있는 방석 같은 물건들을 포함해서 편안한 가구들이 있다. 제한된 환경에서는 충분한 신체표현이 잘 이루어지지 않기 때문에 내담자가 움직이고 걷고 또 춤출 수 있는 공간을 확보하면 좋다.

또한 그림이나 포푸리(pot-pourri) 단지, 조명등 같은 것을 활용해서 감각적으로 풍부하고 흥미로운 환경을 만들 수 있다. 감각 기능에 활기를 불어넣을 필요가 있는 환자들에게 이러한 요인들은 치료적으로 아주 중요하다. 부드러운 장난감, 찰흙, 컬러 펜과 종

이, 모래상자는 상징적 실연(enactment)이나 상상의 해결을 통해 내담자에게 도움을 줄 수 있다.

게슈탈트 상담에서는 유기체적으로 적절하고 안전하며, 필요할 경우 자유롭고 충분한 정서표현을 하도록 격려한다. 따라서 소음 관리는 게슈탈트 상담을 하는 상담자가 고려해야 할 중요한 특성이다. 내담자에게는 옆집이나 옆 건물에서 경찰을 부를지도 모른다는 걱정 없이 큰 소리로 울거나 화를 낼 수 있는 방이 필요하다. 비밀 보장과 프라이버시는 내담자가 자기탐색에 대한 충분히 좋은 지지를 얻기 위한 전제조건이 된다.

물리적 환경이나 상담실도 중요하다. 폭력적으로 될 가능성이 있는 내담자와 빈 사무실이나 집에서 혼자 작업하는 것은 내담자에게 무책임하면서도 생산적이지 못한 일이다. 많은 초보 상담자들은 동료들에 대한 접근성이나 경보체계나 소화기를 설치하는 것을 그다지 신경 쓰지 않는 것 같은데, 사전에 준비를 잘해야 큰 사고를 막을 수 있다.

게슈탈트 상담자는 처음 전화를 받을 때나 첫 만남 때부터 앞으로 내담자가 될 사람과 좋고 분명한 접촉을 하기 위해 깨어 있어야 한다. 전문적 가치와 너무 불일치하는 행동을 보이는 상담자는 신뢰를 받지 못할 것이다. 하지만 게슈탈트 치료자 개개인의 스타일은 아주 다양하다. 게슈탈트 치료에서 초기면접 절차는 정신과적 정신상태 검사처럼 전통적일 수도 있고, 혹은 첫 상담부터 심층적으로 외상을 재연하는 것처럼 비정통적일 수도 있다.

특정 내담자가 게슈탈트 치료에 적합한지 평가하는 것은 철저하게 직관에 기초하여 평가하는 섬세한 과정이다. 게슈탈트 상담자들은 내담자가 자기책임성 모델에 따라 상담을 받을 의지가 있는

지의 여부를 초기에 분명히 해야 하며, 이것이 가장 중요한 준거가 된다.

단계 설정에 있어 또 다른 중요한 요소는 상담자의 인격이다. 특히 상담을 하려는 상담자의 동기다. 처음 나를 분석해 준 정신분석가 선생님은 상담에 매력을 느끼는 사람은 단 한 유형만이 있다고 말하곤 했는데, 즉 자신이 정서적 문제를 갖고 있는 경우라고 하였다. 그리고 이 분야에 계속 머무는 사람들에는 두 가지 유형이 있는데, 한 유형은 자신의 문제를 다루는 사람이고, 다른 한 유형은 자신의 문제를 다루지 않는 사람이라고 하였다.

이런 비꼬는 듯한 말은 직업으로 상담을 선택하는 사람들의 동기가 매우 복잡하게 얽혀 있음을 반영한다. 게슈탈트 상담의 상황도 다르지 않다. 따라서 상담자와 내담자 모두의 안전을 위해서는 상담활동의 전제조건으로 상담자가 개인적인 성장을 하고, 심리치료나 훈련 그리고 슈퍼비전을 충실히 받아야 한다.

심각하게 불안한 내담자들

이 책이 심각하게 불안한 내담자들을 주로 만나는 상담자들을 위한 것은 아니지만, 그럴 가능성이 있는 증상들을 초기 면접에서 빨리 알아차리기 위해서는 정신적 혼란과 정서적 혼란의 세부적인 형태에 대해 알고 있어야 한다. 또한 이런 증상들이 상담과정 후반이나 관계가 잘 확립된 상황에서 일어날 때도 이를 다룰 수 있어야 한다.

내담자가 자살을 시도하든 정신병적 에피소드를 보이든 이런 일

은 치료가 얼마나 잘 이루어져 왔는가와는 상관없이 얼마든지 일어날 수 있다. 실제로 겉으로 보기에 잘 기능하는 것처럼 보이는 내담자들도 '영혼의 어두운 밤'으로부터 나오기 위해 때로는 가장 깊은 수준의 실망이나 '광기'에 빠질 수 있다.

게슈탈트 상담은 정신건강 전문가들의 인격 성장과 치료에 많이 사용되는 것으로 알려져 있지만, 정신병 진단을 받은 사람들을 위한 개념적 틀과 치료 방법으로도 유용하다. 실제로 상담자들이 정신병 환자들을 직접 다루지는 않는다 해도, 스트래트포드와 브랠리어(Stratford & Brallier, 1979), 개그넌(Gagnon, 1981), 반 뒤센(Van Dusen, 1975a) 같은 연구자들의 저술들을 참고하면 심각하게 불안한 개인들을 다루는 데 있어 게슈탈트 상담의 유용함을 잘 이해하고 인정하게 될 것이다.

신체 및 의학적 문제

특정 내담자가 상담을 받는 것이 적합할지를 평가할 때 내담자의 식습관, 휴식 및 수면 주기, 현재의 약물치료 여부를 살펴봐야 한다. 실제로 많은 내담자들의 경우 커피의 카페인 때문에 심리적, 신체적 불안증상이 초래되었음에도 불구하고 [불필요하게] 심리치료를 받았다는 연구보고서가 나왔다(Lee et al., 1985). 이런 경우 커피 섭취를 중단하면 불안증상이 극적으로 완화될 수 있다.

따라서 상담자가 의사와 상의하지 않고 내담자의 문제를 왜곡되게 치료하는 [예컨대, '화난 두통'이라는 병명을 붙여서] 실수를 피하려면, 내담자의 병력을 빠짐없이 살펴야 한다. 실제로 어떤 내담

자는 이러한 잘못된 판단으로 인하여 뇌종양으로 사망하는 사고가 발생하기도 했다.

제3자와의 접촉

초보 상담자에게서 자주 일어나는 문제는 자신의 친구나 친척이 상담을 꼭 받아야 한다고 생각하는 사람들이 그들 대신 찾아왔을 때다. 사랑하는 사람이 걱정되어 상담자에게 저녁식사 때 남편을 만나러 와 주면 남편이 상담자를 신뢰할 수 있을 테니 집으로 와 달라고 하기도 한다. 그러면 남편이 자신의 음주문제를 상담 받으려고 할 것이라는 것이다.

일반적으로 게슈탈트 상담자는 이러한 초대를 받아들이지 않는다. 그 이유는 게슈탈트 상담에서는 철학적으로나 치료적으로나 인간이 자신의 선택에 책임을 질 수 있다고 보기 때문이다. 정직하지 않고 오해를 일으키는 태도로 상담관계를 시작하는 것은 게슈탈트 정신에 위배된다.

어떤 상담자들은 이러한 상황을 책임감과 치료방식을 설명하는 기회로 사용할 수도 있겠지만, 가장 중요한 것은 관심 대상자가 직접 상담자에게 연락하는 것이다. 선택할 수 있는 또 다른 방법은 공동 작업을 제안하는 것인데, 공동 작업에서는 체계를 구성하는 양쪽이 상호 역기능을 어떻게 유지하는지 함께 작업하고 발견할 수 있다.

예를 들어, 알코올중독과 관련해 남편이 음주를 중단하면 부인이 남편을 떠난다고 전해져 내려오는 말이 있다. 따라서 남편의 음주는 부인을 떠나 보내지 않으려는 의미가 있다는 것이다. 이는 내담자의 물리적이고 사회적인 체계를 고려하는 것이 중요하다는 것

을 보여 주는 수많은 예 중 하나다.

특별병동에서 약물중독이나 알코올중독 내담자들에게 게슈탈트를 효과적이고 성공적으로 사용했던 경험이 없거나, 이와 관련된 특수훈련을 받지 않았다면 상담자는 이런 내담자들을 받아들이는 것에 대해 신중을 기하는 것이 좋다.

문화적 요인

새로운 환자를 받아들일 때는 문화적 요인도 고려해야 한다. 예를 들어, 아시아계 내담자들은 아시아계 상담자에게 상담을 받고 싶어 하며, 남자 동성애자들 역시 남자이면서 동성애자인 상담자에게 상담을 받고 싶어 할 수 있다. 이 문제를 깊이 있게 다루는 것이 이 책의 목적은 아니지만, 모든 상담자들은 상담 장면에서 자신들이 갖고 있는 가치, 사회계층, 종교, 정치적 또는 성적 태도가 미치는 영향을 아주 신중하게 고려해야 한다.

게슈탈트 상담은 상담과정에서 가치를 의식적이고 의도적으로 사용하는 인본주의적 심리접근이다. 일반적으로 게슈탈트 상담자들은 내담자들이 중요하게 여기는 가치문제에 대해 중립적[방관적] 태도를 갖지 않는다. 게슈탈트 상담자들에 따라 다르겠지만, 내가 알고 있는 한 게슈탈트 상담자는 자신이 살고 있는 사유지에 들어온 파키스탄 아동들을 괴롭히고 때린 한 남자가 체중문제로 도움을 받으러 왔을 때 그 남자를 내담자로 받아들이지 않았다.

또 다른 예로, 열네 살짜리 친딸과 근친상간을 하면서 심각한 우울을 호소했던 한 남성은 근친상간이 딸에게 해가 되지 않으며, 자신도 그 관계를 그만두지 않겠다고 하면서 생활 속에서 일어나고 있는 근친상간과 우울의 관련성을 보지 않으려고 하였다. 그래서

상담자는 이 남자의 치료를 거부하고, 다른 사람에게 의뢰하였다.

상담자는 자신이 무엇을 다루든 간에 법적이고 윤리적으로 일치되게 행동해야 하며, 대안적으로 선택한 결과에 대해서도 잘 알고 있어야 한다. 상담자는 자율적으로 심사숙고하여 더 높은 차원의 양심에 따라 의사를 결정할 수 있다. 예를 들어, 군부대나 로마 가톨릭교에서 일하는 상담자는 가치로 인해 갈등을 겪을 수도 있다. 이럴 경우에는 슈퍼비전자의 자문을 통해 도움을 받는 것이 바람직하다.

구체적 절차들

둔감화는 상담 시작 단계에서 자주 나타나는 접촉경계혼란이다. 둔감화는 다른 전문가의 개입이 필요할 정도로 심각한 역기능이나 박탈 상태에서 작동될 가능성이 크다. 그러나 둔감화는 자신의 감각으로부터 멀어지게 되는 모든 경우에서도 일어날 수 있다.

응급절차 및 응급치료에 대한 지식

상담자는 심각하고 급박한 위기상황에서 응급처치를 할 수 있어야 하며, 응급기관에 신속하게 연락해야 한다. 어떤 게슈탈트 상담자들은 온갖 기술과 경험, 정보들을 활용하는 병원 응급팀의 일원으로 일할 수도 있다.

따라서 모든 상담자들은 인공호흡과 같은 기본 응급절차를 잘 알고 실행할 수 있어야 하며, 질식했을 때 유용한 '하임리히 구명법(Heimlich maneuver)'이나 기절이나 간질 발작 시 유용한 회복

자세법 등에 대해 배워야 한다. 상담자는 평생 단 한 번만 사용한다 해도 이 기술들을 배워야 한다. 이러한 기술들을 갖고 있으면 이 기술들이 가치를 발휘할 것이며, 평상시에도 상담자의 신뢰감과 권위를 유지시켜 준다.

다른 전문가들과의 협동

어떤 내담자와 장기 상담을 계획한다면 반드시 다른 전문가들의 개입 가능성을 함께 고려해야만 한다. 전문 심리치료 지침에 의하면 다른 상담자나 정신과 의사로부터 치료를 받고 있는 내담자를 상담하고자 할 때는 자문을 해 주는 감독자 없이는 만나지 않아야 된다. 의료진들과의 협동은 적절한 정신과 자문과 약물치료 같은 응급지원을 해 주거나 병원입원에 대한 도움을 줄 수 있다.

사회사업가, 결혼상담자 또는 유사 전문가 같은 다른 전문가들과 관계를 맺는 것은 내담자가 전문가들끼리 경쟁하도록 만들 가능성을 감소시키며, 이후의 교섭을 좀 더 풍성하게 만들고, 나아가 도움을 얻을 수 있는 창조적인 협동 방법을 넓혀 줄 것이다.

나에게 의뢰된 올리브라는 중년여성은 처음으로 의뢰될 당시 심각한 운동지체 때문에 한쪽 발을 다른 쪽 발 앞으로 내딛지 못했고, 이로 인해 우울증까지 갖고 있었다. 말하기 기능도 심하게 손상되었고, 생각하는 것도 공상으로 자꾸 빠져 결론에 도달하는 것이 어려웠다. 그녀는 미망인으로 수년간 혼자 살면서 자녀들의 관심을 받지 못한 채 점차 병세가 악화되었다. 결국 이웃사람들이 그녀의 주치의에게 연락을 해서 의사가 항울제를 처방하면서 상담자의 도움을 받으라고 하였다. 그러나 심신이 너무 피폐되어 있었던 그녀는 나와 관계 맺는 것이 어려웠다.

게다가 나는 상담 속에서는 그녀가 원했던 인간미를 제공해 줄 수 없었다. 그래서 일주일에 두세 번 집 근처에 있는 좋은 전문가에게 마사지를 받으면서 정기적으로 나와 만나자고 하였다. 점차 그녀의 우울증이 나아졌다. 마사지의 치유적 도움을 받아 신체적으로 힘을 얻게 되면서 그녀는 자기를 발견하는 여행에서 나와 함께 언어적으로 관계를 갖을 수 있게 되었고 의지도 생겼다.

감각 기초훈련

제임스라는 남자가 자신이 근무하고 있던 호스텔에서 같이 일하던 한 여성으로부터 신체적 폭행을 당한 뒤에 내게 의뢰되었다. 폭행을 당하기 전에 그는 이 젊은 여성과 좋아하고 신뢰하는 관계를 맺고 있었는데, 그녀를 해고하려는 건의가 나왔을 때 기관장에게 탄원을 할 정도였다. 그렇기 때문에 상담실에 왔을 때 그는 이미 쇼크 상태에 있었고, 마치 강간 피해자나 교통사고 피해자 같은 외상 후 내담자처럼 그 끔찍한 사건을 다시 '재경험'하기 시작했다.

상담이 끝날 때가 되었지만 그는 평소의 의식을 회복하지 못했다. 내담자가 자신의 감각에 '뿌리를 내리도록' 돕는 기법이나 질문, 신체적 개입은 심각한 쇼크 후에 현실감각을 회복하는 데 도움을 줄 수 있다.

이 내담자의 경우 이름을 분명하고 강하게 부르면서 어깨를 가볍게 건드리자 약간이나마 정신을 차릴 수 있었다. 이런 경우 "이름이 뭐지요?" "내 옷 색깔이 뭐지요?" 그리고 "벽에 그림이 몇 개나 걸려 있지요?"와 같은 단순한 질문들을 할 수 있다. 나중에는 "제임스, 일어나 보세요." "계속 숨을 쉬어 보세요." 그리고 "오른손 피부를 느껴 보세요."와 같은 감각에 대한 단순한 지시도 관계

나 맥락, 상담자의 진단적 통찰력에 따라 도움이 될 수 있다.

창조적 매체 사용하기

언어적 표현을 잘하지 못하는 사람들의 경우에는 콜라주나 핑거 페인팅, 모래놀이, 손가락 인형 같은 창조적 매체를 사용하여 의사소통을 할 수 있으며, 이 창조적 매체는 상담자를 중요하고 영향력 있는 사람으로 만들어 준다. 또한 창조적 매체는 관계를 발달시키는 대화의 도구가 된다.

30세의 노동자 데이비는 부인과 성관계를 하면서 사정을 하는데 문제가 있었다. 이 남성은 어렸을 때 학교 친구들과 선생님으로부터 창피를 당하고 놀림을 받은 경험이 있었다. 상담자와 데이비 사이에서 이루어진 의사소통은 주로 커다란 종이에 그림을 그리는 것이었는데, 데이비가 언어에 한계가 있고 자신의 감정을 받아들이는 능력이 부족했기 때문이었다.

한 번은 그가 학교 운동장을 그렸고, 상담자는 빈 공간이 남겨져 있는 것을 보고 자신도 이 종이에 함께 그림을 그려도 되겠냐고 물었다. 상담자는 화가 난 검은 구름을 그렸다. 그러자 내담자는 학교 운동장에 밝은 오렌지색과 붉은색을 사용하여 상징적으로 불을 지르는 그림을 그리고 나서 그림을 갈기갈기 찢었다. 그의 표정은 밝아 보였다.

비록 상징적이긴 해도 난생 처음으로 과거의 굴욕에 대해 공격성을 강하게 표현했던 것이다. 이 작업은 부인과의 관계에서 전환점이 되었으며, 그의 문제도 사라졌다. 분명히 상담할 거리가 더 많이 있을 수도 있었겠지만 그는 여섯 번만 상담을 요청했었고, 또한 상담을 하러 온 목적도 달성했으므로 상담을 종결했다.

창조적 매체를 사용하는 것은 아주 논리정연하게 설명하는 사람이나 주지화 또는 강박적인 언어적 논쟁을 통해 자신의 감정을 분석하거나 둔감화시키는 사람들도 자유롭게 해 줄 수 있다. 댄이라는 이름의 한 철학 교수는 복잡한 논리적 실증주의자에 대해 고상하게 논쟁할 수 있었지만, 점점 자신의 삶의 무의미함을 느끼게 되었다. 그러나 마룻바닥에 앉아 내면의 공허감을 점토로 나타내면서, 그는 마침내 자기를 재발견하는 통로를 찾아내었다.

기쁨을 재경험하기

심한 고문이나 '쾌감 상실(기쁨의 결여)'을 경험한 이후 심각한 임상적 우울을 겪고 있는 사람들을 다룰 때, 게슈탈트 상담자들은 창조적으로 실험하는 것을 두려워하지 말아야 한다. 내가 알고 있는 한 게슈탈트 상담자는 이런 내담자들을 정원으로 데리고 가서 어렸을 때 좋아했던 게임을 함께하기도 하고, 때로는 유원지나 서커스 혹은 아주 요리를 잘하는 식당에 데리고 가서 새롭고 신기한 경험을 하도록 이끌어 주기도 한다.

도구로서 치료자의 자기

게슈탈트 상담자들은 내담자와 첫 만남을 하기 전에 많은 질문을 해 본다. 가장 중요하게는 '이 사람과 접촉할 때 어디서부터 시작해야 하는가?' '대화적 관계를 시작하면서 나는 이 새로운 사람에게 얼마나 내 자신을 개방할 수 있는가?' 하는 것이다. 하이스너(Hycner, 1985)는 다음과 같이 말했다.

> 그렇게 하기 위해서는 다른 사람들에 대한(for) 책임과 다른 사람들을 대하는(to) 책임 사이의 좁은 이랑 사이를 걸어가야 한다. 이런 상황에서는 우선 상담자가 [둘 사이의] 순수한 대화적 관계를 시작할 책임을 져야 하지만, 이는 진정한 관계성을 확립(또는 재확립)하기 위해서다. 이러한 분위기 속에서 내담자와 치료자는 모두 자신들에 대한 책임을 더 잘 질 수 있다(Hycner, 1985: 34).

게슈탈트 치료와 같은 실존주의 치료는 치료자의 온전한 현전(presence)을 강조한다. "치료에서 한 인간으로서 강조되는 치료자의 현전은 게슈탈트 치료와 정신분석 치료 간의 가장 중요한 차이점이다. 게슈탈트 치료자는 [자신의] 관찰, 정서적 반응, 이전 경험, 창조성, 직관 등을 [내담자와] 함께 공유한다."(Yontef, 1988: 25) 그러나 욘테프는 치료자가 개인적 경험을 '공유'하는 것은 적절한 시기에 가장 중요한 문제들을 가장 유용한 순서로 탐색하는 과정 속에서 이루어져야 한다고 강조하였다.

진정성(authenticity)이라는 것은 내담자들의 욕구나 발달수준, 개인적 준비도를 고려하지 않은 채 '정직'과 '자기노출'이라는 미명하에 내담자들을 [언어적으로] 공격하는 것을 뜻하지 않는다. 게슈탈트 상담자들은 각 내담자들에 따라, 그리고 각기 다른 상담과정의 단계들에 따라 그에 맞춰 다르게 대한다.

그렇게 하기 위해서는 게슈탈트 상담자는 인간성이 타인에게 해를 끼치지 않고 양육적이어야 하며, 자신의 과거 미해결 과제를 내담자에게 투사해서는 안 되며, 자기 자신을 지지할 수 있어야 하며, 또한 새로운 도전과 탐색, 타인의 지지에 열려 있어야 한다. 게슈탈트 상담은 분리될 수 없는 시간적인 연속성과 수많은 분리된

지금-여기의 순간이 모두 포함된 전체로서의 관계 속에서 발달한다(Yontef, 1987).

이 책의 목적 중 하나는 전체 상담과정이 어떻게 게슈탈트 알아차림 주기를 반영할 수 있는가를 보여 주는 것이다. 이런 목적에서 특정 상담과정 단계에서 일어날 수 있는 문제들을 간략히 논의할 것이다. 물론 부각된 문제들은 다른 단계에서도 일어나거나 재발할 수 있다. 마찬가지로 인간 존재는 시계처럼 규칙적인 순서를 따르지 않기 때문에 내담자와 상담자 사이에서 다른 문제들이 전경으로 떠오를 수 있다. 다음 장부터는 상담관계에서 문제가 발생한 후 또는 기타 여러 다양한 시기에 유용하게 사용할 수 있는 실험이나 기법들을 논의하고 설명할 것이다.

먼저 6장에서는 상담관계의 시작과 알아차림의 기능에 초점을 맞출 것이다.

06 알아차림: 상담의 초기 단계

수련을 마친 '텐노'는 드디어 스승의 위치에 올랐다. 어느 비 오는 날 나막신을 신고 우산을 든 채 어떤 낭인을 만나러 갔다. 낭인이 그를 맞이하면서 질문을 하였다. "나막신을 현관에 두셨겠지요? 그러면 우산은 나막신의 왼쪽에 두셨습니까? 오른쪽에 두셨습니까?"

텐노는 당황해서 즉각 대답을 하지 못했다. 자신이 시시각각 禪(알아차림)을 수행하지 않고 있음을 깨달았다. 그 후 그는 낭인의 제자가 되어 깨달음을 위해 6년 동안 더 수행하였다(Reps, 1971: 43).

불편감 알아차리기: 현재 문제 다루기

인생에서 하나의 시작점을 따로 떼어 놓기란 매우 어려운 일이

다. 대부분의 사건들이 다른 사건들과 연결되어 있고, 그 사건들도 그 이전의 사건들과 연결되어 있다. 게슈탈트 상담은 특히 이런 체계적인 연관성에 민감한데, 이는 쿠르트 레빈(1952)의 장이론을 수용한 결과다. 그래서 내담자에게 문제의 처음부터 시작하라고 요구하는 것은 불가능한 일이다.

내담자건 상담자건 간에 시작하는 시점이 시작점이다. 예를 들어, 상담 초기에 최근 결혼 상태를 설명하는 것도 시작점이다. 우리가 인생의 시간적 복잡성을 강조하기는 하지만, 시작점은 알아차림이 가장 신선하고, 통렬하며, 편견 없는 순간일 경우가 많다.

내담자가 처음 들어올 때 따뜻한 첫인상을 받는다면, 좋은 신뢰관계를 맺기 쉽다. 방어 패턴에 대해 분석하고, 이해하고, 해석할 것도 없이, 가슴으로 선명하게 알아차릴 수 있다. 내담자가 상담을 하기로 결정한 이유는 대우 복잡하고, 수없이 반복되었을 것이다.

미국 문화에서는 이 닦고 세수하는 법과 성에 대한 정보는 교육하는 것으로 인정받고 있다. 학교교육이 자주 무시하고 있는 부분은 실패에 대처하는 방법이나 분노, 두려움, 슬픔 등의 감정을 다루는 방법이다. 문화적으로 어린이가 치아 건강에 대한 예방책을 '자연스럽게' 알 거라고 기대하지는 않는다. 그런데 호기심과 자발성, 영혼의 부패를 막는 것은 자연스럽게 알아야 한다고 기대한다.

치과는 정기적으로 가는 사람들이 있는 것이 그 예다. '우는' 사람은 '여자 같다'거나 유약한 것으로 여긴다. 스스로 정서적으로 돌보거나, 정서적인 존재로서 사는 방법을 찾아 상담이라도 하면 아직도 사회적인 오점이 따라붙는다. 그래서 어느 정도의 편향, 특히 성적 감각과 정서적 감각에 대한 알아차림을 피하는 것은 문화적으로 조건화되고 심지어 보상되기도 하며, 공포와 두려움에 대

한 알아차림은 유약함으로 여겨지기도 한다.

웬디의 어머니는 사회적 지위와 직업적 능력을 상실한 미혼모인 상태에서 웬디를 낳았고 그 때문에 웬디는 근본적으로 부적절감과 수용되지 않는 느낌을 느끼고 있었다. 웬디는 자신이 원하던 아이가 아니었고, '어머니의 자궁을 들어낼 뻔 했다'는 소리를 듣고 자랐으며, 자신이 유산되지 않은 것에 감사하는 마음을 가져야 한다는 말을 들으며 자랐다. 어머니는 그녀에게 화내고, 요구적이며, 끊임없이 흠잡고, 양가적인 감정을 갖고 있었다.

웬디는 '스스로 잘해 보려는' 노력이 모두 실패한 다음에야 상담을 찾게 되었다. 친절했던 선생님, 여성잡지 등을 통해 '자기성장'을 위해 필사적인 노력을 했음에도 번번이 모든 노력이 실패했다. 만성적인 자존감 저하 때문에 희망과 기쁨, 자발성이 사라진 것이 그녀의 문제였다. 그 시점까지 그녀는 도움을 구하는 것이 약함과 부적절함의 또 다른 표현이라고 생각하였다. 웬디가 상담을 원했을 때 그것은 희망의 행위가 아니라 자신을 포기한 절망의 행위였다.

40살의 회계사인 리처드는 10년간의 결혼생활이 끝나고 두통을 동반한 심각한 우울증에 빠졌을 때 상담을 원했다. 그의 아내는 왜 결혼을 견디지 못했는지 분명히 밝히지 않았을 뿐만 아니라, 그가 정신적인 면이 결핍되고 친밀감이 없다고 비난하였다. 그는 그 말을 이해하는 것조차 힘들었다.

그에게는 결혼생활이 불행하지도 않았고, 좋은 관계를 맺고 있다고 믿었으며, 어떤 문제가 있다는 것도 자각하지 못하고 있었다. 그는 아주 어렸을 때부터 기숙학교에 보내졌고, '어른처럼 행동하라.'는 말을 들었다. 적절한 사회적 페르소나를 발달시키는 대신에

그의 '내면의 아이'는 잊혀져 갔다. 웬디의 경우에는 불편감의 자각이 항상 전경의 일부였지만, 리처드에게는 불편감이 결혼의 위기 후에야 찾아왔다.

프리데리카가 상담에 온 이유는 불만족이나 위기로 인해 촉발된 것은 아니었다. 그녀는 자신을 충분히 탐색해 보고 이제까지 발견하지 못한 창조성과 잠재력을 개발해 보고 싶다는 열망을 느끼게 되었다. 창조성과 자발성을 강조하는 게슈탈트 상담이 그녀의 인본주의 철학에 적합하다고 느꼈고, 재미있고 흥미가 생겼다.

그녀의 친구들 중 몇 사람은 상담을 통해 많은 제약과 억제로부터 '해방된' 것처럼 보였다. 특히 화가인 한 친구는 창작의 과정을 더 즐기게 되었을 뿐만 아니라, 새로운 열정적인 스타일의 그림을 그릴 수 있었다. 프리데리카의 경우 '창조적인 행위'로서, 상담을 하게 된 것이고 내면적 성장을 촉진하고 격려하기 위해 스스로 새로운 환경을 만든 것이다. 게슈탈트 상담은 문제 또는 역기능에 관련된 것이기도 하지만 축복된 인생과도 관계가 있다.

시작: 상담관계 형성

내담자도 그러하겠지만, 게슈탈트 상담자는 특별히 선호하는 초기 상담방법이 있다. 어떤 사람들은 서로 친밀감과 연결감(connectedness)이 생기기도 전에 그러한 관계에 빠져 버린다. 독립된 두 사람 간에 진정한 접촉 즉 과거의 관계나 상상의 관계를 투사하지 않은 접촉이 일어나기 전에는 현실적으로 대화나 실험이 필요하다. 의사나 변호사와 마찬가지로 자질이나 전문영역을 확인하지

않고 상담자를 '믿어 버리는' 것은 무모하고도 위험한 일이다.

어떤 사람들에게는 관계의 초기 단계에만 머무르는 것이 만성적이고 예측 가능한 패턴이 되기도 한다. 그들에게는 초기 상담관계가 비정상적으로 길어질 수 있다. 또 어떤 사람들은 마땅히 받아야 할 돌봄이나 보호도 없는 상태에서 관계에 몰입하는 것처럼, 충동적으로 상담관계에 돌입한다. 습관적으로 관계를 맺거나 관계에서 물러서는 상담자도 있는데, 이러한 상담자는 조건화된 패턴과 이전의 경험에 따라 행동할 뿐, 내담자와의 생생한 새로운 만남에 자기 자신을 개방하지 못한다.

게슈탈트 상담자는 각각의 내담자와 독특하고도 새로운 상담과정을 시작해야 한다. 한 내담자에게 도움이 되고 편안하였던 것, 예를 들어 개인사 탐색 같은 것일지라도 다른 사람에게는 효과도 없고 소모적일 수도 있다. 예를 들어, 딸을 괴롭힌 고통스런 죄책감을 덜고 싶은 사람에게는 개인사 탐색이 소모적이다.

다음은 유명한 게슈탈트 상담자인 짐 심킨이 상담 경험이 있는 한 내담자와 치료관계를 시작한 예다.

> 안녕하세요. 우선 접촉에 대해서 말씀을 드리는 걸로 시작해서 나중에 실험을 제안하기로 하지요. 저는 게슈탈트 상담에서 무엇을 '해야 한다'는 말이 필요 없다고 믿습니다. 당신이 하는 것은 당신이 하는 것이고, 내가 하는 것은 내가 하는 것입니다. 나는 내 나름대로 좋아하는 것이 있습니다. 나는 당신이 나에게 솔직했으면 합니다.
>
> 그런데 이걸 기억하세요. 이것은 취향이지 의무(should)가 아닙니다. 만약 당신이 저의 취향을 존중해야만 한다고 느낀다면, 그것은 당신의 의무일 뿐입니다. 제가 당신에게 "지금 어떤 상태이십니

> 까?"라고 물을 때, 그것을 말해 주면 좋겠다는 것입니다. 말하고 싶지 않으시다면 말하지 않겠다고 말해 주시기 바랍니다. 그러면 우리의 교류가 솔직해지지요. 당신이 제가 어떤 상태에 있는지 묻고 싶을 때는 물어보십시오. 그러면 제가 말해 주거나, 아니면 말하기 싫다고 할 것입니다. 그러면 우리의 교류가 솔직해지겠지요(Simkin, 1976: 18-19).

실존적 만남에서는 사전 처방전이 없기 때문에 게슈탈트 상담자가 상담관계를 시작하는 전형적인 방법이란 없다. 내담자가 현존하는 곳에서 시작하는 것, 내담자의 현상학적인 진실을 수용하고, 의미를 부여하고 존중해 주는 것이 가장 중요하다.

이것은 내담자가 상황을 기술하고 평가하는 것을 실재로서 받아들이고, 상담자는 숨은 진실이나 현재의 문제가 내포한 진짜 문제를 가정하지 않는다는 것을 뜻한다. 이를 위해서는 상담자가 현상학적인 태도를 굳건히 지켜야 한다. 특히 내담자가 이해하지 못하는 정신구조를 해석할 수 있다는 전문가 모델에 의해 상담자가 교육받았다면 더욱 그러하다.

상담자는 그 자신의 행동을 통해 상담에 대한 자발성과 흥미, 진지한 책임감을 보여 주고 내담자를 동등한 동반자로 맞이하는 것이 좋다. 첫 면접에서부터 개입과 현전(presence)이 적절하게 조화되어야 하며, 그것은 낯선 신선함과 편안한 친근함을 잘 통합하는 상태다. 이런 방법으로 내담자는 처음부터 이후의 상담자 작업 스타일을 경험할 수 있고, 첫 면접이 끝날 때에는 앞으로 상담자와 어떤 식의 관계를 맺을지에 대해 짐작할 수 있다.

내담자와 상담자는 둘 사이에 유머가 통할 수 있는지 아닌지, 그

리고 신뢰를 가질 수 있는지, 기대를 가져야 할지 말아야 할지에 대한 감을 잡을 수 있을 것이다. 내담자는 상담자에게 자신의 주요 관계 패턴을 재연하는 경향이 있는데, 이런 재연에는 여러 가지 형태가 있다. 예를 들어, 상담자를 같은 입장의 공모자로 보기도 하고, 자신의 무력함을 드러내게 하는 존재로 보기도 한다. 이는 어릴 적 경험했던 초기 무력감을 반영하는 것이다.

게슈탈트 상담에서는 처음부터 내담자가 상담 결과에 대해 책임을 지고, 궁극적으로는 자신의 삶에 책임이 있는 어른이라는 것을 이해하기를 기대한다. 이때 내담자의 자기 정의를 수용하는 것과 새로운 선택의 폭을 넓혀 주기 위한 자극의 제공 사이에서 균형을 맞추어 주는 것이 상담자의 예술적인 수완이다.

자기(self)를 지금-여기의 접촉을 끊임없이 재창조하는 접촉경계 체계로 개념화한다면, 성격은 현재의 한계를 묘사하는 것이고, 치료는 모든 잠재력을 해방시키는 것이다. 시작에는 결코 끝이란 없다. 모든 회기의 끝에는 또 모든 작업의 끝에는 새로운 시작이 있다. 아마도 상담자와의 새로운 관계가 시작될지도 모른다.

초기 (알아차림) 단계의 일반적인 문제들

신뢰/불신

상담과정에서 예측 가능한 주제들이 어떤 특정한 순서대로 나타날 것이라는 가정은 게슈탈트 접근법과 부합되지 않는다. 만일 그러한 구조가 존재한다면, 그것은 상담의 자발성에 영향을 미칠 것이며, 또한 상담자와 내담자 사이에 독특한 치유적 관계가 발전해

가는 것을 방해하게 될 것이다. 이러한 위험성을 염두에 두고 있으면 상담자는 고유성과 일반성, 즉 한 사람 한 사람의 독특한 면과 모든 인간에게 공통된 패턴이 전경과 배경으로 교체되면서 변화하는 모습에 집중할 수 있을 것이다.

신뢰란 다른 사람이나 환경에 의해 상처받지 않고 욕구를 만족시킬 수 있다고 믿는 상태다. 불신이란 환경이 도움을 주지도 않고, 자비롭지도 않을 것이라는 확신이다. 이러한 양극성은 치료관계를 시작하는 데 가장 중요한 요소다.

유아기나 아동기 때 학대당하고 무시당했던 내담자에게는 [상담관계에 대한] 신뢰가 생기기 시작하면, 그것 자체가 이미 [내담자에게] 과거의 상처를 치유할 수 있는 힘이 생겼다는 신호로 해석할 수 있다. 신뢰는 모든 사람들에게 다 해당되는 이야기지만, 지지가 필요한 탐색과정에서 마치 생물학적인 필수조건과도 같은 것이다. 따라서 초기 발달과정에서 결핍되었던 신뢰를 확립하는 것이 상담 초기에 매우 중요하다.

도움을 주는 것과 받는 것

상담에서 중요한 또 하나의 양극성은 도움을 주는 것과 받는 것이다. 게슈탈트 상담자는 내담자가 자신의 감정과 선택, 행동에 대한 전적인 책임을 지도록 격려한다. 다른 한편으로는 내담자가 상담자를 허용하는 것도 중요하다. 즉, 상담자로 하여금 자신에게 도움을 주는 것을 허락하는 것이 필요하다. 이 단계의 과제는 자신이 무너지지 않고 도움을 허용하는 것과 상호의존적인 관계에서 자율성을 유지하는 것 사이에서 균형을 맞추는 것이다.

게슈탈트 상담자의 상담 양식의 폭은 매우 넓다. 기본적인 방향

을 유지하면서 창조성을 지렛대로 삼는다면, 상황마다 매우 다양한 상담이 가능할 수 있다. 그러한 풍부함과 다양성을 고정적인 표현으로 기술하기에는 한계가 있다. 대부분의 게슈탈트 상담자들이 내담자와 어떤 형태의 계약을 맺는 것도 사실이다. 또한 상담자로부터 얻는 법을 배우는 단계가 있는 것처럼 내담자가 되는 것을 배우는 단계도 있다.

상담자도 이 주제를 생생하게 경험한다.—'신체적 접촉을 허락해도 될까?' '이런 약속을 하면 내게 부담이 되지 않을까?' '이런 관계를 맺으면 어떤 위험성이 있을까?' 의존에 대한 두려움과 소망 역시 초기 단계의 일부분이다. 물론 이 주제는 반복되며, 특히 탐색과정이 깊어질 때나 상담의 진전을 위해 위험을 감수해야 할 때에 더욱 그렇다.

내담자가 자주 겪는 또 하나의 양극성은 한편으로는 상담자의 신념과 가치에 굴복해 버림으로써 자신을 상실하게 될지도 모른다는 두려움과 다른 한편으로는 인생의 불확실성을 회피하기 위해 안전감과 확실성을 제공하는 신념(그것이 정신분석이건 게슈탈트건 간에)을 갖고 싶다는 마음 두 가지가 있다.

사람들은 '게슈탈트 클럽'에 합류함으로써 자신의 정체성을 잃을지도 모른다는 두려움이 있을 수도 있다. 반면에 언제 어디서나 활용할 수 있는 확실한 삶의 구조를 갈망하기도 한다. 이러한 대조적인 동기는 모든 상담 체계에서 볼 수 있다. 여기에서 우리의 궁극적인 과제는 융합과 독립, 소속과 분리, 비판과 감사를 모두 동시에 포용하는 참 자기를 발견해 내는 것이다. 이것을 위해서는 경계의 명료화가 필수조건이다.

경계와 정체성

상담에서처럼 막 성장과정이 시작된 사람들은 흔히 자신과 타인의 경계에 대한 혼란, 자신과 환경의 경계에 대한 혼란, 그리고 자기 신체 내부의 경계들에 대한 혼란을 느낀다. 예를 들면, 데비는 실제로 배고픔을 경험하기는 하지만, 신체의 어디에서 그것을 경험하는지 모른다. 식사 시간이 되면 먹고, 화가 나거나 피곤하거나 외로울 때 먹는다.

그녀는 몇 해 동안 진정한 배고픔의 감각을 경험하지 못했다고 했다. 신체를 소외시키는 정도에 따라 감각은 잘못 해석된다. 데비의 경우 불안을 배고픔으로 오지각한 것이다. 내담자들은 불안에 집중하는 대신에 이 치환된 '배고픔'을 해결하기 위해 먹는다. 그러나 그러면 그럴수록 자연스러운 배고픔과 감각의 흐름을 더욱 더 소외시킨다.

데비가 신체 어디에서 배고픔의 고통을 지각하고 경험하는지 발견하면, 자신의 심리적 신체적인 욕구를 느낄 수 있을 것이고, 그것을 따라가다 보면 만족과 완결 경험의 단계에 이를 수 있을 것이다. 어떤 여성은 자신의 '위가 복강의 밑에 있다'고 느꼈다. 그녀는 해부학적으로 내장 아래쪽을 가리켰다. 그녀는 학교에서 생물학을 배웠고 지식적으로는 그와 반대되는 사실도 알고 있었음에도 불구하고, 경험적으로는 자신의 느낌이 맞다고 느꼈다. 이러한 해부학적인 혼란은 내장기관을 자각하고 기아-포만 간의 주기를 자각하는 것이 혼란스럽게 되었기 때문이다.

경계의 문제가 주제로 떠오르는 또 다른 영역은 배우자나 가족, 고용주와 같이 내담자의 사회체계에서 다른 쪽 영역을 맡고 있는 사람들과의 관계에서 발생하는 '친밀관계(confidentiality)'와 관계

성의 문제다. 그 사회체계 안의 모든 사람들은 다양한 방법으로 동시에 또는 번갈아 가면서 이러한 특별한 관계를 시작하거나 혹은 정도의 차이는 있지만, 반대로 그것을 저지하고 싶어 하기도 한다. 아마도 그들은 사랑하는 사람이 자기 지지(self-support)와 독립성을 원한다면 위협감을 느낄지도 모른다.

예컨대, 24살 난 딸 때문에 상담실을 찾은 어머니가 있었는데, 그녀의 딸이 일할 의욕도 없고 우울과 불안, 외로움, 절망감으로 괴로워한다며 무척 걱정스러워했다. 그 딸은 남자와 사귀고 임신을 하였는데, 어머니의 충고를 따라 아이를 유산시키고 남자와 헤어졌다고 한다. 또한 그녀는 딸이 다른 사람들이 등 뒤에서 자기를 욕하고 다닌다고 믿고 있다고 불평하였다.

상담자는 이 어머니가 딸과 상의하거나 혹은 딸을 함께 참석하거나 하지 않은 채 상담관계를 시작했다는 사실을 지적하면서 [이런 행동을 보더라도] 딸의 의심은 상당히 사실에 근거한다고 말해 주었다. 그러나 어머니는 이 점을 인정하지 못하였다. 어머니는 딸의 둘도 없는 친구 같은 역할을 하지만, 동시에 그녀는 딸이 가장 분개하고 비난하는 대상이다. 상담 초기의 배우자들도 [서로에 대해] 이런 양가적인 감정을 갖고 있다는 것은 잘 알려진 사실이다. 그들은 매우 지지적이며, 상대방이 변화하고 성장하기를 바라지만 '내가 바라지 않는 방향으로 변하지 않는 범위 내에서' 그러하다.

게슈탈트 접근에서는 내담자 스스로의 자기 자신에 대한 책임을 매우 중요시하기 때문에, 가족치료와 같이 특별히 요구되는 상황이 아니면 상담자는 예외적인 상황에서만 가족들을 만난다.

펄스(1969b)는 환경적 지지에서 자기 지지로 전환될 때, 성장과정이 일어난다는 것을 보여 주었다. 다른 사람의 권위를 수용하

는 대신에 홀로 서서 자기를 발견하면 더 이상 자신의 자존감을 높이기 위해 다른 사람의 칭찬이나 인정에 의존하지 않게 된다.

기대와 두려움

상담 초기의 상당 부분은 내담자의 [상담에 대한] 기대와 두려움에 대한 작업으로 볼 수도 있다. 이러한 변인을 개념화하는 데에 '버려짐(abandonment)'과 '삼켜짐(engulfment)'이란 양극성 개념이 가장 많은 도움이 된다. 대부분의 사람들에게 최초 양육자와의 초기 관계, 즉 자기-타인 경계역동은 그 특징이 타인[대상]보다는 '하나(one)'에 의해 더 잘 기술될 수 있다.[13)]

다른 말로 설명한다면, 아이와 어머니 관계는 경계가 너무 투과적이거나 아니면 너무 비투과적일 수 있다. 건강한 어머니-유아 관계에서는 앞에서 기술했던 게슈탈트 주기에 따라, 그때그때 유아의 긴급한 욕구에 따라 변화하는 리듬을 관찰할 수 있다. 불행하게도 많은 보육자들은 자기 자신이 생애 초기에 건강한 과정을 왜곡되게 경험했기 때문에 그 초기 왜곡을 그대로 전달하거나, 자신이 받은 것과는 반대의 것을 무조건 고집할 수 있다.

예를 들어, 라일라는 어렸을 적에 어머니가 자신을 삼키는 듯한 경험을 하였다. 어머니는 라일라의 모든 일시적 변덕에 맞추어 주면서 [어머니로서의] 자기 자신의 욕구를 모두 없애 버렸다. 어머니는 자신만의 분리된 정체성이 따로 없었고, 라일라의 성취와 기분과 성격을 통해 삶을 살았다. 라일라가 간호학교에 가는 것과 같

13) 역자 주: 여기서 하나라는 것은 타자가 없는 하나의 상태를 의미한다. 즉, 두 사람이 서로 융합되거나 고립된 상태에 있는 것을 뜻하는 바, 이런 상황에서는 자기와 관계를 맺을 수 있는 진정한 타자가 존재할 수 없다.

은 어떤 독립적인 행동에서도 어머니는 슬픈 분리감을 느꼈고, 그 분리감은 어머니의 삶의 공허함을 반복적으로 일깨웠다. 성인이 되자 라일라는 경계선적 성격장애로 볼 수 있는 모든 특징들과 문제를 나타내었다(Masterson, 1976). 그 후 라일라는 아이를 갖게 되자, 아기를 우주의 중심으로 만듦으로써 어머니의 패턴을 반복하고자 하는 강박관념을 느꼈다. 상담을 통해 어머니와의 융합이 얼마나 그녀에게 해가 되었는지 이해하고 통찰하게 되었다. 그래서 그녀는 딸아이를 안아 주지 않고 오랫동안 혼자 내버려두었고, 장기간 고립상태를 만들었으며, 아기와 서로 융합되는 것에 대해 늘 경계하는 등 극단적인 반대 입장에 섰다. 그 결과 아기는 정서적으로 버림받은 느낌을 갖게 되었다. 레스닉(1987)은 이러한 삼켜짐과 버려짐과 같은 반대의 상황을 융합과 고립이라는 용어로 설명한 바 있다.

상담 초기의 두려움과 기대는 그 사람의 생애 초기의 두려움과 기대를 반영하곤 한다. 생애 초기의 주요 방식이 융합이었던 사람은 버려짐의 공포를 느끼는 경향이 있다. 예를 들어, 상담자가 중간에 다른 도시로 이사 가면 어쩌나 하는 걱정을 하기도 한다. 초기의 주요 경험상태가 고립이었던 사람은 삼켜짐에 대한 공포가 있다. 예를 들어, 상담자와는 독립적으로 발전하거나 의견 불일치를 보이는 것이 허용되지 않는 것처럼 느낀다. 때로 사람들은 생애 초기의 버려진 고통을 피하기 위해 삼켜지지 않으려 한다. 때로 사람들은 생애 초기의 삼켜짐이 깨지는 것이 두려워 버려짐을 방어하기도 한다. 민감한 상담자라면 이런 관계의 특징을 잘 살펴서 상담과정에서 버려짐과 삼켜짐의 양극성이 어떻게 나타나느냐에 따라 내담자와의 작업 방식을 바꾸어 나갈 것이다.

실험의 예

다음 예는 편향을 다루는 방법으로도 볼 수 있다. 편향은 이 책에서 게슈탈트 순환 주기 중 자각 단계에서 강조된 접촉경계혼란이다.

알아차림 연속을 익히고 연습하기

게슈탈트 상담에서 내담자가 습득할 수 있는 기술 중에 중요한 한 가지는 자신의 '알아차림을 연속적으로' 따라가는 것이다. 매우 간단한 과정인 것 같지만 여러 면에서 습득하는 데 평생이 걸릴 수도 있다. 알아차림은 3장에서 정의되고 설명되었다. 알아차림 연속이란 자기 자신과 환경의 변화를 매 순간 알아차리는 것을 의미한다. 이 장의 처음에 실린 선에 대한 이야기는 알아차림에 성공하지 못해서 완전하고 효과적인 기능을 하지 못한 것을 묘사하고 있다.

알아차림 연속은 일종의 응용 현상학을 연습하는 것이다. 즉, 선입견이나 기대 없이 관심 가는 새로운 모든 전경을 판단하지 않고, 이름 짓지 않고, 집중해 보려는 시도다. 흔히 인간은 의식적인 알아차림에서 벗어나서 습관적으로 행동하거나, 혹은 어떤 태도나 감정에 휘말려 버린다. 사람들은 먹고 사랑하고 일한다. 그러나 그러면서 아주 중요한 방식으로 무의식적이거나 지금-여기를 의식하지 못함으로써 순간순간의 삶은 생생함을 잃고 빛바랜 기억과 산만한 관심만 갖고 있다. 알아차림 연속은 '마음 깨어 있음(mindfulness)'의 실패를 치유하고 삶에 풍부함과 생명력을 불어넣기 위해 고안

되었다.

그것은 '내성(introspection)'과는 다르다. 내성은 관찰자와 관찰되는 사람을 갈라 버리기 때문이다. 알아차림 기술은 순간순간의 실존감을 유지하는 수단이다. 알아차림을 연습하는 것은 어떤 것도 배제하지 않는다는 것을 의미한다. 소망, 생각, 신체적 느낌, 환경으로부터의 감각, 기분의 변화, 수의적 또는 불수의적 행동, 이 모든 것을 판단하거나 이름 짓거나 분류하기 전에 알아차리는 것이다. 이것은 선(禪)과 비슷하며, 이 기술을 연마하는 방법은 모든 경험을 예외 없이 '나는 지금 ~을 알아차린다.' 는 말로 언어화하는 것이다.

정신분석의 자유연상과 다른 점은 신체적, 정신적, 감각적, 정서적 그리고 언어적 경험을 모두 함께 내포하는 하나의 통일된 경험의 흐름을 연속적으로 알아차린다는 점이다. 게슈탈트 치료의 목표는 신체적/정신적 자기 기능의 통합을 확장하고 증진시키는 것이며, 지금 현재 알아차린 상태에서 행동하는 것이다. 이는 무의식적인 것 혹은 알아차림이 없는 것을 의식적인 알아차림으로 가져오는 것을 의미한다.

책임의 언어 사용하기

게슈탈트 상담은 사람들이 자신의 감정이나 행동에 책임이 있다는 것을 가정하며, 스스로 삶의 방향을 찾을 수 있음을 강조하는 실존철학적 입장을 취하고 있다. 겉보기에 사소하게 보일 수 있는 [사람들의] 언어 사용에 주목함으로써 이를 실현할 수 있다. 펄스는 골드슈타인과 마찬가지로 말할 때의 부주의 때문에 방향과 행위가 제한된다고 주장하며 단어[말]의 힘에 대한 이해를 촉구하였다.

우리의 단어나 문장 구조의 선택은 우리 내적 세계를 알리고 표상하는 것이다. 또한 현재의 경험과 미래의 태도를 형성하고 영향을 준다. 말의 방식은 아주 정확하게 우리의 내적 과정을 반영하며, 우연한 것은 아주 드물다. 언어는 자신을 비추어 주는 것이다. 프로이트가 지적했듯이 분명히 실수라 할지라도 주의를 기울이면 그 의미를 알게 된다.

personality(성격)이란 단어는 소리를 의미하는 'sonar'에서 유래되었다. 그래서 게슈탈트 접근법에서는 소리의 성질과 표현성 또는 억제 등에 주의를 기울인다. 언어를 통해 우리는 책임감을 부인하거나 받아들이며, 순간순간 무력함을 느끼거나 [반대로] 자기 방향성을 찾기도 한다.

다음과 같이 말한 사람들의 주관적인 경험 차이는 매우 클 것이다. "그녀가 날 화나게 만드니까 때릴 수밖에 없었지요."라고 한 남자와 "참을 수 없을 정도로 화날 때까지, 나는 그녀의 도전을 방치해 두었죠."라고 말한 남자, "소화가 안 돼요."라고 말하는 사람과 "내가 목 근육을 긴장시켜서 허리가 아프도록 만들고 있어요."라고 말하는 사람.

이와 같이 언어에서 나타나는 현상학적인 표상은 학습된 무기력을 반영하기도 하고, 자신의 의지를 반영하기도 한다. 이러한 책임감에 대한 가정을 비난과 혼동하면 안 된다. 그것은 자신의 삶과 경험에 대한 주인의식과 책임의식을 강조하기 위한 것이다.

상담과정에서 단지 의미의 차이에 불과한 것처럼 보이는 것들이 상담과정에서 결정적인 전환점이 될 수 있다. 근육을 긴장시키고 두통을 만드는 것이 자기 자신이라면, 자기가 어떻게 그렇게 하는지 알아차리는 것이 가능하게 된다. 이 과정에 집중함으로써 해결

점을 찾을 수 있다. 만약 문제의 근원이 자신의 의지와는 상관이 없는 것이라면, 그것은 애매모호한 것으로 남고 존재를 무력화할 것이다. 존재의 무력감도 똑같이 가정할 수 있는 철학적 가정이기는 하지만 근본적으로 사람들을 무력하게 만들며, 환경에 대해 자신의 반응을 바꿀 수 있는 잠재력을 빼앗아 가 버린다.

빅터 프랭클(1964/1969)은 그의 책 『의미를 찾아서(*Man's Search for Meaning*)』(퍼얼스는 이것을 실존주의적 심리치료의 한 형태로 보았다.)에서 자신이 선택하거나 만든 환경이 아닐지라도 자신의 반응은 선택할 수 있다고 강조했다. 우리가 환경을 선택할 수는 없다고 할지라도 [그 환경에 대한] 우리의 반응은 선택할 수 있다. 프랭클은 나치 수용소에서의 많은 예를 들었다. 수용자들 중 일부는 도덕적으로 타락하고 친구를 배반하고, 자신의 훌륭한 점을 훼손하기로 선택하였다. 어떤 사람들은 그런 희망 없는 상황에서 '자기 존중심(self-respect)'을 갖고 반응하기로 결심하였고, 의미를 찾는 일에 몰두하여 비참한 존재를 초월적인 존재로 변화시키곤 하였다.

이런 입장에서 게슈탈트에서는 책임을 받아들이는 언어표현을 실험하도록 한다. 게슈탈트의 한 분파에서는 이렇게 말하는 것을 일상적인 규칙으로 삼기도 한다. 예를 들어, '아프다'가 아니라 '내가 아프게 만든다.' '너 때문에 상처받았다.'가 아니라 '너의 행동 때문에 내가 내게 상처를 준다.'고 이야기한다. 그러나 기계적인 개입을 하면 원래의 의도는 퇴색한다. 왜냐하면 올바른 말만 할 뿐 그들의 경험은 여전히 다른 사람들의 연극을 보듯 하기 때문이다. 내담자에게 언어를 바꿔 보도록 하는 것은 책임을 받아들이라는 것이지 외부에서 정한 또 다른 지시를 받아들이도록 하는 것은 아니다.

비언어적 행동 탐색하기

게슈탈트 상담자는 보통 자신과 내담자의 비언어적 행동을 주의 깊게 관찰한다. 다리를 꼬거나, 기침을 하거나, 한쪽 어깨가 더 올라가는 것, 이 모두가 상담과정에서 중요한 부분이다. 특히 한 사람의 전체적인 면을 보고 가능한 한 다양한 면을 통합하고자 할 때 이것은 중요하다. 예를 들어, "어머니에 대해 말할 때마다 눈을 더 깜박이는 것을 알아차리고 있습니까?"라고 질문하는 것과 같이 주의를 환기시킴으로써 비언어적 행동을 탐색해 볼 수 있다. 또 다른 방법으로 특정한 운동을 과장해 보라고 할 수 있다. 예를 들어, 상담자가 있는 방향으로 가볍게 발로 차는 행동을 과장해 보면 상담자에 대한 표현되지 않은 분노를 자각할 수도 있다. 소리를 제거하고 자신의 비디오를 보견 자신의 신체적 자세와 비언어적 행동을 통해 외부세계에 대한 태도를 탐색할 수도 있다.

편향된 에너지 재정향하기

알아차림은 편향에 의해 심하게 왜곡된다. 편향은 환경이 우리에게 주는 영향을 감소시킨다. 말할 때 눈 맞춤을 하는 간단한 노력만으로도 편향된 에너지를 재정향(redirecting)할 수 있다. 어떤 사람은 다른 사람에게 영향을 주는 것을 의식적으로 허용해야 하는 경우도 있다. 한 내담자는 바텐더에게 자신의 차례임을 주장하여 정당한 서비스를 받았을 때, 이런 종류의 성취감을 느꼈다고 하였다. 과거의 그녀는 대개 무시당하고 다른 사람들에게 밀려서 나중에 서비스를 받곤 했었다.

내담자들은 그들의 사랑스러움이나 좋은 평가에 대한 말과 피드백을 받아들이고 충분히 느낄 수 있도록 격려 받을 필요가 있다.

클라라는 습관적으로 칭찬받지 못하는 것을 불평하였다. 그러나 막상 칭찬을 받으면 그녀는 “아, 별거 아니에요.”라고 하면서 최소화시키곤 하였다. 어릴 적에 그녀는 일상적으로 무시당하거나 비난을 받아 왔다. 그래서 긍정적인 관심을 전혀 견뎌 내지 못했다.

현재 삶의 긍정적인 관심을 편향시킴으로써 현재의 관계에서 과거의 고정된 게슈탈트를 유지시킨 것이다. 편향을 하지 않으려면 편향적인 습관을 버려야 한다. 예를 들어, 껌을 씹거나, 자기 몰입을 방해하는 습관(몸 꼬기, 손가락 꺾기) 또는 습관적인 얼굴표정(찡그리기, 눈 깜박이기)과 같은 것은 알아차림의 강도를 감소시키는 역할을 한다. 그 습관적인 행동을 만들어 내는 과정을 강렬하게 알아차리면 유기체의 욕구가 떠오르기도 한다. 예를 들어, ‘나는 내가 실존하고 있다는 것을 느끼고 싶어서 손가락 꺾기를 한다.’는 것을 알아차릴 수 있다.

편향은 각양각색이다. 어떤 사람들은 좋은 말만 받아들이고, 부정적인 피드백은 튕겨 낸다. 어떤 사람은 적대적인 사람들이 말하는 부정적인 피드백에만 초점을 맞추고 믿을 만한 사람이 말하는 인정을 편향시키기도 한다. 이에 대한 간단하면서도 매우 효과적인 방법은 긍정적인 평가에도 똑같이 주의를 기울여서 그것을 종이에 쓰고 스스로 반복해서 읽어 보는 것이다.

편향은 원하는 것을 얻는 삶의 에너지를 빼앗아 간다. 직접적인 접촉을 해야 사랑이건 분노건 음식이건 육체적인 활동이건 간에 삶의 질을 고양시킬 수 있으며 시간과 에너지의 투자만큼 보상받을 수 있다. 우리는 편향된 에너지를 원래의 목표로 되돌려야 하며, 자기 자신과 타인 그리고 환경에 직접적인 접촉을 하도록 노력해야 한다. 완곡어법이나 추상적인 언어 또는 습관적인 자기무시

는 중단하여야 하며, 그래야지 인생에서 원하는 것을 얻을 수 있고 관심과 에너지에 비례하는 보상을 얻을 수 있다.

감각 알아차림 발달시키기

퍼얼스는 신체와 감정, 생각의 구분을 중시하였다. 우리 대부분은 감각을 상당부분 알아차리고 있지 못하며 고유수용감각도 알아차리지 못한다. 이러한 알아차림이 없기 때문에 참을 수 없는 갈등이나 고통스러운 상처, 결핍의 상황에서 억압이 일어날 수 있다. 상담에서는 치유적이고 진솔한 관계를 기반으로 이런 오래된 어려움을 알아차리게 할 수 있다. 다음과 같은 방법으로 신체와 마음의 전체성 중에서 잃어버렸던 한 부분이 재생된다.

> '신체' 감각을 전체적으로 집중해 보십시오. 신체 모든 부위를 돌아가면서 주의를 기울여 보세요. 당신 자신을 얼마만큼이나 느낄 수 있습니까? 당신의 신체를, 즉 자신의 존재를 어느 정도로 명확하게, 정확하게 느끼십니까? 그동안 무시되었던 고통, 아픔, 통증을 알아차려 보십시오. 근육 긴장이 어떻게 되는지 느껴지십니까? 그것에 집중하시고, 그것이 지속되도록 허용해 주시고, 섣불리 이완하려고 하지 마십시오. 그 긴장의 한계가 어딘지 경계를 지어 보십시오. 피부 감각을 느껴 보십시오. 당신 신체를 전체적으로 느낄 수 있습니까? 가슴 위에 머리가 어떻게 위치해 있는지 느낄 수 있습니까? 성기는 어디에 있습니까? 가슴은 어디에 있습니까? 팔, 다리는 어디에 있습니까?(Perls et al., 1951/1969: 86)

퍼얼스는 신경증을 언어적 자기 개념과 경험된 자기 알아차림 간의 불일치로 규정하였다. 이를 탐색하는 가장 좋은 방법이 무비

판적이고 호기심에 찬 실험이다. 후각과 미각, 청각, 시각, 촉각 등의 감각 자각을 개발하는 것은 게슈탈트 치료라는 의미를 제외하고도 근본적으로는 감사한 일이다. 많은 사람들이 그들만의 자연스러운 미각이나 후각을 자각하지 않도록 훈련받아 왔고, 그로 인하여 경험의 의미와 강도, 그리고 다양성을 빼앗겼다.

감각과 고유수용감각의 민감성을 다시 찾으면 전에는 아무렇지도 않던 자극에서 고통스러움을 알아차릴 수도 있다. 한 내담자가 보인 반응 중에 전형적인 것이 있다. "예전엔 치과에서 마취 없이 드릴 치료를 받았는데, 이제는 너무 아파요." 정서적인 민감성에도 똑같이 적용되는데, 특히 어릴 때부터 신체적 학대를 당하면서 정서표현을 부인하도록 교육받았던 사람들을 예로 들 수 있다. 그런 사람들은 상담 이전에는 사람들이 모욕하거나 해치더라도 그냥 넘어가는 것이 보통이었을지라도 상담과정을 거치면서 점점 민감해진다. 동시에 사람들에게서 받는 친절과 따스함과 배려에도 더 민감하게 반응할 수 있다. "이전에는 사람들에게 부탁하면 [사람들이 내게] 그렇게 우호적으로 대한다는 것을 알아차리지 못했어요."라고 이야기하는 사람도 있다.

변화의 촉진

상담 초기에는 관계를 확립하거나 만들어 가는 데 초점을 맞추기 때문에 내담자나 상담자는 매우 만족스러울 수 있다. 인간의 기본적인 건강한 면과 유기체적인 통합을 기반으로 하는 관계에서 내담자는 한 인간으로 인정받는 느낌을 처음으로 받아 보기도 한다. 대부분의 상담자는 원활하게 관계를 만드는 법을 잘 알고 있는데 흔히 이러한 이유로 이 직업에 매력을 느끼게 된다. 그러나 더

요구적인 단계로 진행되면 마치 신혼의 단꿈이 깨지는 것처럼 느끼기도 한다. 내담자가 더 깊고 험난한 바다를 건널 수 있게 하려면 상담자는 훈련과 슈퍼비전이 더 필요하다.

게리의 여정: 그 시작

게리는 6년간 제시카와 살아왔고 지난 2년간은 매우 불만족스러웠다. 불단이 늘어나고 새로운 사람과 사귈 상상을 자주 하면서도 혼자되는 것이 두려워 제시카와 계속 살았고 그녀에게 상처 주는 것에 죄책감을 느꼈다. 어느 날 그는 강사로 있던 대학에서 '일반인을 위한 심리학'이란 강의 안내서를 보게 되었다. 그때까지 심리학을 싫어하는 것은 아니었지만, 믿음이 가지 않던 분야였다.

그런데 안내서에 쓰인 강사 중의 한 사람이 그의 인접 분야에 대해 강연한 적이 있었다. 그때 그녀가 매우 명석하고 흥미로운 사람이었다는 인상을 받았었다. 게리는 이 강의를 듣기로 하였다. 그 과정을 밟던 어느 날, 제3세력 심리학에 대해 배웠고 많은 토론 주제들이 매력적이었다. 그중에도 특히 지금-여기의 변화에 초점을 둔 사상이 흥미로웠다. 심리치료에 대해서는 그때까지 대중매체에서 본 것처럼 긴 의자에 환자를 뉘어 놓고는 끊임없이 과거를 생각하게 만드는 것이라고 생각해 왔다.

종강 바로 전 시간에 그는 강사(저자)에게 가서 한 회기의 상담을 요청했다. "그냥 여자 친구와 헤어져야 하는지 알아보고 싶어서요. 오래 걸리지 않을 거예요."라는 것이 그가 한 말이었다.

나는 게리에게 그렇게 중요한 문제는 한 회기로만으로는 부족하

다고 못을 박았다. 그리고는 정말로 상담관계를 시작하고 싶은지 탐색하는 것으로 한 회기를 쓰기로 합의하였다. 첫 회기에서 게리는 15분 일찍 도착했는데, 기다리라고 하자 복도를 왔다 갔다 하였으며, 상담실로 불렀을 때는 안도감과 함께 당황함이 엿보였다. 그는 몸을 죽 펴서 의자 깊숙이 앉았는데, 겉으로 보기에는 편안해 보였지만 팔을 가슴 쪽에 단단하게 꼬고 있었고, 오른쪽 손가락으로 왼쪽 팔 위의 희미한 문신을 두드리고 있었다.

이 첫인상은 생생하게 기억이 나는데, 처음 시작했을 때에는 알아차림이 자연스럽게 자극되기 때문이다. 첫 경험은 매우 상세하게 기억이 나기 마련인데, 어린아이들은 부모님들이 서로 처음 만났던 이야기를 하면 매혹당하기도 한다. 똑같이 상담관계의 시작도 상담자와 내담자의 민감도에 따라 여러 수준으로 기억될 수 있다. 게리는 약간 더러워진 운동복을 입고 있었는데, 나는 그 옷의 색감과 질감을 알아차릴 수 있었다. 비슷한 방법으로 게리도 '나를 재보는' 것 같았다. 내 자신에 대한 알아차림으로서 나는 호기심을 경험하고 있었고, 다소 맥박이 빨리 뛰었으며, 지붕에 떨어지는 4월의 빗소리를 간간이 듣고 있었다.

나는 알아차림 연속을 설명하기 위해 그와 내 자신과 환경에 대해 알아차린 것 몇 개를 말해 주었다. 그리고는 지적인 것이든, 공상이든, 시각, 청각, 후각 등 어떤 감각이든 간에 그의 알아차림을 말해 보도록 하였다. 그가 알아차림을 해 나가자 그는 현재 문제에 대한 '답'을 나에게서 얻어 내고 싶어 한다는 것을 알아차렸다. 그러나 동시에 내가 말하는 그 어떤 것도 도움이 되지 않을 거라고 믿고 싶어 하는 마음을 발견하였다.

첫 회기가 끝날 무렵 게리는 서로 '돌볼 필요가 없는 사람'과 이

야기하는 경험에서 안도감을 자각하였고, 일주일마다 상담을 계속하기로 계약하였다. 초기 상담에서 게리는 과거 경험을 많이 이야기하였다. 가끔 과거 이야기를 듣는 것은 적절한 선택이었는데, 예를 들어 게리가 제시카와 헤어지는 것이 두려운 이유 중 하나가 규칙적으로 악몽을 꾸는 그를 달래 주기 때문이라는 것도 알게 되었다. 나는 가끔 그의 이야기를 가로막기도 했는데, 특히 주의를 기울일 필요가 있는 어떤 다른 과정이 진행될 때 그렇게 했다. 다음은 어느 날 오후에 있었던 예다. 청소년기의 힘든 학교생활에 대해 말할 때, 게리는 점점 목소리가 낮아지고 있었다. 나는 잠시 동안 듣다가 끼어들었다.

"게리, 잠깐만요. 목소리가 점점 단조로워지면서 지루한 느낌이 드는데, 이 이야기를 하는 지금 마음속에 무엇이 일어나고 있는지 궁금하군요."

"멍해요…… 네…… 내 스스로도 재미가 없어요……. 어둡고, 지치고……"

"12살짜리가 지금 말하고 있는 것처럼 그 감정을 말해 보시겠어요?"

"그 애가 느끼는 것은……"

"내가 느끼는 것은……이라고 바꿔서 말해 보세요."

"나는…… 음…… 어둡고, 재미가 없어요. 지금은 중학교 1학년인데, 시골이 그립고, 오후 내내 누렸던 자유시간이 그리워요. 정말 슬픈데…… 왜냐하면……."

이러한 방법으로 멍하고 재미없는 상태에 초점을 맞추고 알아차리게 해 줌으로써 그는 자신의 깊은 상실감과 외로움을 직접적으

로 알아차릴 수 있었다. 나중에 게리는 제시카에 대한 적대감 섞인 의존성이 자신의 고통을 회피하는 한 방법이었음을 쉽게 인식하게 되었다.

또한 이 초기 단계에서 우리는 그의 상담자를 통제하고 싶은 소망과 상담에 의존하는 것에 대한 불편감에 대해 매우 의식적으로 논쟁을 하였다. 게리는 경험에서 일어난 정서를 편향시키는 언어 습관을 가지고 있었다. 그는 '사람(one)'이라는 비개인적인 대명사를 자주 사용하였는데, '사람(one)이라면 자기를 사랑하는 사람을 두고 떠나고 싶지 않은 게 당연한 거죠.' 라는 식이었다.

나는 그가 자신의 책임을 인정하는 단어를 사용하도록 여러 방법으로 개입하였다. 자신의 직업(강사)을 스스로 선택하고 찾았고, 또한 상담자도 자기가 선택했던 것 등에서 볼 수 있듯이, 그는 자연스러운 호기심과 배움에 대한 열정이 많았기 때문에 책임감을 반영하는 언어를 사용하는 것의 의미를 쉽게 이해하고 받아들였다. 내가 사용했던 또 하나의 개입방법으로는 유머가 있다. "게리, 만약 사람(one)이 그렇게 느낀다면 두 사람, 세 사람은 어떻게 느낄까요?"[14] 이런 형태로 부드럽게 비꼰 말은 그가 자신을 즐겁게 하거나 공격할 때 자주 사용하던 유머감각이었기 때문에 쉽게 수용될 수 있었다.

게리가 자신의 신체 과정에 둔감하다는 것은 그가 감정을 느낄 때마다 담배에 대한 갈망이 커지는 것을 보면 알 수 있었다. 그는

14) 역자 주: 게리는 'one'을 사람 전체를 통칭하는 말로 사용하면서 자신의 감정을 배제하는 습관을 가지고 있어서 저자가 영어의 one, two, three의 숫자적 의미를 도입해서 우머 있게 지적한 것이다.

이런 말을 하였다. "담배 없으면 이야기가 안 되는데……" 상담실에서는 담배를 피울 수 없었기 때문에 게리는 각질을 떼어 내거나, 손가락을 두드리거나 옷깃을 만지작거리는 것으로 그의 에너지를 돌렸다.

몇 회기 후에 그런 초조한 행동을 멈추면 혼자 남겨지는 두려움이 압도하는 것을 깨닫게 되었고, 그 두려움은 어릴 때부터 있었음을 알아차렸다. 제시카를 옆에 두는 것은 원초적인 두려움을 회피하는 방법이었으며, 계속해서 그녀에게 화내는 것은 부정적인 융합에 유기체가 저항하는 과정이었다. 자신의 기본적인 두려움을 기꺼이 경험하고, 제시카와의 불만족스러운 관계에 대해 책임을 지게 되자 그는 불편감을 자각하고 스스로 흥분감과 잠재력에 접촉하는 전환점을 만들 수 있었다.

07 에너지 동원: 상담의 초기 후 단계

옛말에 이런 말이 있다.

자극받지 않으면 깨달음이 없으며, 궁지에 몰리지 않으면 돌파구도 없다(Suzuki, 1972/1974: 157).

에너지 동원과 흥분

이 단계에 이르러서 내담자는 상담자에 대해 신뢰감을 쌓아 가게 되고, 상담과정에서뿐만 아니라 상담 이외의 상황에서도 자신의 경험의 중요한 국면을 알아차리게 된다. 지금까지는 내담자의 생활 장면에서 가장 중요하고 의미 있고 급박하게 드러나는 전경 또는 문제에 초점을 맞추고 다루어 왔다.

감각과 알아차림 단계에서 효과적으로 작업이 이루어지면 내담자는 자신의 근본적인 문제를 다루거나, 현재나 미래에서 일어나는 욕구를 알아차리기 위해 필요한 에너지를 동원하고 흥분을 일으킬 수 있게 된다.

이 단계에서 상담자의 임무는 내담자가 치료과정에 에너지를 동원할 수 있도록 촉진시키거나, 그렇게 하도록 돕는 것이다. 여기서 내담자가 에너지를 사용하고 흩어 버리는 방식이 매우 중요한 정보가 된다. 내담자가 자신의 욕구를 충족시키지 못하게 만들거나, 상담이라는 발견의 여정에 충분히 몰입하지 못하게 하는 방식을 탐색하게 된다. 또한 에너지를 즐겁고도 효과적으로 사용할 수 있는 방식을 탐색하고 검증하게 된다.

이 단계에서 내담자는 근본적인 고통으로부터 어느 정도 벗어났다고 느끼기 때문에, 혹은 자신이 원했던 것보다 더 깊은 탐색을 한다는 것이 두렵기 때문에 상담을 그만두고 싶어 할 수도 있다. 예를 들어, 아내가 자신이 자기실현을 이루어 가는 독립적인 사람이라는 것을 발견하고 주장하게 되면, 남편이 자신에게 점점 덜 중요한 사람일 수도 있다는 사실을 깨달을 수 있다. 따라서 결혼생활에 들이는 노력이 자기 자신을 성장시키고자 하는 마음을 '누르게' 된다. 또한 이 단계에서 사람들은 술을 흥청망청 마시게 되거나, 파괴적인 혼외정사 혹은 돈을 벌기 위해 과도하게 자신을 혹사하는 등의 문제를 되풀이하게 된다. 이러한 행동은 상담과정에서 벗어나 에너지를 고갈시켜 버리거나, 처음에 선명하게 알아차렸던 것들을 흐리게 만든다.

작업동맹 형성하기

에너지 동원 단계에서 가장 중요한 부분은 상담자와 내담자가 함께 공통적으로 사용할 수 있는 두 사람 간의 합의나 계약을 수립하는 것이다. 이는 충만한 파트너십을 위해 상담자 자신이 활기차고, 흥분하며, 관심을 가져야 한다는 점에서 쌍방적인 과정이라 할 수 있다. 실제로 퍼얼스가 내담자와 작업을 할 때 잠들어 버린 적도 있다고 알려져 있는데, 그들의 낮은 에너지가 상호작용에 영향을 미친다는 것을 직면시키기 위해서였다.

나의 경우, '내담자'들이 나에게 재미나 흥미, 놀라움이나 즐거움 또는 흥미진진함과 같은 흥분을 제공해야 한다고는 보지 않지만, 작업동맹에서 내담자들과 함께하고 있다고 느끼기 위해서는 내 자신의 에너지가 충분히 동원되어야 한다. 만일 상담자에게 이러한 에너지 동원 혹은 마음의 준비가 없으면 상담과정이 잘못되는 경우가 종종 있다.

다른 경우에도 거의 모두 그렇듯이, 게슈탈트 상담자들이 서로 다른 상황에 접근하는 방식도 매우 다양하다. 게슈탈트 상담에서는 개인의 창조성을 규칙이나 처방, 예언보다 더 중요하게 여긴다. 또한 게슈탈트 상담자들은 그 상담에 가장 잘 맞는 방법을 선택할 수 있을 정도로 다양한 방법을 가지고 있기도 하다. 따라서 상황에 관계없이 어떻게 접근해야 할지를 일정하게 알려 주는 '게슈탈트 규칙' 같은 것을 만든다는 것은 불가능한 일이다. 제시된 다양한 사례들은 활자가 가지는 제한점 때문에 동일한 상황이라도 아주 다른 방식으로 설명할 수 있다는 것을 독자들은 명심해야 할 것이

다. 게슈탈트 상담은 각기 다른 관계에서 매 순간 순간 새롭게 만들어 가야 하는 독특한 상담접근이다.

또한 게슈탈트 상담자들은 지극히 개인주의적이며 심지어 무질서하며 인습을 타파하려는 전통을 가지고 있다. 내가 생각하기에 바로 이런 점 때문에 전국적인 혹은 세계적인 수준에서 훈련과정을 만들고 유지한다거나 조직을 허가하는 것이 어렵다고 여겨진다. 특히 1960년대에는 많은 사람들이 인가를 내거나 조직이나 제도를 만드는 것을 꺼려 했다. 이런 것에 관심을 가지면 경직될지도 모르고, 또 자기 외부의 권위를 인정하게 되는 것뿐만 아니라, '나는 나의 일을 하고, 당신은 당신의 일을 한다.'는 프리츠 퍼얼스의 철학에 위배되는 것으로 여겼기 때문이다.

프리츠 퍼얼스는 오늘날 관점으로 보면 전문적이거나 윤리적이지 않은 방식을 감행하기도 한 반항적인 인물이었다. 게슈탈트 상담은 사실 정신분석의 내사를 받아들이지 않으려는 데서 출발했다고 볼 수 있다. 때때로 이러한 거부가 무차별적으로 이루어져서 거부 자체가 발전과 자율성을 막고 정신분석이 전해 주는 풍부한 유산(영향)을 막아 버리는 '또 다른 내사'가 되어 버렸다.

이 단계에 이르러 나타나는 중요한 측면은 상담자와 관계를 형성하는 것이 부모로부터 받은 내사를 위협하기도 한다는 것이다. 많은 내담자들은 부모로부터 받은 심리적인 유산을 지키려고 한다. 내담자들은 자신을 사랑한다고 생각했던 부모가 그들을 무시하고 학대했거나 그들을 이용했다는 것을 알아차리기를 거부하기도 한다. 때때로 내담자들은 상담자와 진실된 상담관계를 형성하려는 순간에 상담자를 믿지 말라고 경고하는 '내면의 목소리' 때문에 상담을 끝내고 싶은 갈등을 경험한다고 한다. 루퍼스의 경우

그의 어머니가 죽어 가는 꿈을 꾸었는데, 꿈에서 어머니는 원망스런 눈빛으로 그를 바라보면서 그녀가 그를 가장 필요로 할 때 자기를 버렸다며 비난하였다. 이러한 상징적인 꿈을 통해 그는 자신이 어머니로부터 받은 내사된 메시지를 놓아 버리는 걸 얼마나 무서워하고 있는지 깨달았다. 또한 독립을 향한 성장 욕구뿐만 아니라, 어머니를 향한 사랑과 동시에 어머니를 보호해 주고 싶은 욕구도 깨달을 수 있었다.

초기 후 (에너지 동원) 단계의 일반적인 문제들

불안/흥분

상담과정이 이 단계에 이르면 불안과 흥분의 양극성이 강조된다. 어린아이들은 마치 흥분하는 것 자체가 해로운 것인양 '너무 흥분하지 마.'라는 말을 종종 듣는다. 사람들은 아무런 목표나 생각 없이 심사숙고하지 않고 흥분하면 잘못된 판단을 내릴 수 있다고 믿고 있다. 일반적으로 세대를 거쳐 내려오면서 흥분을 두려워하는 경향이 답습되는 경향이 있는 것 같은데, 모든 사람들은 흥분을 추구하고 즐기는 동시에 두려워하며, 내적으로 통제하려고 한다. 이를테면 '나는 새로운 일에 대해 너무 흥분하면 안 돼. 왜냐하면 그 일이 실패로 돌아갈 경우도 생각해야 하니까.'

사람들은 일을 그르치는 것보다 흥분하지 않는 것이 '덜 해롭다.'고 생각한다. 자신의 일이나 상상, 혹은 이상에서 흥분을 제거한다고 해서 잃는 것은 없기 때문이다. 그러나 흥분하지 않는다고 해서 해가 되지는 않지만, 일을 성공적으로 마쳤을 때 얻을 수 있

는 기쁨도 누리지 못하게 된다.

이러한 문화적 영향 때문에 부모들은 아이들이 실망하거나 고통에 빠지지 않게 하기 위해 흥분하지 못하게 한다. 이러한 메시지는 새로운 가능성을 담고 벅차 오르는 순간, '이 상담에서 느끼는 유쾌함을 너무 크게 받아들여서는 안 돼.' 라고 하면서 흥분을 가로막는 내사로 작용하게 된다. 부정적인 측면에서 보면, 부모 자신이 신체적으로나 정서적으르 무감각하게 자라 왔기 때문에 아이들이 흥분하는 것에 대해 두려움을 느끼게 된다.

아이들이 흥분하는 모습은 시끄럽고 소란스럽고 자극적이기 때문에 상대적으로 어른들의 삶이 얼마나 생기 없고 따분한지가 드러나게 된다. 칼(Karl)은 아름다운 여인에 지나치게 흥분하는 것이나 음악을 듣고 흥겨워하는 것, 혹은 매력적인 프로젝트에 몰두하는 것을 염려했다. 그는 어머니로부터 늘 주의를 들어왔는데, 흥분을 하고 난 뒤에는 눈물이 뒤따르게 된다는 것이었다. 이러한 내사된 메시지는 자신의 기쁨을 편향시키게 되고, 모든 즐거운 각성에 둔감해지면서 술에 빠져들게 만들었다.

게슈탈트 상담에서는 흥분을 강조하고 드러내며 즐기도록 하는데, 이는 흥분이 잠재적으로 창조적인 힘을 지니고 있으며, 인간의 존재를 가장 고양시키는 활동이기 때문이다. 펄스는 자주 불안과 흥분을 서로 연관시켜 설명하곤 했는데, 불안이란 행동으로 전환되기 전의 흥분이고, 혹은 "불안을 지금과 나중 사이의 간격이다. 만일 우리가 지금에 온전히 와 있을 수 있다면, 우리는 불안하지 않을 것이다. 왜냐하면 흥분이 일어나는 즉시, 그 에너지는 바로 자발적인 행동으로 바뀌어 버릴 것이기 때문이다."라고 말했다(Perls, 1969b: 3).[15)]

문제 정의

문제를 정의하는 것이 이 단계의 또 다른 주제다. 보통은 내담자와 상담자가 문제를 정의하는 데 의견이 일치한다. 그러나 때로는 서로 일치하지 않을 때가 있다. 예컨대, 피터의 경우 자신의 문제는 규율이 부족한 것이라고 생각하고, 훌륭한 학생이 되기 위해서 그가 수강한 강좌에서 추천한 모든 책을 처음부터 끝까지 다 읽어야 된다고 믿고 있었다. 그는 대학에서 매우 우수한 성적을 거두었지만, 쉬거나 노는 경우는 거의 없었다. 그의 부모님은 그가 상장이나 상을 받아 올 때만 칭찬했다.[16)]

아버지나 어머니 모두 그를 있는 그대로 소중하게 봐 주질 않았다. 피터와 같은 내담자들은 상담에 임해서도 '좋은 내담자' 로서 '좋은 평가'를 얻기를 원하며, 그렇게 행동한다. 이들은 자신이 도움이 필요한 순간에도 복종하고 잘해야 한다는 내사된 메시지를 가지고 있다. 이러한 내사된 메시지는 내면화된 부모나 외부의 권위적 인물의 인정을 받기 위해 행동하게 만듦으로써 내담자는 놀이나 무조건적 수용과 같은 기본적인 욕구에 따라 활력과 감정을

---

15) 역자 주: 불안은 개인이 어떤 행동을 하려고 하다가 바로 행동으로 가지 않고, '실패하면 어떻게 하지?'라는 생각을 하며 미래에 대한 상상을 함으로써 발생한다는 것이다. 이때 미래에 대한 [부정적인] 상상을 오래 하면 할수록 불안은 더 커지게 된다. 지금-여기에 온전히 와 있다는 말은 이러한 미래에 대한 상상 속으로 빠지지 않고, 온전히 지금-여기에 깨어서 접촉한다는 것이다. 즉, 지금-여기의 흥분에너지를 접촉함으로써 행동으로 나아간다는 말이다.

16) 역자 주: 내담자가 정의한 자신의 문제는 자신이 '좀 더 열심히 하지 않는 것'이다. 여기서 상담자가 본 내담자의 문제는 너무 엄격한 내사다. 즉, '열심히 해서 인정받지 않으면 가치 있는 사람이 아니다.' 라는 내사다. 상담자는 내담자의 이러한 내사를 자각시켜주고, 이 내사에 대한 작업을 해야 한다. 이처럼 상담자가 내담자가 내린 문제 정의를 그대로 받아들여서는 안 되는 경우가 있으므로 주의해야 한다.

느끼는 데 방해를 받기도 한다.

힘의 주제

상담과정의 단계에서 일어나는 또 다른 쟁점은 상담자와 내담자가 서로 간의 힘을 서로 다르게 경험한다는 것이다. 게슈탈트 상담자들은 힘의 주제에 초점을 맞추고 상담에서 계속 탐색하고 질문하기 위해 이 주제에 대해 열린 마음자세를 취한다. 멜닉과 네비스(Melnick & Nevis, 1986)에 의하면 게슈탈트 접근은 혼란스럽고 우회적인 기법에서 치료적인 힘이 생성되는 것은 아니라고 본다. 게슈탈트 접근을 사용하는 상담자는 다른 상담자들처럼 다른 사람의 삶을 중재하는 데 관여한다.

여기서 역설적으로 들릴지 모르지만, 게슈탈트 상담자는 내담자를 바꾸려고 노력하기보다는 지금 내담자에게 [혹은 상담자와 내담자 사이에] 무엇이 일어나는지를 [현상학적으로] 알아차리도록 돕는 데 초점을 맞춘다 게슈탈트 상담에서는 내담자가 알아차림이 증진되고 흥미가 유발되는 과정에서 스스로 힘이 생긴다고 본다. 게슈탈트 접근에서는 내담자의 상태나 문제에 대한 이해를 오로지 상담자만이 할 수 있다고 생각하지 않는다. 그리고 상담자도 내담자로부터 질문을 받거나 직면을 받거나 혹은 도전받는 것에 대해 기꺼이 응할 마음자세가 되어 있다.

관계를 시험해 보기

내담자는 상담자와의 관계에서 경계가 어디까지인지 도전해 봄으로써 상담관계를 시험해 보기도 한다. 이를테면 상담시간에 늦게 온다거나, 상담약속을 잊어버리거나, 실험에 임하지 않으려고

하는 등이 그러한 예다. 또 어떤 내담자들은 다른 유사 전문가(예컨대, 물리요법사)를 알아보고 있다는 사실을 일부러 알리지 않음으로써 관계를 시험해 보기도 하는데, 이는 일상생활에서뿐만 아니라 상담관계에서도 심리생리적 기능에 영향을 미칠 수 있다.

만일 상담자는 내담자가 다른 약물치료를 받고 있는지, 혹은 재정적 파산이나 임신과 같은 내담자의 생활상 변화를 모르고 있다면, 이런 사항을 충분히 모르는 상태에서 작업하게 되어 결과적으로 내담자에게 손해가 될 수 있다. 또한 상담자나 내담자 모두 서로에 대해 가지는 분노, 비난, 두려움이나 고마움 등의 감정을 다룰 수 있는 방법을 찾을 필요가 있다. 중요한 것은 상담자가 내담자의 공격을 견뎌 내고 정서적으로 흔들리지 않을 정도로 강하고 '진실되어야(authentic)' 한다는 것이다. 누군가가 '상담자로서 당신이 범할 수 있는 단 한 가지 실수는 당신이 죽는 것이다.' 라는 말을 한 사람이 있다. 게슈탈트 상담자들의 다른 진술들처럼 이 말도 진리라고 말하기는 어렵겠지만 어느 정도 일리가 있다.

'저항' 다루기

게슈탈트 상담에서는 '내담자가 자기 자신에게 솔직해지면 도움이 될 수 있는 것들[예컨대, 자신의 공격성이나 성욕에 대한 것들]을 보려고 하지 않거나 거부할 것' 이라는 의미에서의 저항이라는 말은 좀처럼 사용하지 않는다. 게슈탈트 상담에서는 의미를 추구하고, 호기심을 일으키고, 자신의 능력을 개발하려는 충동이 인간을 움직이는 근본적인 힘이라고 가정한다. 따라서 충분히 좋은 선택을 할 수 있다면, 인간은 자신의 성장과 복지를 위한 선택을 하지, 그것에 '저항' 하고 싶어 하지는 않는다고 본다.

이러한 순간에 인간은 진정한 자기 존재와 다르지 않다. 과거에는 게슈탈트 상담에서 융합, 둔감화, 편향, 내사, 투사, 반전, 자의식 등의 '접촉경계 장애'를 접촉에 저항하는 것이라고 보았는데, 이는 정신분석으로부터의 유산 때문이었다고 여겨진다. 저항이나 거부란 내담자가 외부로부터 강요되는 '진실'을 받아들여야만 할 때 작동하는 것으로 볼 수 있을 것 같다.

그러나 많은 게슈탈트 상담자들은 '극복해야 할 그 무엇'으로서의 저항이란 개념이 별로 도움이 되지 않는다고 본다. 그리고 이는 내담자의 주관적인 경험들을 현상학적 진실로 인정하는 게슈탈트 정신에도 위배된다. 따라서 소위 '저항'으로 보이는 현상은 내담자가 경험하는 다른 측면들과 마찬가지로 내담자의 개인적 과정에서 일어나는 중요한 한 부분으로 보고 좀 더 탐색하고, 이해하며, 체험되어야 할 무엇이지, '나쁘다'거나 '도움이 되지 않는' 것이라고 낙인찍어서는 안 된다.

폴스터와 폴스터(Polster & Polster, 1974)는 특히 저항이라는 말이 갖고 있는 부정적인 의미 때문에 이 말을 버릴 것을 제안하면서 저항을 [긍정적인 것으로] 인정해야 한다고 강조하고 있다. [정신분석적] 저항이라는 개념을 그대로 받아들이다 보면 은연중에 이 말이 내포하고 있는 바, 인간은 자기에게 가장 도움이 되는 것들을 거부하는 경향이 있으며, 따라서 치료자의 감시를 받아야 한다는 가치관을 미묘하게 영속시키는 결과를 초래할 수 있다.

내담자가 보이는 저항이란 자기에게 가해지는 외부 압력에 대항하여 자기 자신의 유기체적 통합성을 보호하기 위한 것으로 보는 것이 좀 더 유용하다고 본다. 이런 점에서 상담에서 내담자가 보이는 '저항'이란 상담자가 창조성을 잃고 경직되어 버렸거나, 고정된

게슈탈트에 고착되어 있다는 것을 알려 주는 피드백으로 볼 수 있다. 게슈탈트 상담은 상담자와 내담자가 서로가 서로를 존중하는 치유적 관계에서 생물학적 변화와 외부의 도전을 받아들이고 통합할 준비가 되면, 이러한 변화와 도전을 기꺼이 받아들인다고 가정하고 있다.

실험의 예

여기에서 논의되는 접근들은 특히 내사를 다루는 데 유용한 것들이다. 위에서 논의한 것처럼 내사는 개체가 유연하고 효율적으로 알아차림-접촉 주기를 따라 행동을 실행하는 데 필요한 효과적인 에너지 동원을 방해하는 아주 흔한 기제다.

상전과 하인의 대화

내사를 다루는 방법으로 가장 잘 알려진 기법 중 하나가 개인 내면의 상전과 하인이 서로 대화를 나누게 하는 것이다. 두 부분 간의 대화를 통해 '너는 항상 열심히 일해야 돼!'와 같은 내사된 메시지와 놀고 싶고 쉬고 싶은 것과 같은 유기체의 욕구와의 내면적 갈등을 효과적으로 드러내 줄 수 있다.

상전은 개인의 삶과 행동, 느낌에 대해서조차도 지적하고 판단을 내리는 성격의 한 부분으로서 종종 매우 비판적이고 경멸하는 투로 말하는데, 심지어 '네가 그렇게 못생겼는데, 누가 너랑 친구하고 싶겠니?'라는 식으로 잔인하게 몰아 부치기도 한다. 상전은 또한 우리가 어릴 때, 혹은 어른이 되어서 받아 삼킨 모든 [외부로

부터 부과된] 삶의 규칙이나 원칙들을 대표하기도 하는데, 예컨대 '말을 너무 많이 해서는 안 돼!' '그렇게 먹지 마라!' '그런 식으로 느끼면 안 돼!'라는 것들이 있다. 그것은 항상은 아니지만, 주로 어릴 때 부모 역할을 했던 사람들이 했던 말과 관련이 있다.

게슈탈트 상담에서 하인은 억압되고 희생된 성격의 측면, 상전에게 늘 장황하게 설교를 듣고 괴롭힘을 당하는 어린아이 측면을 나타낸다(Finney, 1976/1983). 그는 다음에는 더 잘하겠다고, 그렇게 많이 마시지 않겠다고, 더 이상 반항하지 않고 미루지 않겠다고 끊임없이 약속하지만, 갈뿐인 약속으로 끝나고 만다. 새해 결심처럼 매우 빨리 쉽게 약속을 깨고 만다. 보통 결국에는 하인이 파괴적인 방식이긴 하지만 자신의 욕구를 충족시키고 만다는 점에서 승리하곤 한다.

예를 들어, 해리(Harry)는 승진을 원하면서도 보고서 제출을 자꾸 미루고 연기하면서 일을 열심히 하지 않고 있다. 해리는 상전과의 내적 전투가 계속되자, 그 여파로 자책에 빠지게 되면서 지독하게 기분이 나빠졌다. 게슈탈트 상담에서 주로 사용하는 실험 기법은 이러한 인격의 두 부분이 서로 대화를 나눌 수 있도록 하는 것이다. 보통 한 의자[또는 방석]에서 다른 의자에 옮겨 앉게 하는데, 이는 내면적으로 이루어지는 대화를 밖으로 드러나게 해 준다. 물론 이러한 대화는 꿈속의 여러 부분 간에 대화를 하게 할 수도 있고, 자기 자신과 상상 속의 다른 인물과의 대화, 성격을 이루는 부분들 간의 대화 형식으로 이루어질 수도 있다. 이러한 대화를 통해서 해결과 타협, 이해가 이루어지거나 혹은 영원한 결별이 가능해진다.

먹고 씹고 소화하고 토해 내기에 관한 실험

먹고 씹고 소화하고 토해 내는 것에 초점을 맞춘 실험은 내담자가 사용하는 내사의 방식을 알아차리게 해 준다. 이러한 실험을 통해 내담자들이 자신의 삶을 어떻게 특별한 방식으로 방해하고 있는지, 상담과정에서 어떻게 자연스럽고 건강하게 접촉하는 것을 스스로 방해하는지를 알아차리게 해 준다.

앞서 언급한 바와 같이 펄스는 구강기 아동 발달 단계를 이해하는 데 이론적으로 지대한 공헌을 하였다. 이러한 배경으로 인하여 게슈탈트 상담에서는 여러 가지 '섭취하는(taking in)' 행동을 다루는 기법이나 실험이 매우 다양하고 풍부하다. '섭취한다'는 것은 생각, 가치, 역할, 규칙, 심지어 편견까지도 포함하는 것일 수 있다.

아주 구체적인 수준에서 보면 개인의 태도는 음식을 대하는 방식과 관련이 있다. 상담자가 이야기하는 것은 무엇이든 '통째로 삼키든지', 아니면 이를 꽉 다물고 상담자와의 협력을 거부하는지는 상담관계에 심각한 영향을 줄 수 있다. 만일 작업동맹을 형성하는 단계에서 이러한 문제들이 충분히 다루어지지 않는다면, 이후에도 반복해서 나타나며 자연스러운 상담흐름을 방해하게 될 것은 뻔하다.

예를 들어, 신경성 식욕부진 환자의 경우 치료자가 먹여 주는 실험을 해 볼 수도 있다. 수동공격적인 사람의 경우에는 먹게 하고, 머금고 있다가 맛을 음미하는 실험을 해 보게 할 수도 있다. 맛을 보지 않고 그냥 삼키는 내담자에게 빵 한 조각이라도 삼키기 전에 170번 정도를 충분히 씹게 하면, 자신이 빨리 삼켜 버림으로써 문제를 거부하거나 회피하려고 한다는 것을 자각하게 된다.

이러한 실험은 내담자의 현재 삶과 관계를 단절시키는 병합과

거부의 패턴을 자각하는 데 도움이 된다. 이 책을 읽는 사람 누구라도 자동화되었건 모순적이건 간에 자신의 섭식 습관을 발견하는 실험을 해 볼 수 있으며, 이로 인해 유기체의 삶의 초기 수준에 깊이 관련된 즐거움과 기쁨이 어떻게 해서 사라지게 되었는지를 이해할 수 있을 것이다.

대부분의 많은 사람들은 어린 시절에 자신에게 주어진 것은 무엇이든 다 받아들이도록 교육받아 왔다. 자양분이라고는 아주 최소한의 정도만 주는 해로운 관계조차도 이를 받아들여야만 강화를 받았고, 그 당시에는 그나마 영양공급의 근원이 되었기 때문에 그 관계를 분리하거나 토해 내지 못했다. 이 때문에 구토반사가 심각하게 그 기능을 상실하거나 더 이상 사용하지 않게 되었을 수도 있다.

따라서 먹고, 씹고, 토하는 등의 실험을 할 때는 내담자의 욕구를 세밀하게 파악해야 하며, 필요하다면 어느 부분에서는 의학적인 점검도 할 수 있다. 예를 들어, 폭식증 환자를 위한 실험을 한 가지 해 볼 수 있는데, 폭식할 때 상담자가 지지하면서 삼킨 것을 계속 [토하지 않고] 갖고 있도록 해 주면서, 이 과정을 온전히 알아차릴 수 있도록 함께 머물러 주는 것이다.

자기애적인 성향의 사람에게는 그들의 먹는 과정에 주의를 기울이게 해 줌으로써, 특히 모든 감각을 동원해서 무엇을 어떻게 먹었는지를 구체적으로 상기하게 함으로써, 그들이 상담자로부터 (혹은 그들의 부모로부터) 무엇을 받아들였는지를 깨닫도록 해 주는 것이 좋다.

'당위' 적인 사고를 드러내기

자기실현을 이루어 가는 자율적인 존재가 되기 위해 자신이 받

아들인 도덕적인 규칙들을 알아차리고 다시 검토하는 일이 매우 중요하다. 카렌 호나이(Karen Horney, 1937/1977)는 이러한 도덕적 요구를 '당위의 횡포(tyranny of the shoulds)'라고 표현하였다. 가치명료화 연습이 도움이 되는데, 이는 상담자와의 관계에서 자연스럽게 전이의 형태로 나타난다. 예컨대, 내담자가 상담자는 '따뜻해야 하고, 내담자가 늦게 오는 것도 이해해 줘야 하고, 자기 희생적이어야 한다.'는 등의 당위적인 생각을 갖고 있는 것이 드러난다.

또한 내담자로 하여금 자신이 믿고 받아들이고 있거나 집요하게 괴롭히고 있는 '당위'적인 사고들, 예를 들어 '다른 사람을 위해서 너의 욕구는 희생해야만 한다.' '성(性)적이어서는 안 된다.' '좋은 내담자 혹은 훌륭한 치료자가 되어야 한다.'는 식의 모든 생각을 적어 보게 하는 것도 중요할 수 있다. 이러한 가치규범을 재검토하다 보면 이 중에 일부는 여전히 유지할 수도 있는데, 이는 원 가족의 일원으로 살아남기 위해서 선택한 것이라기보다는 지금-여기에서의 자신의 삶에서 자율적이고 의식적이고 의도적으로 선택한 결과가 될 것이다.

실연하기

게슈탈트 상담자들은 사이코드라마에도 뿌리를 두고 있기 때문에 역할 실연 기법을 통해서 경험을 확장시키는 방법을 사용하기도 한다. 내담자들은 자기를 학대했던 부모를 사랑할 수 없는 '엄청난 범죄'를 지은 자신이 마치 죄인처럼 여겨져서, 습관적으로 자신을 비난하고 죄책감에서 벗어나지 못할 수 있다.

이런 경우 내면의 재판관이 되어 드라마처럼 과장시켜 보는 것

도 한 방법이다. 마치 상담실을 법정 드라마처럼 꾸며서 내담자로 하여금 자신을 괴롭히는 판사의 부당한 판결에 '자기입장을 토로하는' 연기를 해 볼 수 있다. 부끄럽고 창피해서 내면적인 비난을 계속 피하기보다는 내담자 자신의 내사를 드라마 형태로 실행함으로써 자기 목소리를 낼 수 있게 된다. 이처럼 내면적인 박해자를 밖으로 드러나게 하는 것은 내담자로 하여금 새로운 관점을 가질 수 있도록 도와주며, 내면화된 가치규범이나 편견의 횡포로부터 그들 자신을 분리시킬 수 있도록 해 준다.

내사된 부모와 결별하기

게슈탈트 상담에서는 자율적이고 알아차릴 수 있고 자기실현을 이루는 사람이 되는 것을 목표로 삼는데, 이러한 사람은 자기 자신과 타인, 환경과의 관계에서 서로의 욕구를 충족시킬 수 있다. 부모나 학교, 종교의 내사된 메시지로 인해 자각과 선택에 여전히 영향을 받고 있고, 자신의 삶이 상당히 포괄적이고 치명적인 영향을 받고 있다는 것을 알아차린 후에는 내사된 부모와 '결별' 하는 것이 필요하다.

이러한 과정은 임상적인 검토 없이 이루어져서는 안 된다. 결별이 너무 이르면, 극단적인 상실감을 느낄 수 있고, 자살충동을 일으킬 수도 있기 때문이다. 부모와 결별한다는 것은 자신이 훌륭하게 되거나, 성공하거나, 아름다워야 부모가 사랑할 거라는 희망을 버리는 것이다. 이 과정에서 내담자들이 어느 정도의 슬픔을 겪게 되는 것은 어쩔 수 없다.

메리는 1년이 넘게 상담을 하고 나서야 이 과정을 겪었다. 메리는 더 이상 생각나는 게 없을 때까지 어머니를 향해 느꼈던 모든 분

노를 노트에 빼곡히 적어 내려갔다. 이 작업을 하고 난 후에 메리는 어머니가 이 글을 읽는 꿈을 꾸었다. 꿈에서 메리는 어머니에게 내 글을 읽을 권리가 없다고 하면서 이렇게 소리쳤다. "이제 더 이상 엄마가 내 감정을 조정하도록 놔두지 않겠어요!" 라고.

이 꿈은 메리 자신이 분리되고 독립된 한 인간으로서 어머니와의 관계에서 생기는 모든 감정을 느끼기 시작하는 계기가 되었다. 그러고 난 후에는 어머니가 성숙한 사랑이 부족했었고, 어머니 자신의 자기애적인 욕구를 충족시키기 위해 자기를 이용했다는 것을 깊이 깨닫게 되면서 그녀는 매우 상심하고 슬퍼하는 단계를 거치게 되었다. 비록 어머니가 알았다면 인정하지 않았을 방향으로 나아갔지만, 이러한 과정을 거치고 난 후에 메리는 분리되고 독립된 존재로서 자기성장을 이루어 갔다.

흘러가게 하기

상담이 진행되면서 내담자는 자신의 에너지를 점점 더 편안하게 느끼게 된다. 내담자는 각성과 흥분을 기꺼이 즐기게 되는데, 이는 성장과 발달을 이루고자 하는 생물학적 욕구와 심리적 충동에 해당하기 때문이다. 혼란스러운 감정을 어떻게 통합하는지를 배웠기 때문에 더 이상 에너지를 낭비하지 않는다. 자기실현의 욕구를 충족시키기 위해 좀 더 창의적으로 에너지를 사용할 수 있게 된다.

계속되는 게리의 여정

게리가 제시카와의 융합관계에서 벗어나게 되고, 현재 상황에 대한 자신의 솔직한 느낌을 알아차리게 되면서 상담관계는 흥분과 에너지 동원 단계에 이르게 되었다. 나와 진실한 상담관계가 형성되기 전까지는 나를 시험해 보고 반항하는 과정이 있었다. 이를테면 그는 내가 말하는 모든 것에 논쟁을 걸어 왔었다. 이러한 에너지가 두 의자 기법과 같은 실험을 통해 자신의 내사된 부분, 즉 자신을 모욕하고 언어적으로 학대했던 아버지에게로 에너지를 향하게 되자 자신의 공격성을 말로 표현할 수 있게 되었다.

"아버지는 우리 가족에게 전혀 도움이 되지 않았어요. 그는 항상 일만 했고 일과 관련된 이야기만 했어요."

"게리, 당신의 아버지가 여기 이 의자에 앉아 있다고 상상해 보세요. 그리고 그 말을 아버지에게 한번 해 보세요."

"저보고 여기 의자에 아버지가 있다고 생각하고 말을 해 보라고요?"

"네, 한번 해 보세요."

"도대체 이렇게 하는 게 내가 혼자 사는 것이 덜 두렵게 되는 데 무슨 도움이 되는데요?"

"아마도 이렇게 아버지와 대화를 나누게 되면 뭔가가 있을 거예요. 자, 저기 의자에 아버지가 있다고 상상이 되시나요?"

"예."

"그럼, 아버지가 일에만 몰두할 때 당신이 어떻게 느꼈었는지를 아버지에게 말해 보세요. 아버지…… 이렇게 시작해 보세요."

"알았어요…… 음…… 아버지…… 아버지는 퇴근하고 집으로 오셨어도 우리는 거의 안중에 없었던 것 같아요. 하루 종일 사무실에서 있었던 일을 엄마에게 이야기하거나, 집에서도 일을 붙들고 계셨죠. 그래서 우리는 아버지를 방해해서는 안 되었지요."

"게리, 이제 자리를 바꿔 앉아 보세요. 이 자리에서 아버지가 되어서 게리 당신의 말에 어떻게 대답할지 한번 말해 보세요."(자리를 옮겨 앉는다.)

"얘야. 그런 불평불만은 집어치우고, 감사해야만 해. 만일 내가 그렇게 열심히 일을 하지 않았다면, 네가 원하는 걸 아무것도 가지지 못했을 거야."

그러자 게리는 아버지에게서 줄곧 지지를 받아오지 못한 것에 대해 욕설을 토해 냈다. 결국 그의 분노는 다 소모되었고, 신체적으로 무너져 내리면서 아버지를 상징했던 쿠션을 껴안고 주저앉아 그가 한 번도 받아 보지 못했던 관심에 대해 애석해하며 슬피 울었다.

이 단계에서는 다양한 내사가 드러나게 된다. 그는 나에게서 배우고 게슈탈트 상담에서 익힌 것들을 씹고 소화시켜 갔다. 그는 자신에 대한 책임을 진다거나 외부 권위의 통제를 거부하는 것과 같은 생각에 대해 몹시 흥분하며 열광하곤 했다. 이러한 모습은 가끔 송두리째 '체계'를 거부하거나, 상담적 '자기성찰'에 싫증을 내는 형태로 반전되어 나타나기도 했다. 이는 취약함과 자기지식에 대해 아버지가 지녔던 경멸적인 태도를 내사했기 때문이었다.

그는 어떨 때는 나를 통째로 삼킬 것처럼 보였고, 또 어떨 때는 내가 상담에서 제공한 것들을 아주 소화하기 힘들어 하는 것처럼 보였다. 이러한 양상은 제시카와의 관계에서도 매우 비슷하게 드

러났다. 그는 제시카가 자신을 통제한다고 여겼으며, 자신이 제시카를 통제할 때는 죄책감을 느끼곤 했다. 이러한 과정은 흥미로운 과정이었으며, 서로에 대한 인식을 증진시키는 여정이었으며, 보다 성숙한 관계 속에서 의미 있는 친밀감을 맺어 가려는 게리에게는 좋은 자원이 되었다.

이렇게 상담이 진행되는 시점에서 그는 제시카와 헤어지게 되었는데, 두 사람은 서로 섭섭했지만 상대방의 삶에서 서로가 중요한 역할을 했다는 것에 대하서 인정하였다.

08 행동: 상담의 중간 단계

선 지도자인 윤멘(Yun-men)이 말하였다. "걸을 때는 그냥 걷고, 앉을 때는 그냥 앉아라. 무엇보다도 흔들리지 마라." (Watts, 1962/1974: 155)

행동: 적절한 선택과 실행: 접촉의 행동 단계

퍼얼스 등(1951/1969: 403)에 의하면 이 단계는 "가능성의 선택과 거부, 장애물에 접근하고 이 장애물을 극복하는 공격성, 신중한 상황 판단과 조작이 있는" 단계다. 상담에서 이 단계는 내담자가 동기를 갖고 에너지를 동원하여 욕구충족을 위해 목적적 행위에 에너지를 사용할 준비가 되어 있는 단계다. 이 단계에서는 치료관

계가 검증되며, 앞으로 더욱 발전될 수 있다는 믿음이 있다.

실험하기: 고착상태에 다가가기

이는 본질적으로 내담자가 관계에 대해 '다양하게 선택하고, 행동하며, 방법을 찾고, 역할을 해 보며, 관계를 형성해 보는' 실험 단계다. 내담자들은 앞으로 나아가는 것과 도망가 버리는 것 모두에서 많은 위험을 감수한다. 실험을 격려하고 촉진하는 것은 게슈탈트의 핵심 가치이며, 상담에서 중요하게 행해지는 행동양식이다.

이 단계에서 상담자는 새로운 사고나 감정, 행동의 가능성을 탐색하도록 내담자를 초대한다. 마찬가지로 내담자는 위험을 감수하려는 자연스러운 호기심과 의지를 보이면서 새로운 잠재성을 실험한다. 여기서 강조되는 것은 다양한 놀이성이다. 내담자를 위해 실험하고 최종적으로 그 속에서 새로운 여러 사항들을 다양하게 선택하는 것은 상담과정에서 중요한 활동이다.

게슈탈트 상담자들은 내담자를 위해 창조적으로 실험을 설계하는 능력을 발휘한다. 실험은 다양한 상담과정의 단계에서 내담자들의 다양한 문제에 따라 무한하게 이루어질 수 있다(Nevis, in Zinker, 1978: 132-3에서 인용). 실험은 항상 실존적 만남이라는 역동적 기반에서 새로이 창조되어야 한다.

강박적으로 깔끔한 사람에게는 상담자의 책꽂이를 지저분하게 만들어 보도록 할 수 있으며, 내담자에게 실제로 아버지에게 전화를 걸어 아버지를 사랑한다고 말하도록 시킬 수도 있다. 어렸을 때 서커스를 보면서 느꼈던 스릴을 떠올린 부끄럼 타는 사람에게는

소품이나 상상력을 이용해 상담실을 꾸며 보게 한 뒤 목소리나 몸, 행동을 서커스 단장과 비슷하게 해 보라고 격려할 수 있다. 부모님을 절대로 비난하지 못하도록 교육받았던 내담자에게는 상담자에게 동의하지 않도록 하는 것도 중요한 실험이 될 수 있다.

실험이 효과적이려면 내담자가 받아들이고 주도할 수 있는 최적의 순간에 제공되어야 한다. 숙련된 상담자는 실험을 위한 씨앗이 몇 달 전에 뿌려졌든 아니면 자발적으로 영감을 얻은 상상의 순간이든 가장 적절한 기회에 [내담자로 하여금] 실험을 해 보도록 촉진한다. 멋지고 강력한 실험은 내담자들에게 새롭고 독특한 것이 되며, 상담자에게도 하나의 발견이 된다.

그러나 똑같은 실험을 반복해서 사용할 때는 진정한 만남의 창조적 순간에 느끼는 강렬함과 통렬함, 생생함이 사라져 버리고 공허한 '기법'이 될 위험이 있다. 지금까지 '빈약하게' 종결되었던 게슈탈트를 '잘' 종결하도록 해 주는 실험들은 그 순간에 해결이 필요한 구체적 문제와 관련해서 적절한 타이밍에 맞춰 시행되는 것들이다. 실험은 또한 내담자의 기질과 능력, 도전에 대한 반응과 전체적으로 일치하고 조화를 이루어야 한다.

내담자가 할 수 있는 가장 중요한 실험 중 하나는 전이에 대한 실험이다. 전이는 대다수 심리치료 관계에 내재해 있다. 전이는 "환자가 과거 자신의 삶에서 만났던 사람에게서 나온 감정이나 생각 등을 자신의 분석가에게 전치시키는 과정"이다(Rycroft, 1972/1979: 168). 게슈탈트 상담자는 이런 의미에서의 전이가 치료관계에서 일어난다는 것을 부정하지 않는다. '포함(inclusion)' [17]을 강조하는 게슈탈트 상담의 전통에 충실하게, 게슈탈트 상담자는 내담자의 진정한 욕구와 상담의 타이밍, 상담자의 훈련과 경험에 따

라 전이를 사용하거나, 초대하거나, 피하거나, 과장하거나, 혹은 축소하기도 한다.

과거의 미해결된 상황[예컨대, 어린 시절 경험]이 주는 긴박함은 상담자와의 현재 관계에서 다시 재연되는 경향이 있다. 이 관계에서 새로운 느낌, 새로운 태도, 새로운 자원을 갖고 해 보는 실험은 희망적이며, 원래보다 덜 해롭고 더 양육적인 관계 맥락 속에서 보다 충분한 통합으로 이어진다.

> 프로이트가 분석가에 대한 아동기 고착의 전이라는 피할 수 없는 현상에 대해 이야기했을 때, 그는 새로운 현재 상황이 갖는 중요성을 충분히 이해하고 있었다. 하지만 치료적으로 그것은 똑같이 낡은 이야기가 아니라 현재의 모험을 통해 이제는 다르게 작업된다는 의미를 갖는다. 즉, 분석가는 부모와 똑같은 사람이 아닌 것이다. 그리고 아주 분명한 것은 새로운 가능성을 제공해 주는 진정한 환경적 변화가 없다면[18] [환자는] 긴장과 장애에서 벗어날 수 없는 것이 사실이다(Perls et al., 1951/1969: 234).

17) 역자 주: 이는 마르틴 부버(Martin Buber)의 개념을 게슈탈트 상담에서 빌려 온 것인데, 상담자가 자신의 정체성을 온전히 유지한 채, 내담자의 관점에서 그의 지각을 공감해 주는 것을 의미한다. 공감(empathy)과 비슷한 개념이지만, 상담자의 독립성과 정체성을 좀 더 강조한다는 점에서 차이가 있다.

18) 역자 주: 여기서 퍼얼스는 정신분석의 입장과 달리 환경적 변화의 중요성을 말하고 있다. 이때 환경적 변화에는 치료자의 태도도 포함될 수 있다.

중간(행동) 단계의 일반적인 문제들

전이 문제

게슈탈트의 진정한 본질은 상담자와 내담자 사이에 형성된 관계다. "게슈탈트 상담자는 기법을 사용하지 않는다. 게슈탈트 상담자는 자신이 지금까지 쌓아 오고 통합해 온 전문기술이나 인생 경험이 무엇이든 그것을 토대로 자기 자신을 상황에 적용하고 응용한다. 자신과 상대방을 발견하고 함께 관계를 만들어 가는 수많은 치료자와 내담자만큼 게슈탈트 상담도 수많은 스타일이 있다." (Perls, 1977: 223)

게슈탈트 상담자들은 전이를 사용하지 않는다는 고지식한 믿음이 있어 왔다. 그러나 사실 게슈탈트 상담자들은 상담관계에서 일어나는 다른 측면들뿐만 아니라 전이도 다룬다. 게슈탈트 상담에서 지지하고 윤리적으로 허용하는 상담자와 내담자 사이의 관계에는 많은 종류들이 있는데, 전이관계도 그중 하나다. 지금까지 잘 연구된 관계들 중의 한 가지는 나-너 관계다(Yontef, 1979a, 1979b, 1981, 1984, 1987; Jacobs, 1978). 그리고 다른 한 가지는 대화적 관계다(Hycner, 1985). 하이스너는 나-너 관계의 '순간(moment)'이나 '차원(dimension)'을 포괄적인 대화적 접근과 구분하였는데, 대화적 접근에는 '나-너'와 '나-그것' 순간이 주기적으로 교체하는 것까지 포함하고 있다(Hycner, 1985: 27).

서로 다른 성격적 문제를 가진 사람들에게 있어서 구체적인 한계와 경계는 서로 다르다. 경계선 성격장애를 갖고 있는 사람들에게는 상담자가 자신의 감정과 태도, 배경을 갖고 있는 한 진정한

인간으로 존재하는 것이 매우 중요한 반면, 자기애적이거나 자의식적인 성향을 가진 사람들 경우에는 그렇게 할 경우 오히려 역효과가 날 수 있다(Tobin, 1983).

하이스너는 내담자와 충분하게 상호작용하는 진정한 대화적 관계가 게슈탈트 상담의 목적 가운데 하나라고 하였다. 진정한 인간 대 인간의 관계는 다양한 치유적 만남의 순간에 이루어질 수 있으며, 아주 초기부터도 가능하다. 그러나 실제로 이러한 관계는 상담 과정에서 수많은 정신내적 갈등과 낡은 관계 맺기 스타일들이 충분히 다루어진 다음에야 비로소 정착된다. 이는 상담자가 내담자와의 관계에서 정말로 스스로 진정한 인간이 되고, 또한 그런 존재로 머무를 수 있을 때 가능하다.

사실 대다수 게슈탈트 상담자들에게 있어 진정한 관계는 상담과정의 기초가 되며, 이외의 모든 개입이나 행동들은 나중에든 바로 그때든 모두 이러한 진정한 관계와 연관될 수밖에 없다. 한 내담자가 나에게 소리를 지르고 비난하며 화를 많이 냈는데, 그가 나를 가장 필요로 할 때 내가 여름휴가를 가느라 자신을 버렸다고 느낀 것이었다. 분노가 극으로 치달아 큰 소리를 지르고 있을 때, 나는 천천히 그녀에게 다가가 그녀의 불만을 수용적으로 경청했다.

그녀가 나에게 화를 내고 자신의 욕구를 그렇게 강력하게 말한 것은 그때가 처음이었다. 폭풍이 지나간 후 나는 그녀에게 그녀의 어머니라면 방금 어떻게 했을 것 같은지 물었다. 그 질문은 그녀로 하여금 자신의 투사를 직면하고 현실 검증을 해 보도록 돕기 위함이었다. 그녀는 어머니라면 자신을 신체적으로 상처 주거나 거부했을 것이라고 했다. 정서적으로 폭발하는 이 상황에서 내가 그녀의 어머니처럼 하지 않았다는 사실은 그녀에게 그리고 그녀와 우

리의 관계에서 하나의 획기적인 전환점이 되었다. 그녀는 이제 이전의 파괴적 관계에 대한 자신의 예상과 현재 상담자와의 관계가 주는 온화한 현실을 서로 분리시킬 수 있게 되었다.

관계의 특성은 상담과정의 단계에 따라서도 달라질 수 있다. 가끔 원래의 고착된 게슈탈트를 '재출현(re-present)'시키기 위해 상담 초기부터 상담자에게 투사를 하도록 허용해 주는 것이 중요할 때도 있다. 내담자에게 이런 기회를 주지 않으려는 상담자들은 내담자의 성장 잠재력을 가로막을 수 있다.

역전이 문제

초보 상담자들은 상담자를 훌륭하고, 마술적이며, 편안하며, 지혜롭다고 이상화하는 내담자들로 인해 자주 불편감을 느낀다. 이런 경우 일어날 수 있는 한 가지 실수는 이런 불편감을 내담자에게 되돌려 줌으로써 그들의 희망을 너무 빨리 박탈해 버리는 것이다. 일반적으로 내담자는 시간이 많이 흐른 뒤에야 상담자의 결함을 발견한다. 초보 상담자들이 범할 수 있는 또 다른 실수는 상담자 자신이 마술적 특성을 가졌다고 믿는 것이다. 이는 역전이를 생각하게 만든다.

역전이는 일반적으로 상담자가 '환자의 구체적인 행동에 보이는 반응을 포함해서 환자에게 갖는 정서적 태도'로 이해된다(Rycroft, 1972/1979: 25). 역전이 또는 내담자에 대한 상담자의 정서적 반응은 상담자가 미해결 과제를 갖고 있을 때 파괴적인 영향을 줄 수 있다. 이렇게 되면 상담자는 내담자와의 진정한 지금-여기의 접촉을 할 수 없다.

그러나 상담자도 내담자에게 내담자의 과거 중요한 사람들이 내

담자에게 느꼈던 것과 유사한 감정이나 태도, 충동들을 경험할 수도 있다. 예를 들어, 적대적인 부모가 했던 방식과 똑같이 내담자를 거부하려는 충동을 느낄 수 있다. 또 다른 종류의 역전이는 '융합(confluence)'인데, 내담자가 경험하고 있거나 아니면 경험하길 거부하고 있는 감정이나 태도 또는 충동들을 상담자가 똑같이 경험하는 식으로 내담자와 상담자가 정서적으로 융합(합병)되는 것이다.

상담자는 자신이 내담자에게 보이는 지금-여기의 반응과 상담자 자신의 과거로 인해 내담자에게 보이는 반응, 그리고 내담자가 자신에게 하는 투사로 인해 일어나는 반응을 구분할 수 있어야 한다.

게슈탈트 상담자가 역전이를 어떻게 다루어야 할 것인가 하는 문제는 개인마다 다를 것이다. 어떤 경우이든 규칙은 없지만, 이 책의 목적을 위해 몇 가지 간략한 예들을 제시하겠다.

베티나는 아버지가 농장에서 하인들을 어떻게 때리곤 했는지 회상하였다. 이때 그녀는 마치 제도화된 편견과 폭력의 남용에 대한 과학 보고서를 읽는 것처럼 전혀 감정 없이 이야기를 하였다. 내가 "당신은 무척 두려웠을 거 같아요."라고 말하자 그녀의 눈에 눈물이 고이더니 정서적 경험을 보이기 시작했다. 나의 말은 그녀가 끔찍한 경험을 너무나 단조롭게 이야기할 때, 점점 위에 강한 통증이 느껴지면서 두려운 감정이 느껴지면서 나왔던 것이다.

이런 경우 나의 역전이 감정이 그녀와의 접촉을 증가시켜, 그녀가 좀 더 자신의 경험에 접촉할 수 있도록 도왔다.

그러나 상담자의 과거 미해결된 문제 때문에 생긴 역전이는 효과적인 상담을 방해할 수 있다. 알코올중독자인 어머니를 둔 클레어는 알코올 문제를 가진 사람들을 효과적으로 상담할 수 있는 상

담자가 되기 전에 먼저 개인 상담을 통해 자신의 미해결 과제를 다루어야만 했다. 아동기 때 겪었던 고통과 혼란 때문에 클레어는 알코올 문제가 있는 내담자들을 치료할 때마다 눈물이 나고, 생각을 명료하게 하지 못하는 등 알아차림을 방해받았다.

어렸을 때 어머니의 사랑을 맹목적으로 받았던 그레고리는 사업에 성공하고 사회적으로나 성적으로나 '진짜 매력적인 사람'이었다. 그레고리를 상담했던 여성 상담자는 그가 상담료를 번번이 부도난 수표로 지불한다는 사실을 잊어버려 상담에서 이를 다루지 못한다는 것을 [뒤늦게] 깨달았다.

그 여성 상담자는 그레고리가 자신을 지금까지 만났던 최고의 상담자이며 무척 존경한다고 말하면서도 시간약속은 잘 지키지 않는다는 사실을 직면시키고 싶어 하지 않았다. 슈퍼비전을 받으면서 비로소 상담자는 자신의 과잉 보호적이고 부적절한 양육 태도를 깨닫게 되었고, 자신이 어떻게 그레고리에게 어머니 역할을 하고 있었는지 볼 수 있었다. 이 과정 속에서 상담자는 상담자로서의 자신의 효과성을 평가절하하고 박탈하면서 느낀 부적절한 감정에서 벗어나기 시작했다.

회피 문제

펄스의 주요 주제 중 하나는 회피의 문제였다. 그 내용이 무엇이든 간에 전경에 초점을 맞추게 되면 배경은 반대로 회피하게 되기 때문에, 우리는 항상 무언가를 회피하고 있다. 이 단계에서는 지금까지 회피해 왔던 것들이 분명하게 드러날 수 있다. 예를 들어, 존이 지금까지는 어머니와의 관계를 주로 다루었다면, 이제는 상담자가 그의 작업을 아버지와의 관계에 초점을 맞추도록 해 주

는 것이 중요할 수 있다. 자발적인 성장이 게슈탈트 상담과정에서 핵심적이긴 하지만, 상담과정을 온전하게 이끌어 주기 위해서는 상담자가 상담의 구조와 방향을 정해 주는 것을 피해서는 안 된다(Melnick, 1980).

행동화 문제

상담과정의 행동 단계에서는 '행동화(acting out)'가 일어날 가능성이 높은데, 내담자가 정말로 변화가 가능하다고 느낄 때 행동화의 가능성도 비례해서 높아진다. 생물학적으로는 행동하는 데 필요한 에너지가 충분하지만, 아직도 내담자는 이 에너지를 본능 주기를 완결하는 데 사용하지 않고 다른 곳으로 돌릴 수 있다. 또한 변화는 결혼이나 직업, 친구 선택과 같은 중요한 관계에서 또 다른 변화를 초래할 수도 있다. 따라서 이 시기에는 계획치 않았던 임신이나 음주운전 사고, 갑작스런 질병, 충동적으로 사표를 쓰는 것 등을 조심해야 한다.

펄스는 건강하고자 하는 인간의 소망은 양가적인 특성을 보인다고 자주 강조했는데, 변화할 수 있다고 깨닫기 시작하는 이 단계에서 갑자기 내담자의 용기가 약해질 수 있다. 이 단계는 상담자가 이미 이루어 놓은 좋은 작업의 결과로 자기만족에 빠져 경계를 소홀히 함으로써 내담자의 항상성 체계에 위험이 와도 이를 알아차리지 못할 수도 있기 때문에 상담자로서는 어렵고 힘든 단계다.

사고 문제

행동이 초점인 이 단계에서 사고의 문제도 생겨날 수 있다. 교착상태(심리적인 '고착점')에서의 효과적인 상담은 인지적으로 잘 뒷

받침이 될 때만 비로소 가능하다. '느끼는 대신 생각하기'나 비효과적인 문제해결 방법, 의사결정의 어려움과 같은 사고 문제들을 다루어 주어야 하는데, 실제로 내담자에게 이런 기술이 부족하면 아주 간단한 기술들을 가르치는 것도 때로는 필요하다.

의사결정을 하는 데 어려움이 있는 베로니카는 자신의 지적 능력과 호기심에 대해 굴욕감을 느끼게 한 아버지 문제를 다루고 난 한참 뒤에도 식당에서 메뉴를 고르거나 배우자를 선택하는 등 어떤 결정을 내려야 하는 상황에서 여전히 망설이고 어쩔 줄 몰라 했다. 그래서 (상상을 사용하는 것을 포함해서) 대부분의 사람들은 당연한 일로 생각하는 의사결정의 준거들을 배워야만 했다. 이런 식으로 재교육과 재학습은 게슈탈트 상담자의 중요한 업무가 될 수 있다.

정서적 유창성

많은 사람들이 상담을 하려는 이유는 자신의 감정을 인식하고 표현하는 데 어려움을 겪기 때문이다. 이는 "나의 감정이 어떤 건지 느끼고 싶어요." 또는 "내 감정 때문에 항상 압도당하고 겁이 나요."와 같은 말로 표현되기도 한다. 상담과정을 통해 사람들은 이전에 습관적으로 해 왔던 감정과 관계 맺는 방식에서 벗어나서 보다 자유로워지게 된다. 사람들의 감정은 주로 초기 아동기 경험과 부모로 인해 문제를 갖게 되는데, 부모 자신이 감정을 두려워하거나 아니면 타인을 학대하거나 박해하고 조종하기 위해 자신의 감정을 사용했을 수 있다. 이렇게 심리생리적인 정서들을 충분히 느끼지 못하는 것은 삶을 위협하는 사건들에 처했을 때, 입술을 깨물면서 참거나 '냉정해지는 것'을 가치 있게 여기는 문화적 규준들로 인해서도 강화된다.

잘생기고 강한 척(Chuck)은 자신이 겁쟁이라는 문제로 상담을 받으러 왔는데, 자신을 이렇게 생각하게 된 것은 전쟁에 나가 포탄 세례를 받는다면 무서워 죽을 것이라는 상상에서 비롯되었다. 신체/마음 자기의 통합을 중요시하는 게슈탈트에서는 목숨이 위험할 때 겁이 나는 것이 당연하다고 본다. 이러한 생존 반응을 부인하는 것은 좋은 상담이 아니다.

감정과 좋은 접촉을 한다는 것은 적절한 행동을 선택하고 실행하는 것을 포함해 알아차림 주기의 모든 단계에 해당된다. 진정한 게슈탈트 상담자라면 성적 매력이든 과도한 적대감이든, 이러한 감정들을 주변 환경이나 사람들, 도덕성과 무관하게 지금-여기에서 표현할 수 있어야 한다는 [잘못 알려진] 사고방식이 있어 왔다.

이런 사고방식은 성장과정의 단계를 무차별적으로 자기를 표현하기 위한 목적으로 잘못 받아들였기 때문에 생겨난 것이다. 스스로를 '정서적으로 발육이 부진하다.' 고 말한 로널드의 경우에는 상담관계와 안전한 공간 속에서 자신이 느끼는 모든 감정을 그것들을 경험하는 순간에 최대한 강하게 표현하는 것이 중요했다. 그러나 현실에서 살아가려면 자신이 더 중요하다고 생각하는 다른 목적을 달성하기 위해 가령, 위원회 회의 같은 상황에서 자신의 강한 감정을 속에 담고 있는 방법을 배워야 한다.

정서적으로 유창한 사람은 자신의 감정을 알아차리고 그 감정에 편안해하는 방법을 배운다. 이런 사람은 자신과 주변 사람들에게 가장 도움이 되는 행동들을 융통성 있고 책임감 있게 받아들일 수도 있고 피할 수도 있다. 내담자에게는 상담관계가 가장 안전한 관계로 경험되기 때문에 내담자의 가장 빈번하고 가장 서투른 실험의 대상은 바로 상담자이며, 이로 인해 상담자들은 종종 당황해하

기도 한다.

실험의 예

이 책에서는 게슈탈트 주기 단계들과 특정한 접촉경계혼란 간에 있을 수 있는 (여러 개의 가능성들 가운데) 하나의 연결 패턴을 탐색하고 있다는 것을 유념해야 한다. 다음에 나오는 실험들은 주로 투사를 다루는 상담 작업들과 관계된 것들이다.

브레인스토밍 연습

메리는 강박적으로 걱정하는 것 때문에 고통을 겪고 있다. 그녀는 가스레인지에 냄비를 올려놓고 나온 것은 아닌지, 아니면 열쇠를 잃어버리면 어떻게 집에 들어갈 수 있을지가 걱정되면서부터 집 밖으로 나가는 것이 어려워졌다. 말을 할 때도 유사한 패턴을 보였는데, 자신도 이해할 수 없을 정도로 많은 수식어를 사용하여 무한정하게 우회적인 표현을 했다.

지능이 높았음에도 불구하고 어머니에게는 절대 제대로 된 대답을 할 수 없다는 내적 경험을 하였다. 그래서 누군가의 질문에 답을 할 때, 그녀는 이번에는 제대로 해낼 것이라는 희망을 갖고 가능성에 가능성을 생각하고 또 생각하면서도 동시에 절대 제대로 해낼 수 없다는 것을 '알고 있는' 사람으로 자신을 경험하였다. 그녀는 모든 권위적 인물, 즉 상사, 상담자, 특권층의 친구들에게 어머니의 완벽주의적 요구를 투사하였다. 결과적으로 그녀는 여전히 '옳은 답을 하려고 노력하는' 어린 소녀처럼 부적절하게 의사소통

하였다. 물론 힘들게 노력하면 할수록 더 실패하였다.

완벽에 대한 부모의 과도한 요구를 세상에 투사함으로써 정서적이고 지적인 창조성에 문제를 갖게 된 메리 같은 사람들에게는 판단이나 비난 없이 선택하는 연습과 실험을 통해 내사를 분리시키고 재소화하는 단계가 이루어지는데, 여기서는 옳고 그른 것보다는 흥미롭고 매력적인 것에 더 많은 가치를 둔다.

브레인스토밍 같은 연습은 상담자가 내담자와 함께 앉아 아무리 터무니없고 말이 안 되는 것처럼 보여도 생각해 낼 수 있는 많은 가능한 해결책들을 써 보도록 내담자를 격려한다. 즐거운 호기심이 가득한 분위기 동안에는 판단이나 비판을 옆으로 제쳐 둔다. 이런 식으로 상담자는 계속 증가하는 완벽에 대한 요구에 부합해야만 수용받는다는 내담자의 신념에 도전함으로써 정서 경험의 교정을 제공할 수 있다.

양극화 실험

게슈탈트 상담자들은 성격이나 열정, 어떤 성향 등의 극단적인 면을 회피하지 않고 오히려 사람들 간에 존재하는, 그리고 한 사람 내에 있을 수 있는 여러 차이점들을 최대한 많이 발견하고, 강조하며, 인정해 준다. 현상학적으로 게슈탈트 상담은 이러한 차이들을 부정하려고 하지 않고, 양극적인 측면들을 비록 서로 화해시키지는 못할지라도 최대한 서로 대화를 하게끔 이끌어 준다.

버트는 위암 환자들을 돌보는 일을 하는 친절하고 자기희생적인 남성이다. 그는 인생을 타인에 대한 봉사로 헌신했으며, 지금도 자신에게 의존하고 있는 노모를 돌보고 있다. 상담을 하면서 그는 점차 자신이 갖고 있는 페르소나의 두 극단을 인식하게 되었다. 이

양극의 한쪽은 성인군자와 같은 모습인 데 반해, 다른 쪽은 복수심과 분노가 가득하고 잔인무도한 모습('미스터 마초')으로 확인되었는데, 이 잔인무도한 쪽의 최대 소망은 자신에게 의존하는 모든 사람들을 거부하는 것이었다.

'미스터 마초'는 타인들을 돌보거나 걱정하지 않고 자신이 원하는 것만 하면서 사는 방탕한 삶을 원했다. 상담 중간 과정의 관계 속에서, 그리고 그림과 빈 의자기법, 모래놀이를 통해 버트는 이 친숙하지 않은 자기를 경험하였다. 발견과 대화의 과정에서 그는 '마초' 자기를 개발하고 배우면서 공격적이고 강한 특성들을 일상의 삶으로 통합할 수 있게 되었다. 그는 원하는 것을 요구하기 시작했고, 조종당하는 것을 거부했으며, 욕구나 권리가 침해되는 상황에서 강하고 분명하게 자기를 주장하였다.

상담자는 의도적으로 양극화를 이끌 수도 있다.[19] "만약 환자가 모든 움직임을 강박적으로 계획하고, 자기에게 일어나는 모든 것을 걱정한다면, 그것을 그냥 내버려두도록 격려하는 것이다. 그리고 환자가 불안해서 말로 빈 공간을 채우려 한다면 말없이 잠시 있도록 이끌어 주고, 우울로 내려가는 것을 두려워하는 내담자에게는 그냥 우울로 내려가서 그 우울을 탐색하도록 해 주는 것이다." (Van Dusen, 1975b: 90)

환상 유도

환상 유도는 내담자가 새로운 상황에 적절하게 새로운 감정이나

19) 역자 주: 내담자의 양극성 중 어느 한쪽만이 지나치게 발달하고, 다른 쪽은 외면됨으로써 문제가 될 수 있다. 이때 상담자는 내담자가 자신의 개발되지 않은 양극성 측면과 접촉할 수 있도록 도와줌으로써 균형을 잡아 주는 개입을 할 수 있다.

행동, 사고를 탐색하도록 촉진하기 위해 상담자가 지시하고 격려하는 심상연습이다. 사람들은 실제 자기와는 다른 존재가 되는 것을 상상할 필요가 있다. 따라서 현재의 현실과 '상상할 수 있는 자기'를 연결하는 다리가 만들어진다. 때때로 '행동'이 머릿속에서 시작된다. 환상 유도는 질병이 회복되고 있는 사람들을 돕는 데도 유용하다.

나디아는 백혈병을 앓고 있었다. 게슈탈트 상담자는 그녀에게 몸을 충분히 이완하도록 한 뒤 백혈구 군대가 작은 광선총을 들고 암세포와 싸우고 화장실에 가 죽은 세포들을 변기에 흘려 버리는 것을 시각화하도록 하였다. 비록 의사와 상담자가 장면들을 함께 공유하긴 했지만, 이미지는 나디아 자신의 것이었다. 이 기법을 사용함으로써 그녀는 치유과정에서 '무언가를 처치받는' 희생자가 아니라 적극적인 [치료자의] 동반자가 되었다.

꿈 작업

꿈 작업은 상담자가 자신이 '게슈탈트 상담을 하고 있다.'는 느낌을 가질 수 있는 가장 보편적인 실험 중 하나다. 이렇게 된 것은 펄스가 강력하고 교화적이며 변형적인 방식으로 내담자들에게 자신의 꿈을 다루도록 했기 때문일 것이다. 그러나 불행히도 이 과정은 전체적인 게슈탈트 이론과 방법을 충분히 감안하지 못한 채 남용되기도 하였다.

펄스는 무의식이 접근 불가능한 마음의 영역이라는 주장을 받아들이지 않았다. 프로이트가 성격을 대부분 물속에 잠겨 있는 빙산에 비유한 반면, 펄스는 성격을 물 위에 떠 있는 고무공으로 상상하였다. 게슈탈트 상담자들은 어느 특정 순간에 가장 맨 위에

떠 있는 '공'의 부분이 어느 것이든 바로 그것을 갖고 작업을 하는데, 이때 그것이 지금-여기의 순간에 내담자에게 어떤 작용을 하는지를 탐색한다.

간략히 말해, 상담자는 꿈을 꾼 사람에게 꿈의 여러 요인들 중 한두 가지를 실행해 보도록 하는 식으로 개입을 한다. 꿈에서 나온 두 가지 이상의 부분들 사이에 대화를 창조하고, 만나며, 실행해 보는 것은 모든 꿈이 전체 인간을 표상한다는 믿음에 기초하고 있다.

퍼얼스는 융과 마찬가지로 모든 꿈은 꿈꾸는 사람에게 [꿈이] 보내는 실존적 메시지를 갖고 있다고 생각하였다. 특히 꿈꾸는 사람이 외부의 권위적 인물이 행하는 '해석'에 반응하는 것이 아니라, 자신들 내면으로부터 그 메시지를 [스스로] 새롭게 발견할 때 그런 메시지의 존재를 더욱 분명히 느낄 수 있다.

꿈에 나오는 모든 요소들은 투사된 자기의 부분들이며, 이들은 이상적으로는 [자기에] 통합되고 수용될 수 있다. 아니면 적어도 부분적으로라도 [자기 것으로] 인정될 수 있는 것들이다. 꿈속의 감정과 상징들의 경험적 현실성을 높여 주기 위해서 마치 지금 꿈을 꾸고 있는 것처럼 현재 시제로 말하도록 내담자를 유도한다. 프로이트에게는 꿈이 '무의식으로 가는 왕도'이지만, 퍼얼스에게는 '통합으로 가는 왕도'였다.

24세의 간호사 샤론은 어렸을 때 아버지에게서 겪은 성폭행 때문에 권위적인 인물들을 아주 불신하게 되었다. 그래서 상담과정에도 성심을 다해 참여하는 것을 썩 내켜 하지 않았다. 그녀가 꾼 꿈은 이렇다. 한 아기가 불길에 둘러싸여 있었는데, 처음에는 무기력하게 지켜보기만 했지만 위험을 무릅쓰고 불길로 들어가 아기를 구해 냈다. 그러고 나서 아기를 안고 상담자의 집으로 달렸다.

이 꿈을 다루면서 샤론은 걱정하는 부모, 위협받는 아기, 둥글게 포위한 불길, 상담자가 차례차례 되어 보았다. 실연을 통해 그녀는 이 모든 인물들이 자기의 부분들이라는 것을 깨달았다. 그리고 자신의 내면의 아이를 구하고, 실제 상담자뿐만 아니라 자신 속에 있는 상담자를 신뢰하려는 의지로서 이 존재론적 메시지를 인식하였다.

투사된 특성들을 소유하기

게슈탈트에서 '소유하기'는 이미 자신에게 속해 있는 특정한 특성이나 성향을 [자신의 것으로] 인정하고 의식 속으로 받아들인다는 것을 뜻한다. 타인들에게서 느끼는 아주 싫어하는 측면을 자기 자신의 속성으로 인정해 보는 실험은 매우 도움이 된다. (독자들도 지금 바로 이 실험을 해 보기 바란다.) 타인의 싫어하는 특성은 주로 내가 그 사람에게 투사해서 내 안에는 없다고 부인하는 것이다. 따라서 이렇게 투사하는 것은 내 성격을 바꾸지 않아도 되게 [현상유지가 가능하게] 해 준다. 예를 들어, 타인이 인종 차별하는 것에 분개하는 것은 자신의 인종편견을 인정하지 않고 숨기는 것일 수도 있다.

투사는 특성상 긍정적이기도 하다. 낮은 자존감 때문에 고통을 겪고 있는 톰에게 돌로 만들 수 있는 문장을 최대한 만들어 보도록 하였다. 그는 돌에 대해 '견고한' '확실한' '순박한' '믿을 수 있는' '흥미로운' 그리고 '여러 모로 유용한'이라고 묘사하였다. 그러고 난 뒤 그에게 이 말의 앞에 '나는'을 붙여서 말해 보도록 하였다.

예를 들어, '나는 견고하다' '나는 확실하다' 등으로 말하는 것이었다. 이 실험을 하면서 그는 적어도 어느 정도 이런 찬사가 자

신에게도 해당한다는 것을 자신이 믿고 있다는 것에 약간의 충격을 받았다. 그는 자신의 모든 긍정적이고 훌륭한 특성들을 돌에 투사하고 있었는데, 이는 그가 직장 동료들에게 자신의 모든 긍정적이고 훌륭한 특성을 귀인시키는 것과 같았다. 다른 사람의 훌륭한 면을 보기 위해서는 자기 자신에게 그런 면이 있지 않으면 안 된다.

자발적 성장을 허용하기

상담과정이 자발적으로 펼쳐질 수 있도록 해 준다고 해서 상담자의 능력이 박탈되는 것은 아니다. 상담자는 놀라움과 매혹감 속에서 밀어도 주고, 자극도 해 주며, 즐거워하고, 웃으며 흘러가면서 항상 거기에 있다. “이 입장을 갖게 되면 케케묵은 진실과 일상적인 독선에 고정되기보다는 배우는 사람이 되고 자유롭게 가설을 가지고 놀게 된다.” (Zinker, 1978: 13)

게리의 꿈

접촉을 방해하는 투사가 게리와의 상담 중간 단계에서 두드러졌다. 이제 게리는 열심히 자기를 발견하게 해 주는 실험을 하면서 자신과 나를 더 많이 신뢰하기 시작했다. 이 단계에서 가끔 게리는 자신이 상담자인 나에게 흥미를 주는 내담자가 아니며, 내가 다른 내담자를 상담하길 원하며, 뭔가 좀 더 흥미로운 것을 원할 것이라는 자신의 생각들을 나에게 투사하였다.

또한 그는 내가 자신의 파괴적 분노를 두려워할 것이라고 믿고, 그러한 분노로부터 나를 보호해 주고 싶어 했다. 투사적 특성을 인정하도록 촉진하는 연습들, 예를 들어 '나는 내 자신이 지루하고 지겹게 느껴진다. 나는 좀 더 재미있고 싶다. 나는 나 자신의 파괴성이 두렵다.' 를 말해 보도록 하는 실험이 효과를 보이기 시작했다.

이때까지 게리는 자신의 악몽이 단순히 소화불량이나 과음 때문이라고 굳게 믿고 있었다. 이즈음 그는 다음의 꿈을 꾸었고, 이 꿈을 다룸으로써 꿈의 가치를 인정하게 되었다.

> 검은색 스테이션 웨건을 타고 나무가 늘어서 있는 어두운 길을 따라 운전을 하고 있는데, 작은 동물 같은 것이 길 가운데 누워 있다는 것을 갑자기 알아차렸다. 나는 차를 세우지 못했고, 잠깐 동안 실제로 내가 차를 세우지 못해 이 불쌍한 동물 위로 지나갈 것이라는 두려움에 빠졌다. 마지막 순간에 나는 핸들을 왼쪽으로 꺾었고, 차는 미끄러져 길을 벗어났다.
>
> 브레이크가 말을 듣지 않아 마치 길 가장자리의 낭떠러지 쪽으로 내가 곧장 미끄러져 가는 것 같았다. 마침내 커다란 바위가 차 앞을 가로막았고 무시무시한 덜컹거림과 함께 멈추게 되었다. 나는 차에서 나와 길 뒤의 관목 숲을 헤치고 갔다. 아까 보았던 동물이 여전히 거기 있었는데, 그 옆에 무릎을 꿇고 보니 흙투성이에다가 불구인 새끼고양이였다. 그러고 나서 커다란 푸른색 가구운반차가 우리 앞으로 질주해 왔고, 나는 그 자리에 그대로 얼어붙어 버려 죽음의 길에서 벗어날 수가 없었다.
>
> 여전히 꿈속. 한밤중에 방 밖의 복도에서 들려오는 이상한 소리 때문에 잠에서 깨어났다. 두려웠지만 침대에서 일어나 소리가 나는 쪽으로 걸어갔다. 어두운 복도를 따라 움직이는데, 갑자기 내 앞에 벽과 벽 사이에 쳐져 있던 가시철사 줄에 목이 걸렸다. 희미하지만

나는 불길한 존재가 있다는 것을 감지했는데, 그것은 목이 잘려 나갈 내 운명을 기뻐하며 능글맞게 웃고 있었다. 나는 소리를 지르며 깨어났다.

게리는 이 꿈을 가지고 여러 번 작업을 했는데, 매번 더 많은 깨달음과 해결책을 얻었다. 한번은 지금-여기에서 흙투성이의 불구 새끼고양이와 가구운반차 간에 대화를 해 보도록 하였다. 게리는 마루에 누워 작고 상처 입은 새끼고양이를 연기하였는데, 위를 쳐다보며 거대한 차가 내리누르는 공포로 야옹거렸다 '멈춰! 제발 멈춰. 넌 나를 죽일 거야!' 새끼고양이와 동일시함으로써 게리는 꿈속에서 고양이에게 투사했었던 자신의 아주 두렵고 취약한 부분을 인정하게 되면서 고통스러운 공포감을 느낄 수 있었다.

이 작업은 그가 겪었던 여러 번의 자동차 사고를 재경험하게 해 주었다. 사고들이 반드시 게리 때문에 일어난 것은 아니었지만, 주로 그가 화가 나 있거나 서두를 때 사고가 일어났었다. 그의 한 부분이 얼마나 많이 그를 죽게 하고 싶어 했는지 확인하게 되면서 그의 자기파괴성이 핵심 문제가 되었다. 그는 이 단계에서 자기가 태어나기 전과 태어난 후에도 어머니가 여러 번 중절수술을 받았다는 것을 기억해 냈다.

꿈의 후반부를 다룰 때 게리는 가시철사 줄의 입장에서 꿈을 다시 이야기하였다.

나는 팽팽하고 날카로우며 녹이 슨 가시철사 줄이다. 나는 게리의 집 복도에 걸려 있어서 그가 어둠 속에서 복도를 걸어 나오면 나로 인해 교살될 것이다. 비록 움직일 수는 없지만 나는 내 일을 잘한다.

이런 목적으로 나를 이 집에 데리고 온 악마 인간은 사형집행을 기다리며 어둠 속에 숨어 있다. 부드러운 바람이 스쳐 지나가 나는 콧노래 소리를 냈고 이 소리 때문에 게리가 깼다.

그가 나를 향해 움직이는 소리를 들었다. 그에게 나와 악마 인간이 있다고 경고하고 싶었지만, 나는 아무것도 할 수 없이 무기력했고, 그냥 그가 나에게 달려오는 것을 기다릴 뿐이었다. 그가 복도를 따라 서둘러 와 나와 만나는 순간 나는 그의 목을 잘라 버렸고 머리가 마루 위로 떨어졌다. 악마 인간은 승리감에 취해 웃었지만 나는 공포에 떨며, 내가 일으킨 끔찍한 파괴를 보고 슬픔과 양심의 가책을 느꼈다.

'악마' 인간으로서 게리는 꿈을 다시 설명했다.

나는 보통 사람으로 위장하여 숨어 있는 어둡고 사악한 힘이다. 게리는 죽는 게 당연하기 때문에 그를 망가뜨릴 작정이다. 그는 살아 있을 권리가 없으며, 그래서 나는 그의 방 바로 밖에 올가미를 매달아 놓고 그의 사형집행을 기다리고 있다. 바람이 철사 올가미를 지나면서 휘파람 소리가 났고 나는 그가 동요하는 것을 들었다. 게리가 서두르며 복도를 내려와 스스로 철사 줄에 참수당할 때 나는 낄낄거리는 웃음을 참기 힘들었다.

여기서 게리는 심하게 흐느껴 울기 시작했다. 한동안 그를 안아주고 나자 그는 자신이 파괴적인 악마 인간과 자신을 학대한 아버지에 대한 살인적 분노를 동일시했다는 것을 깨달았다고 말했다. 악마 인간과 가구운반차를 통합하고, 마찬가지로 새끼고양이와 겁먹은 사람을 통합함으로써 게리는 커다란 위안을 받았고 또한 확장된 '온전함(wholeness)'을 경험하였다. 그다음 주 상담에서 그는

친구와 일에 대해 느꼈던 초조감과 분노 폭발이 줄어들었다고 했다. 조급한 불안도 많이 감소했다. 그는 많이 진정되었고, 더 이상 악몽에도 시달리지 않았다. 또한 자신이 더 강해졌고 '보다 인간적'임을 느끼게 되었다.

이 기간 중 이 꿈을 다룬 여러 방법 중에는 잘려 나간 머리와 몸간의 양극화를 탐색하는 것도 있었다. 이 양극화 실험을 통해 게리는 자신과 동등한 지적 능력을 지닌 파트너와 만족스런 관계를 갖고 싶은 소망, 그리고 지금까지 별로 노력을 기울이지 않았지만 자신에게 정말 필요한 것을 충족시켜 줄 성적인 욕구에 대한 소망을 연결시킬 수 있었다. 게리와 나 우리 둘은 그가 상담과정에 잘 정착했고 몇 개월 전과는 아주 다른 방식으로 느끼고 생각하고 행동한다는 것을 알았다. 자신에 대한 지식도 많이 증진되었다. 그는 상담실 안팎에서 자신의 경험을 탐색할 때 게슈탈트에서 배운 것들을 어떻게 사용하는지에 대해 알아 가기 시작했다.

09 최종 접촉: 상담의 후기 단계

수도승: "어찌 하면 해탈할 수 있을까요?"

스승: "처음부터 우리가 속박된 것은 아니다. 그러니 풀려날 필요도 없다. 그저 그것을 사용하고, 그대로 행하라—그러면 비할 것이 없으리라." (Suzuki, 1972/1974: 98)

최종 접촉: 충만하고 완전한 접촉: 교착상태 해결하기

펄스 등은 최종 접촉 단계를 전경과 배경의 전체 순환과정의 한 부분으로 보고, 이를 '접촉의 목적'이라고 하였다(1951/1969: 416). 순간적으로 전경은 매우 뚜렷하고 선명해서 실질적으로는 배

경이 없는 것과 마찬가지다.

최종 접촉은 본질적으로 단어와 분석으로 설명할 수 없는 경험이기 때문에 서술하기가 쉽지 않다. 이것은 매슬로가 말했던 '절정경험[20]'과 유사하게 취급된다. 그러나 최종 접촉은 슬픔, 분노, 사랑, 통찰, 기쁨과 같은 각 경험들의 절정을 말하기도 한다. 사람들은 종종 이런 경험의 결과로 결정적 변화를 맞는다.

상담과정의 이 단계에서 보이는 특징은 자발성과 수용력이다. 배경이나 상황이 이미 충분히 탐색되고 분명해져서 이제 관심이 가는 부분이 달라진다. 이 단계에서 우리는 내담자의 미해결 상황을 수용하고 완결 지을 수 있게 된다.

최종 접촉을 고찰할 때에는 펄스가 정의한 신경증의 5개 층을 생각해 보는 것이 좋다. 첫 번째 층은 **피상층**(cliché layer)으로 '처음 뵙겠습니다.' 라며 악수를 하는 것처럼 피상적인 의미를 갖고 있는 표현들이 오고 간다. 두 번째 층은 **연기층**(게임 층 또는 가식층)인데, 우리가 진정으로 느끼는 것보다 더 친절하고 더 똑똑하고, 더 나약한 척하는 단계다. 이 단계는 역할이나 게임의 단계로, '훌륭한 의사' '남자에게 의지만 하는 여자' '자기희생자' '터프한 남자'로서 연기한다. 이러한 역할이 사라졌을 때 사람들은 세 번째 층을 경험한다.

세 번째 층은 **교착층**(impasse layer)인데, 이 단계에서 우리는 곤경, 상실, 공허함에 대한 공포를 경험한다. 펄스에 따르면 대부

20) 역자 주: 매슬로에 의하면 존재의 영역에서 사는 자기실현자는 황홀한 절정경험(peak experience)을 한다. 절정경험 속에서 경외감, 강렬한 행복감, 황홀함 등을 느끼며 자아의 중심을 초월하는 경험을 갖게 된다. 즉, 자신의 의식세계가 확장되며, 세계가 지닌 내적 가치를 깨닫게 된다.

분의 사람들은 이 층의 경험을 피하려 한다. 왜냐하면 이 단계에서는 공포감을 느끼고, 자신의 삶에 대한 책임을 피하고 싶어 하기 때문이다. 퍼얼스는 모든 신경증의 핵심에는 러시아 사람들이 '병의 지점(sick point)'이라고 불렀고, 퍼얼스 자신은 '교착(impasse)' 상태라고 이름 붙인 현상이 존재한다고 가정했다(Perls, 1975: 13).

> 실존적인 '막다른 골목(교착상태)'은 단순한 걱정거리 정도가 아니라서 환자들은 소용돌이 속으로 빠져들게 된다. 환자는 겁에 질려 보지도 듣지도 못하며, 강박적인 반복행동을 멈추려 들지 않는다. 키르케고르가 '죽음에 이르는 병'이라고 말한 절망을 진짜로 느끼는 것이다. 실존적인 '막다른 골목'은 환경적인 지지가 아직 없는 상황이고, 환자 자신이 삶을 극복하기엔 자신이 무능력하다고 믿고 있는 상황을 가리킨다(Perls, 1975: 13).

네 번째 층은 내파층(implosive layer-death layer)라 부르는데, 이 단계는 죽음이나 죽음에 대한 공포로 나타난다.

> 상반되는 힘들로 인해 개체가 무기력해지기 때문에 죽음과 같이 생각된다. 일종의 긴장성 마비(catatonic paralysis)다. 이 단계에서 우리는 스스로를 묶어 놓고 쥐어짜서 내적 폭발을 한다. 우리가 일단 이러한 내파 단계의 죽음과 진정으로 접촉하고 나면, 그때는 매우 흥미로운 현상이 일어난다(Perls, 1969b: 56).

다섯 번째 층은 폭발층(explosive layer)으로 사람들이 교착층으로부터 내파층을 거쳐 이 단계에 이르게 된다. 진정한 감정폭발이나 카타르시스적 표현을 통해 훈습을 시작할 수 있게 되고, 자신의

진정한 핵심 또는 진실한 자기와 접촉하여 과거로부터 비롯된 상황을 종결하게 된다.

이러한 폭발은 오열을 느끼듯 눈물을 흘리고 울면서 일어나기도 한다. 받아들이지 못하고 인정할 수 없었던 상실감이나 죽음에 대한 슬픔을 경험한다. 분노를 폭발시킬 수도 있다. 이때는 고함을 지르기도 하고, 심지어 욕도 하면서 신체적으로 폭발시키기도 한다. 또한 즐거움이나 오르가슴(흥분)에 대한 폭발도 있다. 내담자가 최종 접촉을 하는 순간은 이런 폭발이 절정에 이르는 순간이다. 웃음으로 끝이 나건 절망감으로 울건 간에, 이 순간이 중요한 전환점이었음이 나중에 밝혀질 때가 많다. 그 이유는 이 순간에 보이는 정서적, 신체적 강도와 고도의 지적 흡수력이 상담과정에서 중요한 치료적인 사건이기 때문이다.

게슈탈트 상담은 육체와 정신을 하나의 통합된 전체로 본다. 단순한 상징적 언어표현, 특히 아주 어렸을 때 있었던 신체적 외상의 단순한 언어표현은 부분적이며 제한된 것으로 간주한다. 왜냐하면 언어화되기 전의 소리와 전체 신체를 포함하는 상담 작업이 이루어져야 보다 철저한 상담이 되기 때문이다. 그래서 이런 모든 폭발은 내담자의 근육, 음성, 감정을 통해서 표현되어야 한다.

우리는 정신 신체적으로(psycho-somatically) 상처를 받는다. 따라서 게슈탈트 상담에서 상처를 진정으로 치유하기 위해서는 처음 억압이 기록된 세포/근육 수준에서 상처가 충분히 표현되어야 한다. 그러나 이런 생리적, 정서적 표현은 (다음 단계에서 보듯이) 인지적인 이해와 더불어 행동적 변화와 함께 통합되어야 한다.

이 단계를 통과하면 감정, 지각, 생리, 정서적인 측면이 전경과 배경의 관계에서 하나로 통합되어 연결되며, 개인은 유기체와 환

경이 하나임을 깨닫게 된다. 이 단계에서는 이미 교착상태를 빠져나왔고, 배경은 깨끗이 정리되었기 때문에 핵심적인 실존적 주제가 전면으로 떠오르면서 해결의 전망이 열리게 된다.

유기체의 욕구와 충족 사이의 중간 지점에 걸려 있던 교착상태는 이제 하나의 전경으로 떠오를 수 있게 되었다. 왜냐하면 이제 알아차림과 에너지 동원, 행동 단계를 방해하던 장애물들이 모두 해소되었기 때문이다. 이제 교착상태의 해결이 치료 작업의 핵심이다.

최종 접촉 단계의 일반적인 문제들

고착상태

교착상태에서 내담자는 '알 수 없는 것(unknown)'에 대한 공포로 인해 마비되어 '고착'되어 있음을 경험할 수 있다. 게슈탈트에서 자주 강조하는 것은 막힌 곳을 빨리 찾아내는 것이다. 막힌 곳에는 엄청난 에너지가 축적되어 있고, 내파층에서 폭발층으로 바뀔 수 있는 곳이기 때문이다. 이 폭발은 분노, 슬픔, 공포, 즐거움의 형태로 나타날 수도 있다. 반면에 어떤 사람들은 진실된 '자기'를 통합하지 못하는 엄청난 대가를 치르면서 내파층에 머물러 있기도 한다.

내담자와 상담자는 흔히 '고착되는 것'을 부정적으로 경험한다. 그러나 이 '고착점' 또는 교착상태에 이르는 것이 오히려 축하받을 일이다. 서로 모순되는 힘들이 창조적 긴장상태에서 균형을 이루는 지점이기 때문에 변화의 잠재력이 가장 큰 곳이기 때문이다.

어려움이 생기면 성급하거나 충동적인 행동으로 덤벼드는 내담자들에게는 불편한 느낌을 최대한 감수하면서 교착상태를 붙들어 두거나 혹은 교착상태에 오랫동안 머물러 있도록 격려해 보는 것이 중요하다. 그렇게 함으로써 그들은 경험으로부터 자신에 대해 깨달을 수 있고, 자신이 지금까지 회피해 왔던 경험의 성질에 대해서도 배울 수 있기 때문이다.

이러한 회피는 이전 장에서 논의된 바와 같이 수동적인 형태로 혹은 능동적인 형태로 나타날 수 있다. 우유부단하고 적극적이지 않은 내담자들에게는 이 최종 접촉을 해내는 것이 큰 소득이다. 이것은 공중그네 곡예사에 비유할 수 있는데, 처음에는 마음을 공간에 던지고, 그다음에는 몸이 필연적으로 따라간다는 것을 점차 알게 됨으로써 그네에서 그네로 건너뛰는 방법을 배우는 것과 같다.

인지적 문제

이 단계에서는 개인적인 선택에 관한 문제와 같이 특정 인지적 혼란이 나타날 수 있다. 예컨대, 자기주장 실험을 연습해 오던 지나치게 양심적인 내담자는 좀 덜 완벽해져 보라는 상담자의 제안에 대해 저항하면서 '이러다 정신병질자(psychopath)가 되는 것 아니에요?' 하고 걱정할 수도 있다.

또 다른 예로서 원래부터 성적으로 통제가 심하고 [성적으로] 반응이 없었던 글래디스는 성을 즐기기 시작했고 인정하게 되었다. 그러나 그녀는 성욕에 대한 수용을 매춘부가 되고 싶은 욕망과 혼동하는 기간을 거치게 되었다. 즉, 성욕을 인정하고 즐기게 되면, 반드시 매춘부가 되어야 하는 것 같은 생각의 혼란이 느껴졌다.

정서적 문제

어떤 내담자들은 상담과정의 초기 단계에서부터 그들의 감정을 표현하고 울고, 분노하고, 전율을 느끼거나 웃기도 하는 등의 정서적 작업을 한다. 하지만 그런 작업의 본질과 깊이가 나중에 가서는 변화되는 경향이 있다. 자신의 감정을 잘 다룰 수 있게 될수록 내담자들은 원초적인 감정들을 점차 자신들이 상상했던 것보다 훨씬 더 깊고 강하게 경험하는 것을 스스로 허용할 수 있게 된다.

리로이는 2년 동안 상담을 해 오면서 정서적인 삶과 훨씬 더 친밀해졌다. 최근에 그는 아내가 떠나겠다고 결정했을 때, 자연스럽게 울 수 있었다. 잠깐 동안 그는 슬픔과 버려짐의 느낌 때문에 상담 받기 전으로 퇴행하는 것이 아닌가 하는 두려움을 가졌다. 그러나 얼마 가지 않아 이 사건을 깊게 느끼는 것이 병적인 것이 아니라는 것을 깨달았다. 오히려 그것은 정서적인 건강함의 표시이며, 한 사람의 인생에서 중요한 일에 대해 적절하게 정서적 반응을 한 것으로 받아들였다.

내담자가 행동 단계에서 최종 접촉 단계로 옮겨가면서 수년 동안 억제해 놓았던 감정의 깊이를 진정으로 알아차리게 되면, 미칠 것 같은 공포나 자살, 살인에 대한 두려움을 느낄 수도 있다. 그러나 연극적 성격의 패턴을 가진 사람들이 하는 공허하고 무의미한 감정표현과 건강한 정서적 표현은 임상적으로 분명히 구분할 필요가 있다. 물론 통합과정이나 삶의 변화가 없는 반복된 카타르시스는 공허한 것이며, 치료적이라 할 수 없다.

행동적 문제

이 단계에서 내담자는 정신내적으로나 대인관계에서 소용돌이

속에 휩싸이기 때문에 행동이 불안정해진다. 예를 들면, 야스미나는 문화적 관습에 순종하여 부모님이 정해 주는 사람과 혼사하는 것과 스스로 자율권을 갖고서 배우자를 선택하고 싶은 자신의 욕구 사이에서 갈등하고 있다. 아마도 이 문제의 해결책은 중매결혼을 하더라도 다른 사람이 정한 이유에서가 아니라 자신이 선택한 이유를 갖고서 하든지, 아니면 좀 더 서구적으로 자신이 스스로 배우자를 선택하는 것일지 모른다.

두 가지 선택 모두 그녀의 내사된 가치를 따르는 것이 아니며, 또한 그녀 자신의 욕망을 거스르는 것(반전)도 아니라고 할 수 있을 것이다. 문제해결 과정에서 야스미나는 분노 폭발을 하며 집을 나가기도 했고, 결정을 여러 번 번복하기도 하면서 이전과는 완전히 다른 행동을 하였다. 다행스럽게도 그녀의 상담자는 이러한 현상이 나타나는 것에 세심한 주의를 기울여 줌으로써 결국 그녀가 이러한 과정을 창조적으로 잘 극복하도록 도울 수 있었다.

새 기술의 학습

사람들은 교착층을 통과할 때 이전에 직면하지 않으려 했던 상황에 대처하는 새로운 기술을 배울 필요가 있다. 예를 들면, 월급 인상을 상사에게 부탁하는 법, 성적 선호도에 관해 서로 타협을 보는 법, 크리스마스에 부모님께 가지 않는 방법 등이다. 많이 가르치고 지시를 했던 상담자가 여전히 게슈탈트 상담을 하고 있는지 아닌지에 대한 의문을 논의한 어빙 폴스터(1985: 6)의 글을 좀 길게 인용해 보겠다.

> 여러 가지 이유로 나는 상담자가 내담자에게 친구와 대화하는 방

법을 가르친 것에 대해 긍정적으로 생각한다. 내담자가 말을 할 때 온전히 끝맺지 않는 습관 같은 것을 지적해 주어 알아차리도록 해 주는 간단한 개입 같은 것들이 좋았다. 상담자는 말하는 법을 가르치면서 매우 친절했다. 상담자의 대화나 지시적 방법은 [전형적인] 게슈탈트 상담이라 할 수 없을지도 모른다. 상담자는 현재 지향적이지도 못했고, 빈 의자를 써서 실제로 대화를 시키지도 않았다. 그리고 알아차림에 대한 질문도 전혀 하지 않았다. 그러나 상담자의 작업은 내담자와의 관계에서 매우 충실한 **접촉**을 보여 주는 것이었다. 그리고 상담자는 민감한 이 접촉 속에서 이 특별한 내담자가 이 특별한 순간에 가장 필요로 하는 것, 즉 둘 간의 역동에서 가장 요구되는 것을 정확하게 해 주고 있었다.

재정향(reorientation)

이 단계에서 사람들은 다음과 같이 말하곤 한다. "기분이 나아지고 더 분명하게 생각할 수 있게 도와줄 것이라는 것을 알지만, 직장에서 방석을 두들길 수는 없잖아요." 또는 "선생님과 내 마음을 나누는 것을 배운 것은 가치 있는 일이라 생각합니다. 하지만 내 가족이나 직장 동료들과는 그렇게 할 수 없잖아요. 만일 그렇게 했다가는 날 물렁한 사람으로 생각할 걸요." 이 단계에서는 상담과 실제 현실과의 간격이 가장 넓게 보인다. 내담자는 치유과정의 동반자로서 상담자와 효과적으로 관계 맺는 방법은 배웠지만, 이 배움을 바깥 세상에 적용시키기 위해서는 아직도 배울 것이 많다.

실험의 예

접촉경계혼란의 주요한 방법으로 반전이 있는데, 반전은 상처와 고통을 다루는 상담의 최종 접촉 단계에서 자주 나타나 내담자를 가로막는다. 반전을 원상태로 되돌리는 데 초점을 두는 기술들은 교착층을 해결하는 데 매우 효과적인데, 다음과 같은 방법들이 있다.

근육 동원

건강한 사람의 근육은 뭉쳐 있지도 않고 느슨하지도 않다. 자발적이건 반응적이건 간에 행동을 위한 준비 상태에 있고, 중심을 축으로 해서 어느 쪽에도 치우치지 않는 균형을 유지한다. 이것은 서 있든, 앉아 있든, 걷고 있든, 누워 있든 간에 신체 중력의 중심이 지면과 잘 맞추어져 있어 운동을 하거나 쉴 때, 우아하고 조화로운 균형상태를 유지한다는 것을 의미한다.

근육 동원하는 것을 돕기 위해 제임스를 눕게 하고 자신의 신체를 경험하도록 해 줄 수 있다. 이것은 일부러 긴장하거나 일부러 이완하지 않고, 긴장한 부분이 어디인지 이완된 부분이 어디인지 알아내게 하기 위함이다. "신체 전부에 한 번씩 주의를 기울여 봅시다. 머리, 얼굴 근육, 등, 가슴, 왼쪽 팔, 오른쪽 팔, 배, 엉덩이, 성기, 왼쪽 다리 전체, 오른쪽 다리 전체……" 느낌을 알아차리는 것은 신체 내부의 움직임을 인식하려는 것이지 각 부위를 시각화하거나, 각 부위에 대해 이론화하려는 것은 아니다.

흥분이 고조되면 호흡을 잘하지 못하는데, 상담자는 내담자로

하여금 자신의 호흡을 알아차림으로써 불안을 경감시키고, 잘못된 호흡을 교정하는 방법을 찾도록 도와줄 수 있다. 또한 스트레스 상황에서 내담자가 어떻게 자기 스스로 충분하고 완전한 호흡을 방해하는지를 집중적으로 알아차리도록 해 줌으로써 흥분과 각성 상태에 대한 책임을 지고, 자신의 반응을 선택할 수 있도록 도울 수 있다.

방향이 잘못된 행동 검토하기

반전을 할 때 행동은 방향이 잘못된다. 시드니의 자기연민과 자기처벌은 '누가 당신을 동정하기 바랍니까?' '누가 당신을 벌주길 원합니까?'와 같은 질문에 답을 함으로써, 자기연민과 자기처벌의 방향이 틀렸다는 것이 드러난다.

반전하는 사람들은 과거에 다른 사람들이나 다른 대상에게 했거나 하려고 했던 행동을 자기 자신에게 한다. 부모의 처벌이나 부모의 나약함과 같은 이유로 내담자는 그 행동을 자신의 내부로 향하게 한다. 환경에 있는 타인이나 대상 대신에 행동의 표적을 자기 자신으로 하는 것이다.

예를 들어, 리사는 잘못된 양육을 한 부모를 비난하는 게 아니라 자기 자신을 비난한다. 작은 잘못에 대해서도 자기 자신을 호되게 꾸짖으며 정신적으로 처벌한다. 그리고 자신의 결점과 부적절함을 심술궂고 악의적인 방식으로 잔소리한다. 이와 동시에 그녀는 부모가 진정으로 자신을 받아 주지 않을 것을 알고 있지만, 끊임없이 '자기개선'을 위해 노력함으로써 어릴 때 그녀가 했던 것처럼 부모를 즐겁게 해 주려고 한다. 이러한 방식으로 그녀의 성격은 행위자와 그 행위를 받는 사람으로 분리가 일어난다.

게슈탈트 상담자는 욕구충족적 행동이 차단되는 방식의 알아차림(학대에 대항하고 싶어 했던 것을 아는 것), 반전행동을 할 때의 신체적 경험의 알아차림(자기 자신에게 상처를 주는 대신에 억압된 반발심과 비명을 상징적으로 실행해 보기), 현재의 삶에서 지속되는 반전 유지 방식을 의식적으로 알아차림(그녀의 상사나 남편의 비난을 의문의 여지없이 수용함으로써 자기보호 충동을 끊임없이 억압함을 아는 것) 등, 알아차림의 회복을 강조한다. 일단 벌하고 싶은 욕구의 원래 방향을 알고 나면, 남은 인생을 어떻게 살 것인지에 대한 선택을 책임질 수 있다.

되돌리기

반전에 대한 치료는 되돌리기인데, 자기를 해치는 내부의 방향에서 외부의 방향으로 전환하는 것이다. 이는 극적인 카타르시스의 폭발로 일어나기도 하고 오랜 기간에 걸쳐 내담자의 성격과 리듬에 맞추어 단계별로 일어날 수도 있다. 내담자는 흔히 정화, 치유, 자유와 같은 해방감을 경험한다. 리사는 자기학대를 알아차리게 되자, 자신을 학대했던 부모를 비난하고 처벌하는 상상을 하고 상징적으로 실연해 보는 실험을 하였다.

반전 되돌리기는 점진적으로 시간을 들여서 내담자의 성격과 리듬에 맞추어 하는 것이 필요하다. 보통 신체에서 유지되고 있는 패턴, 즉 성격적인 갑옷으로까지 굳어진 근육 억제나 자발적인 사랑의 상실, 또는 공격성을 충분히 알아차리는 것이 첫 번째 단계다. 이러한 방법으로 진정한 자기에 대한 최종 접촉이 경험되고 재확립된다.

억제된 행동 실행하기

소피는 상담과정에서 자신의 과호흡이 강압적인 아버지에 대해 저주하면서 소리치고 싶은 욕망과, 동시에 보복이 두려워 자신의 목을 조름으로써 그 소망을 억누르려는 갈등이 실체화되었음을 깨달았다. 이렇게 원시적이고 분화되지 않은 소망이 그녀의 근육에 '꽉 달라붙어' 있다. 때로는 게슈탈트의 완결이 시기상조라고 하더라도 신체적인 행동을 통해 만족과 완결을 촉진시킬 수 있다. 상담에서 그녀는 다음과 같이 하도록 격려받을 수 있다.

> 베개를 목 졸라 보세요. 그게 목인 것처럼 손가락을 깊숙이 집어넣어 보세요. 사나운 개가 쥐를 뒤흔들듯이 베개를 뒤흔들어 보세요. 가엽게 생각하지 마세요. 이렇게 하면서, 당신 적의 생명을 순식간에 흡수해 버리는 겁니다. 또 그러는 동안 당신은 으르렁거리고, 소리도 치고, 고함도 칠 수도 있어요(Perls et al., 1951/1969: 175).

가끔 사람들은 그러한 '이상한' 형태의 표현을 바보스럽게 여긴다. 심지어 자신의 집이나 상담실과 같은 개인적인 공간에서도 그렇게 느낀다. 그러나 놀이를 통해 교착상태를 다루어 주면 쉽게 할 수 있다. 보통 반전된 행동을 실행하면 자의식은 흥분된 자발성으로 변화하고, 그 행동은 이전에 억압한 것의 진정한 표현이 된다.

당연히 모든 내담자가 이런 식의 감정표현을 원하거나 필요로 하지 않는다. 노련한 상담가라면 개인의 기질, 준비상태, 선호도 등을 잘 고려해야 할 것이다. 특정하게 정해진 방식으로 하는 것보다는 억제된 행동을 실행하는 방법을 창조해 내는 것이 더 중요하다. 에스몬드의 경우 권위적 인물과 눈 접촉을 하는 것이 방법

이었다.

감정표현 작업 또는 카타르시스

모든 교착층 작업 중의 핵심은 감정표현이나 정서적 정화를 이용하여 반전을 되돌리는 것일 것이다. 아리스토텔레스에 의하면 카타르시스는 정화 또는 세정을 뜻한다. 드라마를 통해 정서를 순화한다거나 "울분을 씻어 낸다거나 억압된 생각을 의식의 표면으로 드러낸다는 것이 이에 포함된다."(Macdonald, 1972: 206)

효과적인 카타르시스 작업에서 사람들은 오랫동안 감춰 왔던 감정을 강력하고 격렬한 정서로 충분하고 자유롭게 표현한다. 그러한 감정 작업은 조심해서 해야 하기 때문에 성장에 도움이 되기 위해서는 내적, 외적 지지가 필요하다. 에소[21]는 그의 부족이 억압받는 모습을 보아 왔기 때문에 불평등에 대해 깊게 고통을 느끼고 있었다. 오랜 기간의 부인과 동조 혹은 노예근성의 시간이 지나자 에소는 그의 내부에 있는 한 장소를 발견하였고, 거기서부터 자신과 부족을 위한 분노를 뿜을 수 있었다.

베리 스티븐스(Barry Stevens, 1975)는 경험 많은 여러 상담자들이 관찰한 현상을 설명하고 있다. 여기에서 기술된 감정 정화를 심리생리학적(유기체적)으로 완전하게 방출한 후에는 종종 전율, 떨림, 불수의적인 경련 등이 일어난다는 것이다. 헉슬리(in Stevens, 1975)는 근육과 내장 '결절'이 풀리는 것과 연관된 안도감을 관찰하여 이 설명을 확증해 주었다. 그는 이를 퀘이커 교도[22]의 '전율'에 비유하였다. 그는 그것이 잊혀진 기억을 회상하고, 심리생리학

21) 역자 주: 에소(Esau)-구약 성경에서 아브라함의 아들 이삭이 낳은 쌍둥이 가운데 형.

적인 발산을 하며, 이전에 해로웠던 억압된 에너지가 사라진다는 점에 있어서 고백과 면죄의 신체적인 등가물로 보았다.

이상화된 환상의 상실 감수하기

이 단계에서 내담자는 어느 날 마법이 일어나 모든 것이 과거와는 달라질 것이라는 환상이 자신을 속박하는 마지막 소망이라는 것을 받아들여야 한다. 이것은 있지도 않은 사랑하는 부모일 수도 있고, 가져 보지 못한 기회일 수도 있고 "나는 결코 장밋빛 인생을 약속하지 않았다."(Green, 1986)에서 썼듯이 종국적으로는 상담자의 평범함에 대한 당황스러움일 수도 있다. 애도 작업은 짧을 수도 있고, 길 수도 있다. 샤넬은 무언가 바라듯이 상담자에게 말했다. "이제 당신이 마술사가 아니라는 것을 알았지만, 아직도 나를 위해 무언가 해 줄 힘이 남아 있다는 것을 배워야겠어요."

연결하기

이 작업을 할 때 상담자는 매 순간 달라지기는 하겠지만, 도전과 지지 사이에서 미묘한 균형을 유지하는 것이 중요하다. 게슈탈트 상담에서 상담자는 내담자의 성격적 통합을 존중해야 한다. 이런

22) 역자 주: 퀘이커 교도-17세기 종교개혁의 바람과 함께 영국인 조지 폭스가 창시한 교파. 미국을 중심으로 발전되어 '친우회(Friends)' 또는 '퀘이커단(Quakers)'이라고 불린다. 이들은 신조, 성직자, 그 밖의 다른 형식 없이도 하나님을 직접 내적으로 받아들일 수 있다고 주장했다. 집회를 가질 때 '내면의 빛' 또는 '모든 사람 안에 있는 신성'을 조용히 기다리는데, 영감을 받을 때 전신을 떨었다 해서 '몸을 떠는 자(Quaker)'라는 별명을 얻었다.

통합은 내담자의 전체상, 신체, 움직임의 패턴, 삶의 리듬, 증상, 저항, 언어 등으로 구성되어 있다. 상담자가 한 사람과 충분하게 접촉한다는 것은 그 사람이 정확히 그 순간에 가능한 가장 높은 수준의 창조적인 적응을 보일 것이라 기대한다는 것을 의미한다.

내담자의 행동 패턴이 얼마나 역기능적으로 보이건 간에, 관찰자가 보기에는 예를 들어 '자기 고문'을 그만두는 것이 얼마나 단순해 보이는 것과 상관없이, 이러한 적응[23]은 그 사람의 아동기 문제에 대한 가장 훌륭한 해결책으로 창조된 것이다. 그것들은 또한 그 자체로서 기능적이기도 하고, 예술작품처럼 독창적이기도 하다. 이런 부분들을 귀 기울이고 수용하고 이해해 주지 않는다면 진정한 변화는 일어나지 않는다.

상담자의 오른손에는 징커가 '개혁의 금형'이라 부른 것이 있다 (Zinker, 1978: 21). 왼손에는 내담자의 현존하는 통합에 대한 존중이 있다. 현존하는 구조에 직접적으로 도전하기보다는 실험을 경험하고 싶어 하는 내담자 성격의 부분을 지지해야 한다. 그리고 놀라우면서도 상상도 못할 독창적인 방식으로 성장 또는 변화과정을 계속하려는 그 부분을 지속적으로 지지해야 한다.

> 창조적 과정에서 치료자는 자신과 환자가 함께 이 갈등의 드라마의 전체 부분들에서 지속적인 역할을 할 수 있도록 환자를 모험에 참여시켜야 한다. 치료자는 내담자의 현존 입장을 이해하고 존중하는 태도로 내담자가 실험자가 되고, 선생이 되고, 적극적인 개혁가

23) 역자 주: 내담자가 보이는 부적응 행동을 지칭한다. 외부 관찰자가 볼 때, 이는 부적응이지만 그 당사자에게는 그 행동이 어린 시절 자신이 창조해 낼 수 있는 최선의 적응 행동이었다는 의미다.

가 되도록 돕는다. 내담자의 원래 성격 구조가 변하기 시작하는 것은 내담자의 내적 세계를 리듬감 있게 공유하고 적극적으로 탐색하는 이 과정에서 일어난다(Zinker, 1978: 22).

게리, 아동기 장면을 재체험하다

게리는 지금까지 자신과 자신의 과정을 잘 알아차렸다. 그는 길이 막혀 지루한 순간이나 골치 아픈 회의와 같은 스트레스 상황 속에서도 각성되어 있으면서 이완할 수 있는(중심을 유지할 수 있는) 자연스러운 방법을 찾게 되었다. 그는 자신의 흥분을 목표 지향적으로 전환하고, 그 행동에 에너지를 동원하는 법을 알게 되었다. 게리는 알아차림의 주기에 따라 온전히 나아갔는데, 때로는 이러한 과정을 매 회기마다 혹은 같은 회기에서도 단락마다 되풀이하는 것이 필요하였다. 가끔 특정한 단계를 거치는 데 몇 회기씩이나 필요할 때도 있었다.

상담과정을 전체적으로 보면 이 단계에서 우리는 대부분 최종 접촉의 문제에 집중하고 있었다. 부정적인 융합, 즉 파괴적인 의존에 대한 게리의 욕구가 충분하고 명백하게 경험되었고, 어머니와의 병리적인 원래 관계가 '재실연(reenact)' 되었다.

게슈탈트 상담의 기본 원리 중의 하나는 성숙이 지속적인 과정이며, 그 과정 동안 사람은 다른 사람의 지지를 이용하여 에너지를 동원하고, 그다음에 자신의 자원을 이용하여 에너지를 동원해서 다른 사람과의 상호의존적인 관계 속에서 자기 스스로 지지하는 것을 배운다는 것이다.

게리는 지금 성공적으로 제시카를 떠나보냈지만, 새로운 여자 친구들은 처음엔 독립적인 것 같았지만 차츰 상호관계에서 별개의 개인이라기보다 곧바로 게리의 헌신적인 추종자가 되어 버린다는 것을 발견하였다. 그의 초반기 작업의 대부분은 게리의 아버지에 대한 느껴지지도 않았고 표현되지도 않았던 감정들에 대한 것들이었다. 이제 그는 점차 그의 어머니에 초점을 두기 시작했다.

게리는 7살 때 어머니의 허락을 받고 혼자서 정해진 만큼의 돈을 쓰기 위해 가게에 갔던 것을 생생하게 회상하고 재현해 내었다. 여기에서 게리는 어릴 때 집의 거실과 침실과 비슷하게 상담실을 재배치하였다. 거실에는 두 부모를 나타내는 두 개의 커다란 쿠션을 놓았다. 그는 어떻게 어머니의 말을 거역하지 않으면서 어머니가 정한 가격보다도 비싼 사탕을 살 수 있었는지 어린 소년처럼 재현해 내었다. 집으로 돌아올 때가 되어서야 어머니는 동전 몇 개가 비는 것을 알아차렸다. 그는 어머니의 역할을 해 보였다. 아주 화난 목소리로 억제하면서 아버지가 집에 돌아오면 야단맞을 각오를 하고 있으라고 말했다. 그는 그날의 기다림의 공포를 표현하면서 그의 상상의 침대에서 소리치고 온 몸을 떨었다.

하지만 이러한 감정들은 그 사건의 순간에는 억압되어 있었다. 왜냐하면 그날의 기다림을 실제로 기억해 보면 그는 매우 조용히 있으면서 손톱을 물어뜯기만 했기 때문이다. 그러나 그의 신체는 오랫동안 표현되지 않은 감정을 축적해 놓고 정확한 행동을 억제하고 있었다.

상담 장면에서의 이 경험은 이전에 미해결된 게슈탈트를 처음으로 심리적, 생리적, 정서적 수준에서 완결하는 기회를 주었다. 그는 어머니가 자신의 '극직한' 비행에 대해 화를 내면서 과장해서

일러대는 목소리를 자신의 침실에서 들었던 장면을 재체험했다. 그러고 나서 아버지가 무서운 목소리로 그의 이름을 불렀고, 자기를 잡아서 어머니 앞에서 심하게 때리면서 커다란 목소리로 그의 악독한 부정행위에 대해 장광설을 늘어놓았던 것도 기억해 내었다.

나는 그 작은 일곱 살 소년에게(그는 그만큼의 나이로 보였다.) 그가 무엇을 느끼는지, 무엇을 원하는지 부드럽게 물어봄으로써 그의 분노를 부모, 특히 어머니에게 돌리도록 하였다. 그래서 이 시점에서 게리는 그의 반전된 분노를 되돌리게 되었다. 그는 먼저 팔로 두 부모를 때렸다. 그리고 발로 걷어차고는 마침내 온몸을 이용하여 울분을 토해 내었다. 그 분노는 일곱 살 아이가 드러내기엔 너무 위험한 것이었다.

게리는 사랑하는 어머니로부터 느꼈던 배신감의 깊이를 알게 되자, 깊은 서러움과 슬픔을 느꼈다. 내면의 아이의 욕구에 대한 그의 민감성이 최고조로 올라온 상태였다. 그는 또한 어머니로부터 바랐지만, 결코 진실로 받을 수 없었던 사랑에 대한 애도의 순간이라고 밖에는 말할 수 없는 것을 경험했다. 지적으로도 그는 융합에 대한 분명한 욕구와 그러한 연대에 대한 미해결 분노감을 통합하였다.

카타르시스 경험을 완전하게 하고 나서 게리는 그 주에 진심으로 헌신적인 관계에 몰입할 수 있었다. 그는 심장이 마치 철망에서 풀려난 것 같은 경험을 했다고 말했다. 분명히 게리는 나와의 관계에서 더 이상 물러서 있지 않고, 사랑하는 감정과 화난 감정, 양가적인 감정이 떠오를 때마다 바로 즉시 공유할 수 있었다.

상담 또는 치료 과정에서 주가 되는 치료적 '도구'는 내담자와 상담자의 관계다. 게리와의 작업에서 [상담자인 내가] 온전히 현전

하면서 내담자에게 언제든지 반응할 수 있으면서도 그를 삼키거나, 버리지 않는 태도를 견지한 것이 그와의 작업을 가능하게 했던 배경이었다.

10 만족: 상담의 종결 전 단계

산에서 돌아온 한 수도승이 [자기가 농사 지은] 순무 하나를 가져와서는 스승 겐샤에게 물었다.

"오, 스승님. 이것에 대해 어떻게 생각하십니까?"

스승은 말하길, "그냥 먹어라."

그러자 수도승이 되물었다. "먹은 무에 대해서는 어떻게 생각하시나요?"

스승은 대답하길, "나도 배부르고, 너도 배부르게 되지."라고 하였다(Suzuki, 1972/1974: 44).

만족: 만족 경험과 게슈탈트 완결 또는 후-접촉

후-접촉이란 깊고 완전한 접촉이 이루어진 직후를 의미한다. 이

것은 개인의 성장에 파괴적일 수도 있고, 도움이 될 수도 있다. 하지만 항상 자기 환경 장의 새롭고 신선한 측면이 다루어지고 변화된다. 접촉이 전경이 되면 세상은 흥분으로 가득 차서 흥분만이 전부인 것 같지만, 접촉이 끝난 다음에 그것들은 장에서의 조그만 변화로 남게 된다(Perls et al., 1951/1969).

이 단계의 상담과정은 지금까지 이루어진 변화나 성장을 흡수하는 것과 유사하다. 내담자는 감각, 알아차림, 에너지 동원, 행동, 최종 접촉까지의 주기를 거쳐 왔다. 이제 내담자는 다음 단계로 넘어갈 준비가 되었는데, 자기발견의 여행에서 얻은 경험을 만족스럽게 받아들이기 시작하는 것과 같다. 접촉의 결과는 배경으로 사라질 수도 있고, 더 이상 알아차림이 되지 않을 수도 있다. 그러나 어제 먹은 음식을 기억하지 못하더라도 여전히 우리 몸의 일부분으로 남아 있는 것처럼, 접촉의 결과는 자양분이 된다.

불행하게도 현대문명은 우리가 얻은 것을 충분히 음미해 볼 겨를도 없이 다음 전경으로 급하게 내모는 경향이 있다. 이번 상담 단계의 목적은 내담자가 접촉이 이루어진 것을 충분히 누릴 수 있도록 해 줌으로써, 만족감을 느끼고 게슈탈트를 완결시키도록 도와주는 것이다.

완결의 기쁨

이 시점에서 흔히 상담자와 내담자는 모두 작업을 온전히 완결짓지 못하고 조급하게 서둘러 중도에 끝낼 것인지, 아니면 무의미하게 계속 완벽을 추구할 것인지 진퇴양난의 딜레마에 부딪히게

된다. 이 과정에서는 항상 좀 더 성장하고, 좀 더 깨달을 수 있는 여지가 있으며, 또한 좀 더 배워야 할 기술이나 좀 더 변화되거나, 성장되고, 수용되어야 할 성격의 측면들이 있다. 그러나 불행히도 단일 회기에서건, 3~5년간의 장기 상담에서건 이 과정을 너무 사소하게 다루고 성급하게 넘어가는 경우가 많다. 심지어 이런 내용은 게슈탈트 문헌들의 이론에서 생략되는 경우가 많다. 하지만 완결 시점에서의 경험을 음미하면서 다루고, 매듭짓는 법을 배우는 것은 우리 삶에서 가장 중요하고 의미 있는 일 중의 하나다.

이 책에서 나는 상담과정에서 만족스러운 결말을 보여 주는 사례들을 많이 예시하였다. 그러나 대부분의 상담자들에게 있어서 덜 성공적으로 끝나는 사례들도 있다는 것은 자연스러운 일이다. 다음은 로라 퍼얼스의 환자가 쓴 글이다.

> 나는 물론 완전히 치료되지는 않았다. 이전의 증상들이 여전히 대부분 남아 있고, 또한 예전에는 없었던 전혀 새로운 증상이 있기도 하다. 로라를 만나기 전에는 전혀 없었던 불안을 느끼기도 한다. 그러나 그 모든 증상의 강도는 상당히 약해졌다. 그리고 지금 나는 내가 살아 있다는 걸 느낀다. 만일 죽은 나사로가 다시 살아난다 해도 여전히 펑퍼짐한 엉덩이와 덥수룩한 수염에 입 냄새를 풍길 거라고 생각한다. 그러나 그는 자신이 죽었다가 살아났다는 걸 알았으니, 이것은 엄청난 기적이고 감사한 일이라는 걸 알 거라고 생각한다. 내가 길을 걸어갈 때 사람들을 보면서 매력을 느끼기도 하고, 두려움이나 흥미를 느끼기도 하고, 또 흥분되기도 한다. 로라와 나는 함께 기적을 만들었다. 나는 삶을 되찾은 것이다(Morphy, 1980: 136).

상담이 이 단계에 이르면, 내담자는 가정이나 직장에서 성공한

경험을 자주 보고하게 된다. 밖에서의 관계가 기적적으로 변한 것처럼 보이기도 한다. '나는 계속 상담을 받으러 와야 할지 잘 모르겠어요.' 라는 식의 반응 때문에 당황스러울 때도 종종 있다. 하지만 상담자와 내담자가 함께 성공적으로 작업을 끝냈다는 성취감을 느끼면서 깊은 희열의 감정과 침묵을 공유하는 시간을 갖기도 한다. 만일 이 단계에 충분히 머물지 못하면 상담자는 소진되어 정신건강과 더불어 직업적 생산성도 위협받을 수 있다. 상담자는 내담자를 위해서뿐만 아니라 자기 자신을 위해서도 상담과정의 만족단계에서 충분한 시간을 가질 필요가 있다.

이 단계에 충분히 주의를 기울이지 못하는 내담자를 '성장광(growth-junkie)'에 비유할 수 있는데, 그들은 애쓰지 않아도 평화롭게 흘러가는 시간을 스스로에게 허용하지 않고, '그들 자신의 또 다른 측면에 관해 작업'을 한다. 상담이나 심리치료 혹은 개인 작업으로 '해결할' 수 없는 삶의 측면들도 많이 있다. 따라서 상담자나 내담자 모두 아시시(Assissi)의 성 프란체스코 기도문을 기억하는 것이 중요하다.

> 주님, 제가 변경시킬 수 없는 것은
> 그것을 받아들일 수 있는 평화로운 마음을 주옵시고,
> 제가 변화시킬 수 있는 일을 위해서는
> 그것에 도전하는 용기를 주옵시며,
> 또한 그 둘을 구별할 수 있는 지혜를 내려 주옵소서.

만족 단계의 일반적인 문제들

자의식

이 단계에서 내담자들은 자의식을 가지는 경우가 많다. 이는 마치 게슈탈트 상담(혹은 다른 상담접근)의 언어나 개념을 어느 정도 받아들여서, 이를 지속적으로 전경에 붙들어 두려는 것과 같다. 내담자들은 새로운 언어나 새로운 작업방식이 자신들의 행동목록이나 감정목록에 흡수되어 동화되는 것을 내켜 하지 않는다. 이는 상담훈련을 받으면서 사람들이 몇 달만 지나면 모든 것들을 잊어버리게 될까 봐 걱정하는 현상과 비슷한 문제다.

내가 생각하기에 잊지 않기 위해 오랜 시간 의식적으로 기억해야만 하는 것들은 우선 그것들이 충분히 통합되지 않았기 때문이라고 여겨진다. 게슈탈트가 일상적이고 자연스러운 삶의 한 부분이 되면, 게슈탈트로 인해 같은 과정을 거치지 않은 사람과도 친밀한 관계를 맺을 수 있는 능력을 갖게 될 뿐만 아니라, 이 게슈탈트 상담은 자기를 의식하지 않으면서 부드러움과 조화로움이 깃든 지속적인 즐거움이 된다. '접촉' '회피' '나는 지금 ~을 알아차린다.' '당신은 나에게 투사를 하고 있군요.' 와 같은 전문용어나 상담자가 즐겨 쓰는 말투, 또는 한때 유행했던 퍼얼스 식의 표현(예: '헛소리' '개똥같은 소리')을 지나치게 많이 사용하는 것은 대부분의 사람들한테 맞지도 않고, 받아들여지기도 어렵다.

상담의 목표는 개인의 성격이 자연스럽게 통합되는 것, 즉 게슈탈트가 그 사람 속으로 깊고 편안하게 스며들어 통합되는 것을 의미한다. 어떻게 이것이 가능한가에 대한 답은 결코 간단하지 않다.

이는 각 상담자가 지닌 예술적 감각과 기술, 이론과 실제, 개인적인 경험과 주관성, 알아차림과 기법을 어떻게 적절하게 혼합하느냐에 달려 있다. 이러한 목표는 전체가 부분의 합 이상이라는 게슈탈트 상담 작업의 전체성과 관련된 것이다. 이 책에서처럼 연결된 과정들을 하나씩 따로 떼어서 다루는 것은 게슈탈트 상담에서 개인이 경험할 수 있는 풍성함과 가치를 제대로 반영하지 못한다.

관객 되기

관객 되기(spectatoring)는 위에서 언급한 문제와 비슷한 종류의 것이다. 구체적으로 말해서 '좋은 게슈탈트 상담자는 어떻게 해야만 하는가?'라는 관점에서 자신을 끊임없이 관찰한다는 점에서 자기를 구경하는 것과 같다. 여기에는 일종의 '자기관리' 또는 '기계적 반복'의 느낌이 들어 있다. 물론, 관객 되기는 게슈탈트 상담에만 국한되지 않고, 몇몇 다른 상담에서의 내담자에게도 상담 후반부에 나타나는 현상이다. 이 역시 다른 문제들처럼 다루어야 하는 자연스러운 과정이다.

내 생각에 관객 되기는 치료 자체로 인해 야기된 문제라는 점에서 '의원병 효과(iatrogenic effect)'라고 말할 수 있다. 따라서 상담의 전 과정을 효과적으로 완결시키기 위해서는 알아차림을 검토하고, 모호함과 불확실성을 견디는 실험을 제공하며, 필요하다면 적절한 직면을 시키는 등의 방법을 통해서 '상담의 부작용들'을 점검하고 제거해야 한다.

그러나 상담자들은 내담자들이 체계를 충분히 통합했으며, 따라서 이제 그것을 이용해 문제들을 극복하고 성장을 계속해 나갈 것이라고 믿음으로써 이러한 전형적인 문제들을 그냥 지나쳐 버릴

가능성이 있다. 바빙톤 스미스(Babington Smith)와 파렐(Farrell, 1979/1980) 역시 내담자들이 단지 치료자가 말하는 방식을 따라 배웠다고 해서 치료 효과가 있다고 볼 수 없다고 경고를 했다.

상담자는 이러한 가능성을 이해하고 경계해야 한다. 또한 상담자는 자신의 상담자와 만나서 이러한 결과가 나온 것에 스스로 기여한 바를 검토해 봐야 한다. 만일 이 문제가 계속된다면, 접촉 주기의 이전 단계로 되돌아가서 다시 철저하게 작업해야 할 필요가 있다.

과소통제와 과잉통제

이 단계에서 내담자들은 과소통제와 과잉통제 사이를 왔다 갔다 한다. 예를 들면, 그들은 자신의 분노를 알아차리고, 에너지를 동원하여 분노를 일으키게 한 대상이나 상황에 의도적으로 접촉하여 행동하는 것을 배웠다. 그들은 종종 상담실 밖에서 부적절하거나 지나치게 화를 내서 손해를 보기도 한다. 이를테면 지나치게 통제되고 경직되어 있던 사람이 잘 준비되지 않은 취업면접 상황에서 화를 낼 수도 있다. 이러한 반응은 유기체의 적절한 반응일 수도 있지만, 너무 많은 대가를 치른다. 충분히 반전하지 못함으로 인해 초래될 수 있는 현실적인 장기적 영향을 계산할 수 있을 만큼 '유기체는 분별력이 있다.' 상담자는 내담자가 상담 상황에서는 쉽게 말하고 행동해도 되지만, 다른 곳에서 그렇게 했을 때는 너무 큰 대가를 치를 수도 있다는 것을 분별할 수 있도록 도와줘야 한다.

게슈탈트 상담에서는 자발성과 풍부한 표현을 증진시키는 데 중점을 두기 때문에 과잉통제가 문제가 되는 경우가 그리 많지 않다. 그러나 게슈탈트 상담의 맥락에서도 대인관계에서 일종의 과잉통

제 문제가 나타나는 경우가 있는데, 예컨대 '나는 나의 일을 하고, 당신은 당신의 일을 한다.'[24]라면서 유기체와 환경의 결속이 분리될 때 그렇다. 이는 개인의 자기애적 통제욕구를 과장함으로써 결국 유기체나 환경 모두 더가를 치르게 된다.

이러한 양상은 예전의 피해자가 가해자가 될 때 일어나기도 하는데, 예전의 피해자도 수년 동안 병리적인 융합관계를 유지하는 데 동일한 책임이 있으면서, 서로 영향을 준 것에 대해 가해자에게 벌을 주고 보복하고자 한다. 상담자는 내담자로 하여금 자신을 비난하거나, 상대방을 처벌하지 않으면서도 자신이 부정적 관계를 선택하고 유지하는 데 기여한 책임을 발견할 수 있도록 도와줘야 한다. 내담자가 이를 깨닫는 가장 좋은 방법은 상담자가 내담자를 비난하지 않고 따뜻하게 이해하고 있다는 것을 내담자가 직접 체험하게 하는 것이다.

'맹신적인 열성'

이 단계에서 나타나는 또 다른 전형적인 문제는 맹신적인 열성이다. 이는 마치 '이것이 진정한 성경이요, 진리에 이르는 유일한 길'이라 믿고 행동하는 것처럼 상담을 칭송하는 내담자들에게서 종종 나타난다. 친지나 친구, 가족들이 볼 때는 내담자가 특정 상담자나 정신분석, 교류분석 또는 게슈탈트 상담과 같은 특정 상담을 '판촉 광고'하는 것처럼 보이기도 한다.

상담자가 볼 때는 다소 우습고, 근시안적이며, 심지어 당황스럽

24) 역자 주: 프리츠 펄스가 한 말로서 의존적인 관계에 빠지는 것에 대한 경고였지만, 이러한 태도가 너무 지나치다 보면 오히려 타인과의 관계성을 저해할 수 있게 된다.

기도 하지만, 내담자들은 자신이 경험한 상담접근의 강점을 믿고 열정적으로 격찬한다. 사람들은 자기에게 효과적이었다고 생각하면 증인이 되고 싶어 하며, 같은 경험을 한 사람들과 마음을 나누고 싶고, '그 효과를 의심하는 사람들의 마음을 돌려 놓고' 싶어 한다.

상담자는 이 '위대한 발견'을 공유하고 싶어 하는 내담자의 욕구를 겸허하고 관심 어린 마음으로 다룰 필요가 있다. 내담자는 '말씀을 전파해야 하는' 의무감이나 강박감 없이, 고마움을 음미하는 균형감각을 가질 필요가 있다. 최근에는 전문상담가들조차 자신들이 훈련받은 상담접근만이 절대적으로 옳고 중요하다고 보고, 다른 접근에 대해서는 깊이 연구하거나 [호기심을 갖고서] 마음을 열려고 하지 않는 편협한 일면이 있다.

완벽주의

뛰어나고자 하는 욕구는 완벽하고자 하는 욕구와 자주 혼동된다. 미묘하고 복잡한 상담과정에서 이러한 혼동은 쉽게 일어나는데, 특히 사람들이 자기실현을 이룰 수 있다는 가정 때문에 더욱 그러하다. 이 단계에서 사람들은 자기 자신에게나 상담자에게 비현실적인 요구를 할 수도 있는데, 언제나 조화롭고 늘 건강해야 한다거나, 항상 '유기체에게 적합하게 게슈탈트 알아차림 주기에 따라 움직이길' 바라게 된다.

좀 극단적으로 말한다면, 내담자가 '일시적인 성적 유혹에 휩쓸리는 것과 같이 어떤 욕망에 따라 행동하는 것을 거부할' 수 있는 여지가 없다면, 자유로운 정신을 표방하는 게슈탈트 철학조차도 또 다른 구속이 될 수 있다. 때때로 내담자들은 자신의 선택이라면 [어떤] 욕구를 충족시키지 않을 수도 있고, [어리석게도] 자기희생을

치를 수도 있어야 한다. 즉, 더 간단히 말하자면, 내담자들은 가끔 '기분이 안 좋을 권리' 도 갖도록 허용되어야 한다(Hazleton, 1985).

궁극적으로 상담자와 내담자는 실존하는 현실에 대해 예술가처럼 타협할 필요가 있다. 결과는 늘 이상에 못 미칠 것이다. 하지만 세상사가 다 그런 법 아닌가? 만일 이전의 완벽주의 문제가 반복된 것이라면, 이러한 지나친 요구를 다루기 위한 전략과 기법을 (어린 시절의 경험에 대한 작업을 포함해서) 고안해 낼 필요가 있다.

한편으로 인간은 완벽하지 못하다. 아무리 '상담'을 많이 해도 이 사실을 바꿀 수는 없다. 상담자는 자신의 결점과 약점, 한계를 기분 좋게 수용하는 모습을 보여 줄 수 있다. 또 다른 관점에서 보면, 모든 인간은 이미 완벽하다고 할 수 있다. 즉, 한 그루 나무가 그 자체로서 완벽한 것처럼, 인간 역시 있는 그대로 완전하다.

실험의 예

자의식이 만족 단계를 심각하게 방해할 수 있기 때문에, 여기서는 상담 후반부에서 나타나는 자의식을 다루는 데 도움이 될 만한 몇 가지 방법들을 제안하고자 한다.

전경에 집중하고 명료화하기

상담의 각 단계마다 매번 게슈탈트 주기에서 이전의 모든 단계를 다시 밟게 된다. 후-접촉 단계에 떠오른 전경에 집중하고, 이를 명료화하기 위해 알아차림에 관한 이전의 발견들과 기술들을 다시 돌아볼 필요가 있다. 자기 자신을 발견하였으므로 이제 자신을 놓

아 버림으로써 전경이 충분히 활짝 피어나도록 허용해 줄 필요가 있다.

내담자가 자기 자신과 대상 혹은 태극권과 같은 동작과 하나가 되도록 허용하는 선 수행에서 사용하는 보기나 듣기 연습 같은 것이 역설적으로 들릴지 모르지만 이러한 완결의 과정, 후-접촉 단계, 그리고 만족과 친해지기 위해 도움이 된다.

계절이 바뀌고 씨앗이 나무로 자라고 결국 죽는 것과 같이, 자연의 순환리듬을 따라간다는 것은 우리의 삶에서 '전경'이 나타나고 사라지는 과정을 따르는 것과 같다. 오늘 매우 중요하게 보이는 것이라도 10년 후에는 아무 의미가 없을 수 있다. 지금 이 순간을 풍성하게 살고, 자기 자신에게 주의를 기울이고 집중함으로써 삶의 경험의 질을 높여 주고, 그에 대한 좋은 기억을 남기게 된다.

유기체의 성쇠를 신뢰하기

이 단계에 이르면 대부분의 내담자들은 건강과 복지를 유지하기 위한 자신만의 직관적인 지혜를 신뢰할 수 있다는 것을 발견하게 된다. 린은 부모님과 선생님들로부터 8시간은 자야 한다고 배워 왔다. 수년 동안 그녀는 이 가르침을 따라 자고 싶지 않은데도 억지로 잠자리에 들곤 했으며, 피곤하지 않은데도 수면부족을 걱정하곤 했다.

상담이 끝날 무렵 대부분 사람들이 그러하듯이, 에너지가 현저히 많이 생겼고 잠을 덜 자도 되는 것 같았다. 그러나 그녀는 여전히 잠을 덜 자면 건강에 영향을 미칠까 봐 걱정을 하고 있었다. 그래서 린은 2주간의 실험을 해 보기로 했는데, 피로하고 자고 싶으면 언제든 자기로 해 보았다.

예를 들면, 사무실 휴게실에서 티타임에 10분 동안 잠깐 눈을 붙이거나 점심시간에 30분 정도 낮잠을 자 보기도 하고, 재미있는 책을 읽으며 밤을 새 보기도 하고, 밤새 일하고 주말에 18시간 이상 잠을 자는 여유를 즐겨 보기도 했다. 그녀는 자신의 수면 욕구를 신뢰할 수 있을 때까지 이 실험을 계속하였는데, 수면이 부족한 상태와 충분한 상태를 선명하게 인지할 수 있었고, 현실의 요구에 대해 신체가 어떻게 반응하는지를 알 수 있게 되었다.

수면과 관련하여 자기조절 기능을 깨닫게 되면서 그녀는 자부심과 만족감을 얻을 수 있었다. 그녀는 더 이상 불면증으로 보낸 시간들을 계산하지 않아도 되었고, 다른 식구들은 잠을 자더라도 개인마다 욕구가 다르므로 상관치 않고, 밤새도록 책을 읽는 것을 즐기게 되었다.

만족을 음미하기

헬렌은 자주 깊은 통찰을 얻었고, 자신의 경험을 창조적으로 변화시켜 갔다. 하지만 그녀는 자신이 알고 있는 그다음 문제를 해결하기 위해 다시 서두르곤 했다.

헬렌은 웨이터나 점원과 같은 낯선 사람에게 자기주장을 하는 것에 약간의 두려움을 가지고 있었다. 몇 차례 작업한 후, 그녀는 14살 때 짝이 맞지 않은 신발을 반품하면서 어머니가 거칠게 말하는 것 때문에 무척 당황스러웠던 기억이 떠올랐다. 헬렌은 이 장면을 재연했고, 상상 속에서 어머니를 저지하고 이 상황에서 어떻게 하면 공격적이지 않으면서 자기주장을 할 수 있는지를 어머니에게 설명하였으며, 또 실제 어떻게 하면 되는지 어머니에게 시연을 해 보이기까지 했다.

이 순간은 매우 조화롭고 치유적인 순간이었다. 그러나 그녀는 그 회기를 마치면서 "그런데요, 다음 주에는 오늘 작업에 대해 불만스러운 부분을 다루고 싶어요."라고 말하였다.

다음 주에 우리는 진전이 없었다. 만족과 물러남을 느끼지 못하고 차단하는 것이 헬렌의 삶에서 늘 반복되는 패턴이었다. 나는 그녀에게 자신이 미술관에 있는 장면을 상상해 보도록 제안하였다. 아래층은 자신이 이미 완결한 작업에 대한 그림들이 걸려 있고, 그녀가 지금 있는 층은 '자기주장의 두려움'이 묘사된 그림으로 꾸며져 있다. 나는 그녀에게 이 미술관을 두루 다니며 시간을 보내도록 하였는데, 다음 층으로 지나가기 전에 충분히 즐기고, 묘사하고, 몰입하도록 하였다.

과잉통제를 포기하기

이러한 기법들은 자의식을 포기하는 것을 포함하고 있다. 우주와 연결되는 체험을 하도록 이끄는 명상이나 시각화 실험은 과잉통제 문제를 다루는 또 다른 게슈탈트 기법들이다. 명상은 광활한 공간과 셀 수 없는 시간의 무한함, 상대적으로 인간의 미미함을 깨닫게 함으로써 이 단계에 고착된 사람들에게 도전이 되면서 치유적일 수 있다.

1960년대에 형성되었던 게슈탈트 상담의 인상과는 달리, 현대 게슈탈트 상담은 자기 알아차림이 환경과의 관계성 안에서만 의미있다고 생각하게 되었다. 개인은 더 이상 체계와 떨어져 존재하지 않으며, 영혼 역시 생태계와 분리되어 있지 않다. 이러한 생태학적 의식은 단순히 나무, 오존층, 지구의 자원들을 포함시킨다는 것만이 아니라, 역사와 진화하는 우주 속에 우리가 함께 동참한다는 것

을 의미한다.

‘적당하다’고 수용하기

게슈탈트 상담에서 저항, 거부, 반항에 대해서는 많이 강조되어 왔었지만, 수용, 포기, ‘그 정도면 됐다고 생각하면서 놓아 버리기’ 등은 비교적 덜 강조되어 왔다. 게슈탈트 상담은 양극성을 중요시하여 이들을 찾아서 확장하고 개발하며, 또한 유기체에 필요하다고 판단되면 양자의 통합을 촉진하는 것을 강조해 왔기 때문에 균형 있는 사람이 되기 위해서는 이 두 가지 측면을 동등하게 다루어 주어야 한다.

싸움이나 공격, 게슈탈트 파괴를 습관적으로 하거나, 그러한 경향이 강한 사람이라면 적당한 때 흘려 보내고, 적당한 때 받아들이는 여유로운 태도를 배우고, ‘적당한(good enough)[25] 관계’ ‘적당한 자기상’ ‘적당한 인생’이 어떠한 것인지를 아는 것을 배울 필요가 있다.

제니는 자신의 감정을 허심탄회하게 이야기하는 법을 배웠고, 친구들도 자기처럼 하길 바랐다. 그러던 어느 날 친구가 다른 나라로 이민 가게 되어 작별 인사를 나누게 되었다. 제니는 이 모임에서 어느 한 친구에게 느껴 왔던 분노와 죄책감을 어떻게 표현해야 할지 몰라 난감했었는데, 상담 시간에 이 이야기를 하게 되었다. 이야기를 나눈 후 그 감정을 그대로 놓아 버리기로 결정하였다.

스탠리는 선박기술자로서, 아버지로서, 남편이자 연인으로서,

25) 역자 주: ‘good enough’는 직역하면 ‘충분히 좋은’ 또는 ‘그만 하면 좋은’이란 의미이지만 여기서는 의역을 해서 ‘적당한’이란 말로 번역했다.

저널리스트로서, 또 교사와 운동선수로서 자신의 75년의 삶을 되돌아보았다. 그는 어느 한 영역에서도 괄목할 만한 성취를 하지 못했다는 것 때문에 어떠한 것도 제대로 잘해 내지 못했다며 스스로를 비난하였다. 그는 자신의 삶을 허송세월한 것이 아니었나 걱정하였다.

상담을 하면서 그는 '사람마다 다 쓰임새가 있다.' 라는 말의 진정한 의미를 배워야 했었다. 그는 어느 한 분야에서도 위대한 업적을 이루지는 못했지만, 다른 많은 것들을 이루어 냈고, 잘 균형 잡힌 업무를 수행해 내었다는 사실에 대해 스스로 자부심을 느껴도 괜찮겠다는 생각을 하게 되었다. 그는 자신의 고유한 삶의 패턴을 통합함으로써 자신의 삶에 대한 최종적 의미를 찾아내었고, 황혼기를 만족스럽고 심오한 것으로 느끼게 되었다.

종결을 준비하기

지금까지 살펴본 것처럼 게슈탈트 상담의 중요한 가치는 각 개인이 지금-여기에 실재하는 '있는 그대로의 것'과 접촉할 수 있게 되는 것이다. 즉, 지금-여기의 실존과 만나는 것이다.

이상적으로 말한다면, 내담자가 자신의 생각, 상상, 감각과 같은 내부세계와 잘 접촉할 수 있고, 또한 사람, 장소, 사건 등의 외부환경과도 잘 접촉하게 된다. 그리고 자기파괴적 패턴은 점차 사라지고, 자기실현 전략들을 습득하게 된다.

펄스, 헤퍼라인, 굿맨에게는 알아차림이 [상담과정의] 핵심이었다. 왜냐하면 완결되어야 할 미해결 상황들을 알아차림을 통해

의식의 전경으로 떠올릴 수 있기 때문이다. 건강한 사람들도 [알아차림을 통해] 자신에게 필요한 지지를 구하고 발견하는 능력을 더 많이 갖게 된다. 만일 그가 알아차림의 방법을 배워서 변화하는 상황을 좇아 접촉을 유지할 수 있게 되면, 흥미와 흥분, 성장이 뒤따를 것이고, 그렇게 되면 그는 더 이상 신경증적이지 않을 것이다. 이때 그가 가진 문제가 '내면적인 것이든 외부적인 것이든' 마찬가지다(Perls et al., 1951/1969: 466).

계속되는 게리 이야기

이번 치료 단계에서 게리는 새로운 정보를 발견하고 알아차리는 데 너무 진지해진 나머지 과도하게 완벽주의자가 되었다. 감기처럼 사소한 것에도 스스로를 비난하게 되었다. 새로운 관계에서, 특히 마음에 드는 여성과의 관계에서 이전 같으면 파괴적이고 의존적인 융합 패턴에 빠져들 수 있는 상황에서 더 자의식적으로 되고 조심스럽게 행동하였다. 예를 들면, 그는 자신의 욕구와 상대방의 욕구를 현학적으로 구분하려고 했다. 자신에 대한 감시의 끈을 내려놓기 어려웠던 부분이 자연스러운 과정을 차단하게 되었다.

이는 말하자면 내관[26]을 통해 역설적인 방법으로 '자신의 자발성을 관리하고' 싶어 하고, 또한 놀람과 새로움을 통제하면서, 일종의 의도적인 알아차림과 융합된 상태에 머무르려는 시도와 같다. 이제 게리는 자기 자신을 내버려두도록 허용하고, 그러면서도

26) 역자 주: '내관(introspection)' 이란 자기를 내적으로 관찰하는 행동을 의미한다.

자신을 다시 찾을 수 있다는 신뢰를 배울 수 있는 새로운 단계에 들어오게 된 것이다.

어느 회기에서 게리가 자신의 '내적 여행'에 대한 만족감에 집중하고 있을 때, 나는 그에게 원로 교수가 되어 정기적으로 참석해 왔던 졸업식 연기를 해 보라고 제안했다. 이러한 개입에는 몇 가지 목적이 있었다. 우선 그가 상담에서 이루어 낸 것을 좀 더 선명하게 인식하고, 성취를 누릴 수 있게 하기 위해서다. 또한 상담관계가 결국은 종결된다는 것을 준비시키기 위해서다. 그리고 상징적이고 은유적인 의도가 있었는데, 시험에서와 마찬가지로 인생에서도 완벽하지 않더라도 완결될 수 있는 것이 있다는 것을 일깨워 주기 위해서였다.

마지막으로는 상담의 만족 단계를 더 충분히 경험할 수 있도록 균형감과 현실을 알려 주기 위해서였다. 이는 훗날에 자신의 성취를 평가하는 데 사용할 수 있는 내면적 모델이 될 것이다. 효과적이고 훌륭한 치료적 기법은 멋진 시처럼 의도나 직관, 의미들을 담고 있는데, 그중 일부만이 알아차려지고 표현될 수 있다.

그는 대체로 내가 제안하는 다양한 실험에 매우 자발적으로 임했었는데, 이날은 잠시 생각에 잠기더니 이렇게 말했다. "이 작업은 정말 재미있을 것 같아요. 그런데 오늘은 준비 없이 이걸 하고 싶지 않아요. 다음 주까지 졸업식에 대해 생각하고 준비해서 적당한 소품도 가져오고 싶어요."

다음 주에 게리는 근사한 졸업식을 재연했는데, 졸업식의 교수 역할을 어떻게 하는지 미리 흉내를 내어 가르쳐 주면서 내게 그 역을 맡겼다. 게리는 자신에게 수여할 상세한 졸업장을 만들어 왔는데, 거기에는 지난 몇 해 동안 상담하면서 개인적 차원과 대인관계

측면에서 그가 이룩한 평범한 것에서부터 특별한 성취에 이르기까지 아주 자세한 내용들이 적혀 있었다. 나는 그에게 '학위를 수여했고', 그는 쿠션을 상상 속의 청중이라고 생각하며 연설을 했는데, 청중으로는 그의 친구들, 제시카, 새로운 여자친구, 부모님이 있었다.

11 물러남: 상담의 종결 단계

동경의 한 대학교수가 지혜를 얻기 위해 유명한 선승을 방문하게 되었다. 선승은 그를 다도에 초청하였다. 선승은 교수의 찻잔에 차가 탁자 위로 흘러내릴 정도로 가득 부은 뒤에도 계속해서 차를 따르고 있었다. 교수가 이에 항의를 하자 선승은 이 교수를 가득 찬 잔에 비유하면서 잔을 채우기 위해서는 먼저 그 잔이 비어 있어야 한다고 말했다(Reps, 1971: 17).

물러남: 휴식하고 있는 유기체

여기에서 설명하는 상담과정의 마지막 단계는 물러남, 즉 낡은 게수탈트(또는 전경)를 놓아 버리는 과정이다. 물론 상담과정에는

거시적 주기와 미시적 주기가 있으며, 물러남이 반드시 마지막 단계일 필요는 없다. 실제로 알아차림 주기의 각 단계마다 그 속에는 더 작은 주기들이 있을 수 있다. 물러남(휴식하고 있는 유기체)이 반드시 종결을 의미하는 것은 아니다.

적극적 물러남은 하나의 상담과정 속에서도 여러 번 일어날 수 있는데, 예를 들어 새로운 부분에 대한 작업을 시작하기 전에 일어날 수 있다. 또한 상담자가 여름휴가를 갈 때처럼 물러남이 유기체의 시간에 맞추기보다는 달력의 시간에 맞춰 일어날 수도 있다. 인간생활에서 일어나는 대부분의 변화는 상담기간 동안에도 언제든지 일어날 수 있는데, 이러한 변화는 항상 종결 그리고 시작에 의해 그 특징이 드러난다.

상담자와 내담자 모두는 삶의 경험에서 일어나는 이러한 빈 공간에 친숙해지고, 이것을 견뎌 내고 탐색해서 '무익한 공백'에서 '풍요로운 공백'으로 변형시켜야 한다. 여기에는 때가 되면 가능성과 잠재력으로 넘쳐나면서도 동시에 비어 있는 상태라고 할 수 있는 배경으로부터 감각이 전경으로 떠오르도록 허용하여 '앞으로 나아갈' 책임뿐만 아니라, 혼란과 불확실한 상태에 머무르려는 의지도 필요하다.

중요한 전환기를 겪고 있는 사람들을 돕는 것은 상담과정의 핵심이다. 이러한 전환에는 새로 태어난 아기에 대한 적응, 배우자의 죽음, 말기환자로 진단받는 것, 직장에서의 승진, 식습관의 변화, 혹은 습관적으로 타인을 불신하는 태도에서 개방적이고 신뢰할 수 있는 태도로 대인관계의 방식이 변화하는 것 등 다양한 것들이 있다. 이러한 전환기나 사건에 처한 대다수 사람들의 유기체적 자기조절 과정에는 물러남 과정이 포함된다.

게슈탈트 형성과 파괴 주기의 이 단계에서 말하는 물러남은 일단 정지한 후 이전의 몰입에서 벗어나 정신 에너지를 철수하여 공백 상태 또는 아무것도 없음의 상태로 된 다음, 거기에서 새로운 욕구[또는 전경]이 나타날 수 있도록 해 주는 것을 의미한다. [그렇게 되면] 게슈탈트적 의미에서 이제 배경이 전경이 된다.

상담자는 전환과정의 필수 부분인 물러남과 고립을 수용하고 탐색하도록 지지하고 격려하는 것이 매우 중요하다. 여기에는 실험을 격려하고, 구체적으로 행동하며, 삶의 다른 부분들과의 연결성을 재확립하고, 이들 간의 균형을 이루는 것이 필요하다.

사람들은 종종 '사이에' 있게 되는 불편한 과정을 빨리 지나치거나 아니면 거기서 도망치고 싶어 한다. 그러나 이때에 작용하는 주의와 의도적 알아차림의 질이 이러한 공백 또는 공허가 무익한 것으로 경험될지, 아니면 유익한 것으로 경험될지를 결정하게 된다.

종결에 대한 정서적 반응들에는 주로 분노, 슬픔, 좌절, 무기력, 우울, 죄책감 등이 있다. 내담자들은 자신들이 좀 더 좋은 내담자였어야 한다고 느끼며, 상담자가 말하는 것을 좀 더 기억하고 '비밀'을 좀 더 털어놓았어야 한다고 느낀다.

> 정서적 반응 단계 동안 일어나는 인내와 신뢰는 치료의 가장 본질적인 특성이다. [상담자가 내담자의] 정서적 반응을 억제하거나 편향시키는 것은 유기체의 참여를 차단하는 것이기 때문에 심각한 실수라고 할 수 있다. 정서적 반응에 대한 유기체적 욕구가 변화함에 따라 치료자는 과정과 함께 움직이며, 또한 그러한 움직임 속의 과정을 지지한다(Clark, 1982: 56).

애도 과정의 마지막 차원은 실존적 수용에 관한 것이다. 이것은 사람마다 아주 다르게 나타난다. 이는 내담자가 부정(denial)과 분노, 타협, 우울(Kübler-Ross, 1969)을 거친 후에 보편적 인간성의 기반 위에서 정서적 수용과 인지적 통합을 하게 된다는 의미다.

종결: 상담관계를 마무리하기

게슈탈트 상담자들도 내담자들과 마찬가지로 종결을 할 때, 자신들만이 선호하는 특정한 방식들을 갖고 있다. 어떤 상담자들은 내담자가 고통으로부터 어느 정도 벗어나자마자 바로 종결을 해버리며, 또 어떤 사람들은 종결의 시기를 '악마의 날'로 보고 이를 최대한 뒤로 연기한다.

이 단계는 상담과정 중에서 가장 연구가 덜 이루어졌지만 가장 중요한 단계다. 왜냐하면 과거의 미해결 과제가 남아 있거나 이별을 완결하지 못하고 회피하게 되면, 현재나 미래의 이별과 충분히 접촉하는 것을 계속 방해할 것이기 때문이다. 진정으로 '새로움'을 만날 수 있기 위해서는 '이별'을 잘할 수 있어야 한다.

낡은 게슈탈트가 분해된다는 것은 필연적으로 우리가 이전에 형성했던 게슈탈트에 내재되어 있는 어떤 사람이나 태도, 즉 삶의 한 측면을 상실하는 것을 의미한다. 불만족스러운 종결의 역사를 갖고 있는 내담자들에게는 이것이 커다란 불안을 일으키며, 때로는 고통을 준다.

"비탄(grief)은 게슈탈트 주기의 파괴 단계에서 반드시 일어나는 정서다. 비탄은 변화의 시기 동안 상실에 대해 일어나는 정서적 반

응이기 때문에 삶에 필수적이다." (Clark, 1982: 50) 게슈탈트 상담자들은 비탄을 경험하고, 감내해야 하며, 심지어는 맛을 음미해 봐야 하는 것으로 본다. 비탄은 극복하거나 끝내야 하는 문제가 아니라, 삶에서 본질적으로 중요한 것이다.

이상적으로는 상담자와 내담자 모두 거의 동시에 종결을 예측하고, 이 과정에 함께 충분히 주의를 기울이면 좋을 것이다. 아마도 내담자가 상담자의 도움을 받으면서 처음으로 인생에서의 중요한 관계가 종결되는 것을 의식적으로 알아차리면서 모든 감정을 표현할 수 있게 될 것이다. 일상생활의 대인관계들은 나쁘게 끝나는 경우가 많기 때문에, 상담에서의 종결은 매우 중요한 부분이다.

사람들은 갑작스런 죽음으로 인해 종결에 미처 준비하지 못하는 경우가 많으며, 혹은 너무 일방적으로 이혼을 당하거나 결정할 수도 있다. 직장을 그만둘 때도 수많은 외부 요인과 주변 사람들의 기대가 작용하기도 한다. 따라서 상담관계를 만족스럽게 종결하는 치료적 경험은 특별히 치유적인 중요성을 갖는다. 현재의 이별이 잘 이루어지면 과거의 불완전한 이별까지 소급하여 치유할 수 있다. 게다가 내담자가 앞으로 일어날 인생의 자연스럽거나 혹은 부자연스런 많은 종결들에 임하여 더 잘 협상하도록 한다는 점에서 교육적 가치도 크다.

모든 종결이 심리적으로 이전의 상실과 사별 경험을 다시 유발시킨다는 것은 잘 알려진 사실이다. 일반적으로 사람들은 성인기 때 겪은 상실을 극복해 나가는 과정에서 아동기 때 겪은 상실을 아주 생생하고 고통스럽게 기억해 낸다. 내담자들도 마찬가지로 슬픈 감정을 표현하지 못하게 했던 가족의 금기 때문에 생긴 오래된 내사를 만나게 된다.

제미나는 어린 시절 크리스마스 때 집에서 키우던 칠면조로 요리를 만드는 바람에 슬퍼했었는데, 가족들로부터 놀림을 받았던 기억을 떠올렸다. 심지어 차를 팔 때도 고착된 게슈탈트인 이러한 오래된 비탄을 다시 자극할 수 있다. 종결 단계에서는 회피가 일어날 가능성이 매우 크다. 예를 들면, '우리는 다시 만날 거예요.' '나는 상담훈련을 받으러 오고 싶어요.' '이건 진짜 이별이 아니에요. 왜냐하면 내가 원하면 언제든지 당신을 만날 생각이니까요.' 라고 할 수 있다.

상담자에게 역시 이 단계는 문제가 되거나 종종 고통스러울 수 있다. 이제 막 한 존재를 건강하게 자기실현에 이르도록 하고, 그 기쁨을 즐기려는 시점에 그를 떠나보내야 하는 것이다. 진심을 다하고 현실적으로 서로를 좋아하고 존중하는 이 단계에서는 친밀감과 진실한 대화를 주고받게 된다. 그것은 부모가 자식을 독립시킬 때 경험하는 갈등과 비슷하다.

어떤 상담자는 내담자와 함께해 온 많은 역사를 통해 만들어진 양육적이고 소중한 관계가 상실되는 쓰라림을 경험하기 싫어서 오랫동안 매달려 있기도 한다. 또 어떤 상담자들은 어린 시절 버림받았던 자신의 문제를 [다루지 않고] 방어하기 위해 '어린 새를 혼자 날아가라고 둥지에서 밀어 버리는' 식으로 내담자를 밀어내는 미숙한 행동을 할 수도 있다. 상담자는 자신에 대한 알아차림을 충분히 길러서 내담자를 상담할 때, 이러한 정보를 사용할 수 있어야 한다.

성공적인 종결을 위해 가장 중요한 것은 상담자가 내담자와의 관계에서뿐만 아니라 자신의 매 순간 순간의 경험에 대해서도 정신내적으로 생생하게 머무를 수 있어야 한다. 그리고 내담자에게

도 이런 매혹적인 여정이 주는 여러 측면과 분위기에 예민하게 주의를 기울이도록 초대하고, 도전하며, 격려해야 한다.

이 장에서 나는 시간이 지나면서 자연스럽게 일어나는 마지막 상담 단계인 종결을 다루는 법을 설명하고 있다. 특징적으로 게슈탈트 관점에서는 종결을 아주 다른 방식으로 접근하는데, 아주 초기부터 종결을 중요한 주제로 다룬다. 예를 들어, 내담자에게 매 회기가 끝날 때마다 다음 상담 약속을 잡고 싶은지 물어보기도 한다. 이런 방식으로 게슈탈트 상담에서는 아주 처음부터 책임감, 선택, 치료의 목표와 자율성, 상담자에 대한 매혹적인 태도, 오래된 희망 등에 관한 문제들을 탐색할 수 있다.

> 게슈탈트 상담의 핵심 특징은 가능한 한 내담자가 관찰자-해설자로서, 때로는 안내자로서 옆에 있어 주는 치료자와 함께 자신이 스스로 치료를 수행한다는 점이다……. 환자 스스로가 치료를 계속할 것인지, 치료로부터 무엇을 얻고 싶은지, 또 치료를 계속할 만큼이 치료에 충분히 가치를 두고 있는지 결정할 때, 가능한 빨리 책임을 지도록 하는 것이 게슈탈트의 전반적인 치료 방향과 일치한다 (Enright, 1971: 120).

어떤 게슈탈트 상담자들은 경험의 주기적 특성을 그대로 반향해 줌으로써 관계가 끝나는 종결의 문제가 자연스럽게 수면 위로 떠오르기를 기다린다. 어떤 내담자들에게는 이렇게 기다리는 것이 적절할 수도 있지만, 다른 내담자들에게는 그렇지 못할 수도 있다.

최종 (물러남) 단계의 일반적인 문제들

이 단계에서 가장 두드러지게 나타나는 접촉 차단은 융합이다. '합병(merging)'과 정확한 공감은 이 단계에서 나타나는 융합의 건강한 측면일 수 있다. 예를 들어, 합병과 정확한 공감은 자기애적 환자가 상담자를 자신과는 다른 다양한 감정과 욕구를 가진 분리되고 독립적인 한 인간으로 공감하기 시작할 때 일어날 수 있다. 그러나 상담관계를 종결해 버림으로써 이 융합으로부터 물러나는 것을 꺼려 하게 되면, 물러남의 게슈탈트 경험 주기를 만족스럽게 끝맺지 못하게 되고, 제한적인 성과에 그칠 수 있다.

종결에 대한 저항과 지나치게 서두르는 종결

상담을 처음 시작할 때 내담자가 보였던 습관적인 종결 패턴은 상담을 하면서 감소되고 수정되었다 하더라도, 마지막 과정에서 다시 나타날 수 있다. 이전에 고통에 대한 공포가 있었던 충동적인 사람이 고통을 피하기 위해 지나치게 빨리 상담을 종결하려고 한다면 상담자는 이를 직면시켜 줄 필요가 있다. 반대로 고통스러운 삶의 경험을 자학적으로 오래 끄는 사람에게는 강력하고 완전하게 분리할 수 있도록 도와주어야 한다.

예를 들어, 한 내담자는 11년간 한 상담자와 만나면서 많이 나아졌다. 그녀는 이 상담자와 상담을 종결한 후 곧바로 다른 상담자에게서 상담을 받기로 했다. 따라서 두 번째 상담관계의 일차적 과제는 처음부터 바로 시간제한을 둔 계약을 하고, 그 시간 내에 종결하도록 하는 것이었다.

애착과 분리의 문제

대부분의 내담자들은 애착이나 분리, 물러남의 주제들을 다시 재작업해야 할 것이다. 내담자와 상담자는 이미 이 작업을 완결했다고 느낄 수도 있다. '마치 처음 시작했던 때로 되돌아간 느낌이에요.' 그러나 그들은 유아기나 아동기 때의 애착과 분리 문제를 다시 재작업할 필요가 있을지도 모른다. 하지만 이러한 작업은 좀 다른 수준에서 행해져야 한다. 왜냐하면 그들은 일반적으로 문제를 처음 경험했던 이래로 여러 측면에서 많이 발전해 왔기 때문이다.

버려짐에 대한 원초적인 두려움이나 상담자가 자신을 상징적으로 죽여 버리기 전에 자기가 먼저 상담자를 [상징적으로] 죽이고자 하는 소망이 자주 활성화된다. 또한 이 단계에서는 심상이나 꿈 회상, 그리고 탄생 과정의 재체험 등이 빈번하게 일어난다. 게슈탈트 상담자들은 이 단계를 포함해 어느 단계에 대해서도 특정한 반응 양식을 갖고 있지 않다. 상담자는 각 내담자들이 자신의 독특한 방식으로 이러한 분리 경험들을 할 때, 자신이 알고 있는 모든 기술이나 창의성을 총 동원해야 한다.

루스는 상담이 종결될 무렵 여러 장소로 떠나는 기차여행과 관련된 일련의 꿈을 꾸었다. 꿈의 여러 부분들을 동일시하면서 그녀는 자신이 기차 운전사이기도 했다는 것을 발견하였다. 그녀는 운전사로서 유능감과 선택할 수 있는 능력, 그리고 자신의 힘 등을 동일시하여 그것들을 자신의 경험으로 통합할 수 있었다.

일반화와 통합

상담자나 외부 관찰자들이 볼 때는 매우 분명해 보일지 몰라도, 대다수 내담자들은 상담과정에서 배운 것들을 일반화하여 이를 다

른 생활영역에 응용하고 통합하기 위해 어느 정도의 도움을 필요로 한다.

항상 독립적이고 강해야만 했던 재닛은 게슈탈트 상담을 받으면서 쉽게 도움을 요청하고 도움을 받아들이며, 자신의 '부드러운' 측면을 공유할 수 있는 쪽으로 변화하였다. 그녀는 과장 방법과 직접 만든 가면을 사용한 실연을 통해 자신 속의 두 양극성들을 탐색하고, 결국 갈등 중에 있었던 두 양극성을 통합할 수 있었다. 상담자는 그녀가 새로이 배운 행동들을 이해와 연습, 심상 유도를 통해 친구들과 직장 동료들에게 [이해를 통해] 인지적으로, 그리고 [실연과 심상 유도를 통해] 행동적으로 모두 연습해 보도록 하였다.

분명한 '퇴행'

많은 내담자들은 상담의 마지막 단계에서 자신이 이전으로 되돌아갔다고 하거나, 아니면 이전의 증상이 다시 나타났다고 불평한다. 때로는 "처음 선생님을 만나러 왔을 때보다 더 나빠졌어요."라고 말하기도 한다. 실제로 내담자가 훨씬 이전에 해결했을 수도 있는 문제들이 반복되는 것은 종결이 될 때쯤에 불가피하게 다시 나타난다.

심지어는 진단적으로 볼 때 문제가 해결되었다고 할 때도 이런 일이 일어날 수 있다. 내담자는 새로 치아를 해 넣어서 실제로 치아가 있는지, 그리고 치아의 '새로운 느낌'을 알기 위해 몇 번씩 혀로 치아를 쓸어 보는 사람처럼 문제들을 '재연'할 수도 있다.

내담자와 상담자 모두 이러한 현상이 상담이 끝날 때쯤 일어날 수 있는 예측 가능한 현상이라 하더라도 이것 역시 현실적인 문제이며, 특별한 것임을 유념해야 한다. 이러한 두려움과 의심을 확충

하고 과장하는 것은 두려움과 의심을 좀 더 현실적으로 만들어 준다. 사람들은 해결된 문제들 속에는 새로운 문제의 씨앗이 들어 있다는 것을 재발견할 필요가 있다.

> 우리는 탐색을 중단해서는 안 되며,
> 우리가 하는 모든 탐색의 끝은
> 우리가 시작한 곳에 도착하는 것이다.
> 그러면 그곳을 처음으로 알게 될 것이다(Eliot, 1959/1986: 48).

실험의 예

이 책에서 논의한 물러남 단계에서의 문제와 짝을 이루는 접촉경계혼란은 '융합'이다. 4장에서 설명했듯이 융합은 한 사람과 다른 사람 간의 경계, 그리고 대상에 대한 감각과 감지된 대상 간의 경계를 인식하지 못하는 것으로 서로를 구분해 주는 차이점이나 '다름'에 대한 알아차림 없이 일어나는 합병을 의미한다.

경계 작업

경계 작업은 상담 초기에도 중요하지만, 마지막에서도 아주 중요하다. 왜냐하면 내담자가 과거의 미해결 상황과 지나치게 동일시되었거나 융합되었을 수도 있지만, 지금은 현재의 미해결 상황과 융합될 수도 있기 때문이다. 여기서 내담자가 타인들과 다른 견해를 내세우거나, 부탁을 거절하거나, 자기 자신을 상담자나 다른 사람과 다르게 정의하는 연습들을 해 보는 것이 매우 중요하다. 이

러한 실험은 파렐(1979/1980)이 경고했던 상담자가 '말하는 방식'을 그대로 받아들이지 않도록 도와준다.

항상 다른 사람과 융합되는 경향이 있고, 옳거나 좋고 아름다운 것에 대해 권위자가 내린 정의를 받아들이는 경향이 있는 엠마에게는 자신이 좋아하는 것을 말하도록 하는 것이 특별한 경계 작업이 된다. 그녀는 경험할 수 있는 모든 장면에서 항상 드러내 놓고는 아니더라도 자신이 선호하는 것을 말해 보는 실험을 며칠 동안 하였다.

예를 들어, 그녀는 길을 걸어갈 때 '난 저 가을낙엽보다는 이 가을낙엽이 더 좋아. 이 보도블록의 모양은 좋지만, 저 보도블록의 모양은 그렇지 않아. 나는 나무보다 풀이 좋고, 신발보다 바지가 좋아.' 등의 연습을 하였다.

다른 많은 게슈탈트 기법들처럼 이 연습은 단순하고 뻔해 보일 수도 있지만, 이는 사람들이 자신이 지각하는 많은 것들에 가치를 부여한다는 지각심리학적 연구에 기초하고 있다.

이 연습을 통해 엠마는 자신과 타인 간의 경계를 분명하게 할 뿐만 아니라, 하찮아 보이는 문제라도 자신이 좋아하는 것을 주장하면서 내적 자기감각을 더 분명하게 하였다. 그녀는 자기감각이 높아졌으며, 자신이 한 행동이 어떤 기준에 부합하든 아니든 자신의 선호에 책임을 지는 것이 무척 즐겁다고 보고하였다. 결과적으로 그녀는 오랫동안 상호 간에 역기능적으로 작용해 왔던 융합관계를 해결하기 시작했다.

연습

어려운 상황이 실제로 일어나기 전에 미리 그런 상황을 연습해

보는 것은 내담자가 상담을 끝낸 뒤에 사용할 수 있는 자원을 마련하는 일 가운데 하나가 될 수 있다. 몇 가지 위기상황들을 계획해 볼 수 있고, 또 다른 것들도 예측해 볼 수 있다. 베라는 10년만에 처음으로 부모님을 만나기로 했다. 어렸을 때 부모로부터 심한 학대를 받았었고, 이전 상담에서는 부모와 연락을 끊기로 결정했었다.

그러나 지금은 그때보다 훨씬 강해졌을 뿐만 아니라 호기심도 생겼고, 부모님이 늙어서 곧 돌아가실지도 모른다는 이유로 다시 만나는 것을 생각하고 있다. 상상 속에서 그녀는 부모님을 만나는 장면을 연습했다. 아버지와 어머니의 역할도 해 보았다. 베라는 지금도 균형과 '중심'을 잃게 만들 수 있다고 느끼는 부모님의 말이나 행동 때문에 생기는 자신의 두려움과 분노 반응을 경험적으로 깊이 탐색하였다.

연습의 또 다른 형태는 내담자의 낮은 자기존중감의 원인이 되고 있는 특정 문제에 대해 치료적 둔감화를 사용하는 형태로 진행될 수 있다. 나는 가끔 이런 절차에 대해 '심리적 강건함'을 형성하는 절차라고 이름 붙인다. 자신을 잘 방어하면서 '강하게 있는' 사람들의 경우 이는 특별히 도움이 되는 방법이 아니지만, 일반적으로 실제적이거나 상상 속의 도전에 쉽게 '압도'되는 사람들의 경우에는 매우 유용하다.

상담의 목적은 현재의 위기에 대처하는 방법만 배우는 것은 아니다. 상담의 목적에는 유기체의 자기조절 과정을 개선시켜서 앞으로 일어날 수 있는 공격에 대처하는 방법을 배우는 것도 포함되어 있어야 한다.

존은 작은 키 때문에 심한 열등감을 갖고 있었다. 그래서 다른

사람들과 비교해 상대적으로 작은 키가 눈에 띄는 상황에 있으면, 매우 당황해하고 부끄러워하였다. 상담 마지막 즈음에 존은 자기 가치감과 능력감을 회복했고, 결국 한 여성과 서로 만족스러운 관계를 형성할 수 있었다. 그러나 아직도 스트레스 순간에는 비웃음이나 굴욕을 견디는 능력에 대해 자신 없어 했다.

한 워크숍에서 상담자는 학교 운동장에서의 존의 어린 시절 상황을 재연하는 실험을 할 수 있었다. 집단 구성원들은 아이들이 되어 존이 갖고 있는 최악의 두려움을 이야기하면서 그에게 소리 지르고 괴롭히며, '난쟁이' 라고 놀리며 비웃었다. 이 작업을 하게 된 배경은 존이 원해서였다. 그는 심호흡, 균형감, '기반잡기(groundedness)'를 통해 자기 지지감을 재확인하는 경험을 함으로써 가상의 공격 상황에서도 자신의 가장 좋고 강한 부분과 계속 접촉을 유지하는 능력을 보여 주었다.

물론 어떤 면에서는 이것이 인위적으로 연출된 상황이라고 할 수 있지만, 연습의 처음부터 끝까지 그가 보여 준 심리적 반응의 변화는 인위적이지 않았다. 이후 그는 다른 사람에 대한 신뢰와 자기존중감이 계속 유지되었고, 실험으로부터 큰 도움을 받았다고 하였다.

'낡은 자기' 의 상실을 다루기

내담자들은 '낡은 자기'에 대해 향수 어린 환상을 갖는 경우가 있다. 실제로 이 '낡은 자기'가 분명하게 분리되어 더 이상 그러한 자기상에 과잉 동일시되거나 융합되지 않으면 상담이 거의 종결되었다고 볼 수 있다. 그러나 이 낡은 부분에 대한 맹목적인 사랑이 있을 수 있는데, 이 사랑이 생존을 위한 아주 오래된 초기 경험에

기초해 만들어졌기 때문이다.

이제는 더 이상 알코올중독에 빠져 있지 않고 동료들과 잘 지내며, 일에 있어서도 아주 잘 기능하고 있는 한 대학교수는 자신이 과거에 술에 절어 지낸 '무일푼의 사람들'이나 '알코올중독 여성들' 그리고 '모든 외로운 사람들'과 어떻게 어울려 다녔는지 애정을 갖고 기억한다. 그는 아마도 그대로 살았더라면 세월이 가면서 대출상환에 찌들고, 대머리가 되어 볼품없이 되기 전에 물들지 않은 한 젊은이로서 낭만적인 죽음을 맞이했을지도 모른다.

내담자들은 이러한 역사적인 자기상을 애도할 필요가 있을지도 모른다. 이는 과거의 '자기들'이 자신을 도와주었던 중요한 방식에 대해 예를 갖추어 고맙다는 말을 하는 의식을 통해 할 수도 있다. 또한 그 시절의 순수함을 잃어버린 것에 대해 눈물을 흘릴 수도 있을 것이다. 언젠가 누군가가 말한 것처럼, '상담은 수프에 침을 뱉는 것과 비슷하다. 수프를 계속 먹을 수는 있겠지만, 이제는 수프가 침으로 더러워졌다는 것을 [내담자는] 알고 있다.'

이별하기

상담과정에서 내담자는 인생에서 중요한 사람들이나 사건들, 또는 환경에게 이별을 고하는 시간을 가질 수 있다. 이러한 구체적인 작업에 사용되는 일반적 원리나 역동들은 상담관계 그 자체에 이별을 고할 때 작용하는 힘과 아주 유사하다. '좋은 이별'에는 적어도 죄책감이나 분노, 두려움의 표현, 그리고 비탄과 감사 그리고 안도의 표현 등의 요소들이 들어 있다. 예를 들어, 내담자가 이미 죽은 사람에게 미해결 과제가 남아 있어 그 사람에게 이별을 고하고 싶어 한다면 다음과 같이 진행할 수 있다.

빈 의자를 가져와서 내담자 앞에 놓고, 그에게 죽은 사람이 의자에 앉아 있다고 상상하게 한다. 내담자가 무엇을 생각하고 느끼고 경험하든 이를 죽은 사람에게 직접 말하도록 한다. 그것은 충분히 사랑받지 못한 것에 대한 분노일 수도 있고, 아니면 임종을 지켜보지 못한 것에 대한 죄책감일 수도 있다. 그러고 나서 의자를 바꾸어 앉고, 죽은 사람의 역할을 하여 이전에 자신이 말한 것에 대답을 하도록 한다. 대화는 내담자가 자리를 계속 바꾸면서 많은 정서들을 표현함에 따라 더 진행될 수 있다.

내담자가 어느 정도 해결점에 다다르게 되면 이별을 말할 준비가 되었는지, 또는 이별을 말할 의지가 있는지 선택하게 한다. 그러면 내담자는 관계에 더 매달릴 것인지 아니면 종결할 것인지에 대해 책임을 질 수 있다. 이런 작업을 하면 대개 충분히 울게 되고, 안도감이 느껴지면서, 서서히 기쁨이 올라오면서 애도작업이 완결된다. 그리고 이후에는 더 많은 에너지가 올라오고, 반추가 사라지며, 삶과 다른 대인관계들에 대한 관심이 새롭게 나타난다(Tobin, 1975).

이러한 작업들은 내담자들 각자의 구체적이고 독특한 변화과정에 보조를 맞춰서 행해야 하는데, 매주 조금씩 할 수도 있고, 마지막 몇 주 동안 [집중적인] 반복 작업을 통해 할 수도 있다. 상담자에게 작별을 고하는 내담자의 방식은 이 두 사람이 맺고 있는 관계의 종류만큼이나 다양해야 한다.

전략적으로 가장 중요하게 고려해야 할 점은 내담자로 하여금 상담자와의 '미해결 과제'를 가능한 온전히 해결할 수 있도록 배려해야 한다는 점이다. 그렇게 하기 위해서는 만족스러운 물러남을 준비하는 시간이 충분해야 한다는 것이다. 이는 [상담자와 내담자가 모두] 독창적이고 창의적으로 되는 시간이며, 종결되는 것들을

온전히 존중하는 시간이다.

어떤 내담자들은 이 단계에서 상담자에게 선물을 하고 싶어 하기도 하는데, 선물은 상담시간 동안 그렸던 그림들의 모음집, [자신의] 상징적 여행에 대한 그림, 좋았던 시간 그리고 어려웠던 시간들을 추억하는 간단한 감사의 편지가 될 수도 있다.

애도하기

상담의 마지막 단계에서 내담자는 상담관계를 뒤로 하고 떠날 준비를 하면서 과거에 피했거나 완결하지 못했던 애도와 다시 만날 수 있다. 물론 이 애도작업은 다른 단계에서도 일어날 수 있다. 때로는 특별히 애도작업을 완결하기 위해 상담을 받으러 오기도 한다. 이는 삶과 게슈탈트에서 시작과 끝이 서로 얽혀 있음을 잘 보여 주는 것이다. 애도작업은 완수되어야 할 중요한 작업으로, 이 작업을 해야만 상담자의 상실이 과거 본래의 미해결된 게슈탈트를 대체하는 현상[27)]이 일어나지 않는다.

서구문화에서는 종종 애도과정을 억압하는 경향이 있는데, 이는 애도가 의례화된 감정표현으로 수용됨으로써 상실을 경험한 개인에게 충분한 지지를 제공하는 아시아나 아프리카 문화와는 대조적이다. 서구문화에서는 상실에 충분히 반응하지 못하도록 하며, '입술을 꽉 깨무는 것'이 칭찬받는다.

엘사의 아기는 태어난 지 얼마 되지 않아 죽었다. 삶의 끈을 놓

27) 역자 주: 상담자와의 이별에 대한 애도작업을 충분히 하지 않으면, 그것이 미해결 과제로 등장할 뿐 아니라, 과거의 미해결 과제를 대신하여 그것 자체가 중요한 문제로 등장하게 된다. 이렇게 되면 원래의 과거 미해결 과제를 가리게 되어 내담자의 성장을 방해하게 된다는 의미다.

지 않으려는 소망과 상실의 고통을 느끼고 싶지 않아 그녀는 일과 사회활동에 몰두했다. 1년 후 그녀는 '신경쇠약'으로 정신병원에 오게 되었다.

상담자는 차단된 애도과정을 다시 연결하도록 도왔다. 그는 엘사에게 아기에게 편지를 쓰고, 아기를 추모하며 촛불을 켜 놓도록 하였다. 고통이 훈습될 때까지 가까운 친구나 가족들과 희망, 잃어버린 꿈, 많은 다양한 감정들을 반복적으로 나누는 시간을 통해 그녀는 절망에서 차츰 안정으로 나아갔다. 이를 통해 그녀는 애도과정을 완수하고 온전히 회복할 수 있었다.

'전-접촉'의 풍부한 공백: 다음 단계의 시작

> 공백을 두려워해서 상담을 받으러 온 환자가 있다. 공백을 두려워하지 않았다면, 그는 생산적인 사람이었을 것이고 도움도 필요하지 않았을 것이다. 만약 치료자도 공백을 두려워한다면, 이 치료자는 환자를 도울 수 없을 것이다……. 공백의 의미와 그것이 전이관계에서 나타나는 방식은 개개 사례에서 새롭게 발견되어야 한다(Van Dusen, 1975b: 92).

공백의 공포스러운 빈 공간을 견디고 탐색하며 직면하는 것은 출발을 의미하는 전환점이다. 오래된 욕구의 만족과 완성, 그리고 새로운 욕구의 출현 사이에는 공백이 있다. 이러한 공백은 새로운 경험으로 온전히 몰입하여 들어가기 위해 이전의 경험들을 놓아버리고서 통과해야 하는 관문과 같은 것이다.

대부분의 변형에 대한 신화나 의식들에는 상징적인 죽음과 재탄생의 형태가 포함되어 있다. 이는 요나가 고래의 뱃속에서 보낸 시간, 오르페우스의 지하세계여행, 시간이 불확실하게 경험되는 어두운 장소에 고립되어 있는 원시 부족들의 성인식으로 비유된다. 이는 상담을 포함해 모든 과정의 마지막에서 일어나는 물러남과 같은 것인데, 생명이 있는 한 충분히 물러나면 새로운 감각이 떠오른다.

> 지금과 다음이 얽혀 있는 것은 자동차 엔진의 개별적 점화나 영화 필름의 낱개 컷들이 그다음 것과 연결되면서 지속적인 움직임을 만들어 내는 것과 유사하다. 끝과 시작이 우아하게 합쳐지는 결합에서는 끝과 시작을 서로 구분할 수 없다. 성경에 나오는 것처럼, 나의 끝에는 나의 시작이 있다(Polster, 1987: 54).

게리의 이별

상담 마지막 단계 동안 게리는 매주 나를 만나지 않고서는 '현실 세계'를 다루지 못할 거라는 퇴행적인 결핍감과 의심을 갖는 시기를 겪었다. 예를 들어, 어떤 날은 자신이 나쁜 사람이고, 상담에서 아무것도 한 것이 없다고 느껴져 며칠을 우울한 상태로 지냈다는 내사적 메시지를 반복했다. 또 어떤 날에는 자신이 많은 것들을 배웠다는 것에 기뻐하고 감사했다. 그러면서 새롭게 발견한 자신의 예민함으로 인해 때로는 상처받고 두려워하며 분노하지만, 그것과는 상관없이 현재 경험하고 있는 즐거움이 그러한 상처를 충분히

보상해 준다는 것을 확실히 깨달았다.

때때로 게리는 자신의 낡은 자기를 그리워했으며, 이전에 갖고 있었던 태평한 '성격'에 대해 이야기했다. 과거의 그 사람에게 이야기하는 시간을 갖는 실연에서 그는 이제 삶에 새롭게 등장한 것에 가치를 두고, 이전의 그는 더 이상 필요치 않다고 설명하였다.

게리는 자연스러운 주기에 따라 커졌다 작아졌다 하는 갈망과 욕구를 경험하면서 유기체적 자기와 만나는 것을 느꼈다. 그는 아버지에게 화를 내지 않고, 어머니에게 죄책감을 느끼지 않고도 그들과 함께 있을 수 있다는 것을 발견하면서 부모로부터 '분리되었다.'

게리는 나와의 관계가 끝나는 것에 진정으로 슬퍼했으며, 나 역시 슬퍼했다. 한동안 그는 나에게 훈련을 받으러 올까도 생각했었다. 그러나 '상담자의 하루'와 같은 심상 유도를 통해 이 생각이 전문성을 쌓기 위한 많은 재훈련과 수년에 걸친 게슈탈트 연구 그 자체보다는 나를 붙잡으려는 소망이 더 많아서 그렇다는 것을 깨달았다.

이 작업은 나와 함께 병리적 융합을 실연해 본 마지막 연습이 되었다. 나에게 버려지는 것에 대한 두려움, 내가 그를 버리기 전에 나를 거부하고자 하는 소원, 삼켜지는 느낌의 혼合은 이 단계에서 게리와 함께한 느리면서도 신중하게 이루어진 중요한 작업이었다.

상담과정을 회상하면서 게리는 길을 따라 서 있는 이정표처럼 이 장에서 설명한 많은 실험들을 기억했지만, 자신에게 가장 중요했던 것은 우리의 관계라고 강조했다.

내가 처음 선생님께 왔을 때, 나는 선생님이 나를 변화시켜 주길

> 바랐어요. 선생님이 약이나 뭔가 마술적인 것을 주지 않았을 때는 실망했었어요. 돌이켜 보면, 선생님이 그러지 않은 것이 기뻐요. 그렇지 않았다면 앞으로도 계속 선생님께 의지했을 거예요. 나에게 점진적으로 가장 치유적이었던 것은 내가 [상담시간에] 무엇을 탐색할지 선택하는 것과 상관없이 선생님이 나를 위해 일관적으로 여기 있어 주신 방법이었어요. 선생님은 나와 분리된 독립적인 존재이면서도 항상 나와 함께해 주셨어요. 그래서 나는 내 인생의 결과와 과정을 책임질 정도로 충분히 안전함을 느꼈고, 완수하지 못하고 해로웠던 방식들을 재정리할 정도로 충분히 지지받은 느낌이에요. 이제는 필요하면 내 스스로 마술을 부릴 수 있어요.

그는 지하철을 타고 가다가 내려서, 다시 산꼭대기를 향해 케이블카를 타고 여행하는 꿈을 가져왔다. 꿈속에서 그는 산꼭대기에 도달하여 산 아래의 경치를 내려다보았다. 골짜기에서 그는 한 무리의 아이들과 함께 놀고 있는 나를 한번 돌아본 뒤 배낭을 들어 메고 앞으로 걸어갔다.

12 상담에서의 책임과 자유

깨우치지 못한 사람에게는 후지 산의 눈은 후지 산의 눈이요, 타사자라의 물은 타사자라의 물이다.

깨우침을 구하는 사람에게는 후지 산의 눈은 후지 산의 눈이 아니요, 타사자라의 물은 타사자라의 물이 아니다.

깨우침을 달성한 사람에게는 후지 산의 눈은 후지 산의 눈이요, 타사자라의 물은 타사자라의 물이다(Fromm, 1986: 75).

상담자의 책임

모든 상담자에게 첫 번째 책임은 히포크라테스 선언처럼 '해를 끼치지 않는' 것이다. 무한한 온유함도 있지만, 높은 수준의 직면을

사용하는 개입방법인 게슈탈트 상담은 한편으로는 남용될 수도 있다. 다른 접근법에서도 보이는 현상이지만, 게슈탈트 상담자 중에서도 얄팍한 훈련과 전군적 배경을 가지고 상담자라고 주장하는 돌팔이나 비윤리적인 상담자와 무자격자들이 있다.

또한 수련감독자의 카리스마를 스스로 소화하지도 않고, 무비판적으로 내사시킨 게슈탈트 상담자들도 있다. 로라 퍼얼스에 의하면 "정신분석이나 다른 알려진 상담접근들에서 일어난 현상들이 게슈탈트 상담에서도 똑같이 일어났다." 즉, "이론이 단순화되고, 위조되고, 왜곡되며, 잘못 소개되었다."(Rosenfeld, 1982: 17)

1980년대의 게슈탈트 상담은 여러 전문성이 높은 상담센터들에 소속된 최상의 경쟁력과 윤리성, 전문성을 고집하고, 추구하는 몇 명의 수련감독자와 치료자들에 의해 좀 더 정확하게 대표되고 있다(Clarkson, 1988).

게슈탈트 상담을 사용하는 상담자는 진정한 실존주의적인 의미에서 자기 존재의 진정성과 자신의 행동에 대한 책임이 있다. 감당못할 영향력을 가진 '무의식적 힘' 같은 것은 없다. 게슈탈트를 사용하는 상담자는 그들의 선택과 경험의 자연스러움과 질, 그리고 알아차림과 알아차리지 못함에 대해 책임을 진다. 게슈탈트 상담자는 분명하게 자신의 역기능적인 과정으로 상담과정이 오염되지 않게 할 책임이 있다.

게슈탈트 상담자가 되기 위해서는 게슈탈트 훈련을 통한 개인 심리치료가 필수적이다. 게슈탈트 접근을 사용하길 원하는 자격 있는 상담자 또한 게슈탈트 상담접근으로 상담하기 전에 일정기간을 자신이 내담자로서 게슈탈트 심리치료자와 작업을 해 보는 것이 좋다.

상담자는 자신의 업무량을 나머지 삶과 균형을 맞출 책임이 있다. 또한 자신에 대한 돌봄을 방해할 정도로 다른 사람을 돕는 일에 빠지지 않도록 조심해야 한다. 실제로 영국상담협회(British Association for Counselling, 1984: 2)에서 발표한 『상담자의 윤리실천 강령』에서 분명하게 다음과 같이 지적한다.

> 상담자나 그 고용인 또는 대리인은 자신과 내담자에 대해 책임이 있다. 따라서 자신의 효율성과 회복력, 그리고 내담자를 돕는 능력을 유지하고, 개인의 능력이 고갈된 때에는 이를 인지하고 도움을 받거나, 아니면 일시적이건 영구적이건 간에 상담을 그만두어야 한다.

상담자가 어떤 신념을 갖고 있든지, 상담자는 모든 인간의 위엄과 가치를 존중해야 하며 신뢰를 유지함으로써 내담자의 비밀, 개인생활, 믿음에 대한 권리를 보호해야 한다. 그럼으로써 우리는 완벽하게 유지되지는 않더라도, 우리 자신과 내담자의 경계를 창조해 낼 수 있다.

사회적 모임이나 세미나, 식당이나 상점, 교회 등 어디에서든 우리는 내담자를 우연히 만날 수 있고 내담자들은 우리를 자기실현을 하는 사람으로 볼 수 있다. 그러나 그들은 자신들의 회피를 합리화하기 위해 우리가 우리의 가족들과 아이들, 친구들과 맺는 관계에서 결점을 찾아내기도 한다(Kottler, 1986).

게슈탈트 상담은 상담접근이라기보다는 삶의 방식이다. 게슈탈트 상담자들은 삶의 투명성과 역할의 유연성에 가치를 두고 기꺼이 자신의 진실성과 일관성, 자기 알아차림을 추구한다. 궁극적으로 게슈탈트 상담에서 상담자의 가장 큰 책임은 진정한 인간이 되

는 것이다. 완벽해야 한다는 것은 아니지만, 무책임한 행동에 대해서는 변명의 여지가 없다.

자기 지지의 제한점과 자원

다른 상담접근법과 다찬가지로 상담자는 개인치료, 훈련, 슈퍼비전을 받아서 유능하고 자신감 있는 영역뿐만 아니라 약점이 되는 부분(예를 들어, 약물학과 같은)도 알아차릴 수 있어야 한다. 자주 우리의 내담자는 알게 모르게 놀라울 정도로 섬세하고도 정확하게 우리에게 피드백을 주는데, 이 점 때문에 우리의 가장 훌륭한 감독자는 내담자라는 인식이 증가하고 있다. 확실히 나의 내담자들은 나의 가장 훌륭한 스승이었다.

게슈탈트 접근을 전체적으로 볼 때 요청되는 또 하나의 기대는 '상담자의 알아차림 주기가 조화롭게 발달하든, 장애물 때문에 어려움을 겪든 간에, 상담자는 항상 긍정적인 발달과정에 있을 것이다.' 라는 점이다.

게슈탈트 상담에서는 상담자 개인의 현전과 정서적 자발성 그리고 지적인 능력을 많이 요구한다. 정기적인 슈퍼비전과 동료집단을 통해 전문적으로 도움을 받아야지만 그 요구를 충족시킬 수 있다. 자격을 갖춘 게슈탈트 상담자들이라면 대부분 부담스러운 사례를 상담하면서도 어떤 형태로든 지속적인 개인치료를 받지 않는 것은 있을 수 없는 일이라고 생각한다. 이런 과정은 잠재적으로 상담자로 인한 해로운 영향력을 사전에 막는 역할을 하며, 상담자의 자기 발견에 지속적인 지지와 도전의 원천이 된다.

또한 상담자의 개인치료는 내담자에게 상담이 무엇을 의미하는지 상담자로 하여금 그것을 경험적으로 느낄 수 있도록 해 준다. 상당히 경험이 많은 게슈탈트 상담자인 나의 친구가 몇 년만에 개인치료를 다시 시작하였는데, 그녀가 첫 번째 상담에 가는 것이 얼마나 두렵고 긴장되었는지 놀라면서 내게 이야기한 적이 있었다. 빈 의자의 반대편에 앉아서 보낸 몇 년의 시간들은 우리가 상담이라 부르는 이 특별한 관계의 독특함과 예민한 특성에 대해 우리 자신을 종종 둔감하게 만든다.

자기 지지를 위해서 중요한 또 다른 자원은 도전할 거리가 많이 있고, 평화로움 속에서 친밀감과 모험이 있는 만족스러운 삶이다. 자질 있고 매력적인 게슈탈트 상담자의 모범이 되기 위해서는 신체적으로 건강하고, 휴식과 여가를 가지며, 자신의 개성과 생리적 리듬에 맞는 음식을 섭취하는 것이 바람직하다. 유기체의 통합이 주요 초점인 게슈탈트 상담자가 담배를 심하게 피면서 기침을 한다면, 그것은 위선적인 측면이 있다고 보아야 한다.

위기와 응급 상황 다루기

잘 훈련된 상담자라면 심하게 불안한 사람에 대한 관리 영역에서도 관찰이나 참여를 통한 적절한 경험이 있어야 한다. 자격 있는 게슈탈트 상담자는 흔히 정신건강 영역의 전문가, 예를 들어 정신과 의사, 사회복지사, 임상심리학자인 경우가 많다. 정신과나 심리학적 훈련 배경이 없는 개인상담자는 아동 발달, 정신병리, 성격이론에 대해 특별히 공부해 놓아야 한다.

정신과 병원에서 6개월이나 1년, 혹은 그 이상 근무함으로써 정신과적인 용어와 행동 규범에 익숙해지고 정신병적 상태에 있는 사람에게 편안해지는 경험을 할 수 있다. 상담자가 그런 상태에 있는 사람을 다룰 기회가 거의 없다 할지라도 이렇게 함으로써 준비된 상담자가 될 수 있고, 같은 영역의 다른 전문가들과 협력해서 결실을 얻을 수 있는 상담자가 될 수 있다.

게슈탈트 상담의 훈련과 전문가의 기준

영국에서는 여러 상담교육 과정에서 게슈탈트 상담을 교육한다. 그러나 정신분석적인 자료에 초점을 둔다고 해서 정신분석가를 위한 훈련과정이라고 할 수 없는 것처럼 이런 과정이 게슈탈트적인 접근 또는 게슈탈트 심리치료를 위한 훈련과정은 아니다. 게슈탈트 상담에 유능해지기 위해서는 상담자의 자격을 취득한 후에 경험을 쌓고, 게슈탈트 심리치료자가 하는 개인치료를 받아야 한다. 또한 상담자의 전문영역에 게슈탈트 상담을 통합하기 위해서는 게슈탈트 상담자로부터 자신이 하고 있는 상담을 정기적으로 슈퍼비전을 받아야 한다.

만약 독자들이 게슈탈트 상담과 슈퍼비전, 훈련에 대해 알고 싶다면 London W5 2QB 12 North Common Road에 있는 PHYSIS[28]의 페트루스카 클라크슨 교수에게 연락하기 바란다.

28) 역자 주: 페트루스카 클라크슨 교수는 2006년에 이미 고인이 되었다. 게슈탈트 훈련과 교육에 관심 있는 한국 독자는 한국게슈탈트포럼(www.gestalt.co.kr) 또는 대표 역자에게 연락 바란다.

상담수련생들의 발달 주기

많은 경우에 상담수련생들은 이 책에서 논의했던 주기와 비슷한 과정을 거쳐 능숙한 상담자가 되는 것 같다. 이러한 주기는 어떤 기술을 배울 때라도 비슷하게 관찰되며, 이는 경험 있는 상담자들에게도 마찬가지로 해당된다.

상담수련생들은 초기 단계에서 건전하고 분화된 감각 기능을 형성할 필요가 있다. 그럼으로써 자기는 물론 내담자에게 예민해질 수 있기 때문이다. 초보 상담자는 흔히 경청과 반영, 관찰하는 것에 미숙하다. 왜냐하면 그것이 문제해결을 위해 돌진하는 것만큼이나 '가치 있는' 일이 아니라고 보기 때문이다. 그러나 경험 많은 치료자는 이 수준에서 추출되고 교환된 정보를 섬세하게 존중한다.

초보 상담자는 조건화된 둔감화를 극복할 필요가 있다. 예를 들어, 내담자에 대한 미세한 두려움이나 거부감, 혹은 유혹 등의 반응을 느낄 수 있어야 한다. 다음의 학습과제는 알아차림의 발달이다. 흔히 초보상담자들은 자신이 새롭게 습득한 '대단한 치유능력' 혹은 도구에 대한 확신을 무너뜨릴 수 있는 다른 사람들의 피드백들을 외면해 버리고, 오로지 맹목적인 순수함에 매달리는 어리석음을 범한다(Rycroft, 1972/1979: 55).

다음 단계에서 상담수련생들은 흔히 흥분감이 증가하고, 에너지와 자원이 동원되어 자신이 공부하고 있는 체계와 그것의 언어, 그것의 역할 모델, 그리고 그것의 가치관들을 광범위하게 내사한다. 이러한 것은 상담자로 발달해 나가는 과정에서 일시적으로 도움이 될 수 있다. 그러나 이 단계에 고착된다면 통합되고 자율적인 스타

일을 발달시킬 수 없다.

다음은 상담수련생이 상담의 틀 안에서 적절한 행동과 개입, 그리고 기법을 선택하여 실행하는 단계다. 그런데 흔히 이런 행동들이 내담자에 대한 상담자의 갈등과 태도, 감정의 투사를 기반으로 나올 때가 있다. 다음 단계에서는 상담수련생이 자신감과 유능감이 증가하여 내담자와 진정한 접촉을 한다. 이러기 위해서는 치료적인 자제력을 키우고(적절한 일시적 반전) 진단적인 변별력을 증진시키며, 개입방법을 적절하게 선택하고 이론과 실제를 통합할 수 있어야 한다.

종결 전 만족 단계 또는 후-접촉 단계는 흔히 수련의 말기나 수련 후 1년 정도 지나서 나타나는 것 같다. 상담자는 그때 배운 체계와 자기를 동일시하며, [이는 자의식의 반향 같은 현상인데] 자기 자신을 좋은 치료자로 '관찰한다(watches).'

마무리를 짓는 마지막 단계는 '물러남'의 단계다. 수련생이 힘들게 습득한 체계나 접근법 또는 특정의 개념적인 도구와 융합한 후 이를 회피하거나 연장시키면 이 단계가 위험해진다. 게슈탈트이건 다른 접근이건 간에 학습한 체계에서 전체적으로 물러나는 것이 자신만의 힘과 경험과 직관을 갖추어 진정한 창조적인 상담자가 되기 위한 선결 조건이며, 그래야만 가장 신뢰할 수 있는 통합을 이룰 수 있다.

물론 상담자가 상담을 계속하는 한, 이 발달 주기에서 마지막 물러남이란 있을 수 없다. 경험 있는 상담자가 새로운 기술이나 새로운 이론적인 정보, 혹은 더 깊은 정도의 개인적 통합을 동화시키려고 할 때마다, 그는 접촉-물러남의 주기를 다시 새롭게 시작할 것이다.

성장을 멈춘 상담자, 변화를 멈춘 상담자, '미지의 심연에 뛰어들 용기'를 잃은 상담자는 게슈탈트 접근의 핵심과는 반대쪽에 서 있는 사람이다. 개선과 발전 또는 통합에 개방적이지 않은 이론은 인간의 성장과 변화를 위한 치료지침으로는 적절치 못할 것이다.

게슈탈트 상담자 훈련을 위한 심포지엄에서 네비스와 스미스 두 사람(Brown et al., 1987)은 경험 주기(혹은 '접촉-물러남의 주기' 혹은 '게슈탈트 형성과 파괴의 주기'로 불림)가 비록 항상 기본적인 핵심 정보로 남아 있기는 하겠지만, 여러 다른 상황에서, 다른 종류의 사람들에게, 매우 다른 방식으로 가르칠 수 있다고 지적하였다. 게슈탈트 상담 자체가 진화의 과정 속에 있다. 그것은 한편으로는 좀 더 급진적인 현상학이 되어 가고 있고, 다른 한편으로는 정신분석적인 유산과 현재의 연결성을 강조하고 있다.

창조적 게슈탈트로서의 심리상담

내가 이 책에서 무엇을 말했던 게슈탈트 상담의 진수는 연계성이나 문제의 예측 가능성에만 있는 것이 아니라, 놀랍고도 새롭고 특별한 것의 발견에 있다. 정밀한 것으로부터 열정이 생긴다. 위대한 예술가와 훌륭한 심리치료자를 탄생시키는 것은 좌반구의 논리와 이성, 과학, 그리고 우반구의 직관과 경험적 전체성, 지각적 리듬이 함께 결합할 때 가능해진다.

무엇보다도 훌륭한 게슈탈트 상담자는 내담자에게 자기 자신을 발견하기 위한 탐색적인 공간을 제공해 주기 위해 상담관계에서 '구조(structure)'와 '원칙(discipline)' 그리고 '형태(form)'를 활용

할 줄 아는 예술가다. 이러한 과정에서 상담자 또한 변화한다.

> 무질서한 인생 경험들이 서로 연결되어 우아한 발달이 이루어지고, 온전한 완결이 가능해지는 것은 치료자의 기술 때문만이 아니라, 상담자와 내담자가 서로의 경험을 풍성하게 해 주기 때문이다. 창조적 치료는 하나의 만남이고, 성장과정이며, 문제해결 사건이고, 특별한 형태의 학습이며, 변신과 상승에 대한 열망을 전체적으로 탐색하는 과정이다(Zinker, 1978: 5).

징커(1978: 18)는 게수탈트 상담을 "창조적으로 되어도 좋다는 허용"으로까지 정의하였다. 퍼얼스는 변화하는 내담자와의 관계 속에서 내담자의 학습효과를 극적으로 생생하게 높이기 위해 '뜨거운 자리(hot seat)'나 곰 작업과 같은 기법을 사용했다. 게슈탈트 상담자는 그가 사용하는 기법에 의해서가 아니라 대인관계, 즉 나-너 만남의 관계에서 실험을 통해 항상 새롭게 창조성과 신선함의 순간을 만들어 내려는 의지와 능력으로 식별된다(recognized).

이러한 인간적인 관여는 "지지, 호기심, 친절함, 대담한 말, 웃음, 냉소, 비극의 소화, 분노, 부드러움, 강인함 등 아주 일상적인 것들을 포함한다."(Polster, 1987: 182)

결어

이 책에서 제안한 '주기(cycle)'나 '절차(procedure)'와 같은 개념들은 독자들이 그것들을 사용해서 게슈탈트를 발견하는 자신들만

의 방법을 발전시켜 나가기를 바라는 마음에서 나온 생각이었다.

퍼얼스는 만일 후대 사람들이 게슈탈트에 대한 그의 생각을 앵무새처럼 따라 하며 기계적으로 그의 실험을 반복하면서 수많은 '게슈탈트 복제품'을 생산한다면, 그것을 매우 싫어했을 것이다. 그는 치유과정이 단지 예술과 기술일 뿐만 아니라, 신비한 그 무엇이라는 것을 잘 알고 있었다. 나는 퍼얼스가 진정한 게슈탈트 정신과 맥을 같이하는 다음과 같은 비트겐슈타인의 진술을 보았다면, 아마도 매우 좋게 생각했을 것이라고 믿는다.

> 나의 명제들은 이런 점에서 사실을 밝게 드러낸다. 나를 이해하는 사람은 그 명제를 통하여, 그리고 그것을 근거로, 그것을 극복하고서 올라오면, 결국은 그 명제들이 의미가 없다는 것을 인식할 것이다(말하자면 그는 올라온 다음에는 사다리를 치워야만 한다.).
>
> 그는 이러한 명제들을 극복해야만 한다. 그러면 그는 그 세계를 바로 볼 수 있을 것이다. 아무것도 말할 것이 없는 상황에서는 단지 침묵해야 한다(Wittgenstein, 1981/1986: 189).

추천도서

Clarkson, P. (1989). 'Responsibility and freedom in Gestalt' , *Self and Society,* 17(7): 36–41.

Clarkson, P. (1991a). 'Individuality and commonality in Gestalt' , *British Gestalt Journal,* 1(1): 28–37.

Clarkson, P. (1991b). Gestalt therapy is changing: Part I–from the past to the present, *British Gestalt Journal,* 1(2): 87–93.

Clarkson, P. (1993a). 'Two thousand five hundred years of Gestalt–from Heraclitus to the big bang' , British Gestalt Journal, 2(1): 4–9.

Clarkson, P. (1993b). *On Psychotherapy.* London: Whurr.

Clarkson, P. and Mackewn, J. (1993c). *Fritz Perls.* London: Sage.

Clarkson, P. (1997a). Gestalt therapy is changing: Part II–from the present to the future, *British Gestalt Journal,* 6(1): 29–39.

Clarkson, P. (1997b). 'Variations on I and thou' , *Gestalt Review,* 1(1): 56–70.

Clarkson, P. (1997c). 'The beginning of Gestalt' , *Gestalt Journal,* 20(2): 23–42.

참고문헌

Babington Smith, B. and B. A. Farrell (eds.) (1979/1980). *Training in small Groups: A Study of Five Methods*. London: Pergamon Press.

Berne, E. (1970). Book review in *American Journal of Psychiatry,* 126(10): 163–164.

Binswanger, L. (1958). 'The Existential Analysis School of Thought', in R. May, E. Angel and H. F. Ellenberger (eds.), *Existence–A New Dimension in Psychiatry and Psychology*. New York: Clarion Books.

Bowlby, J. (1953). 'Some Pathological Processes set in Motion by Early Mother–Child Separation', *Journal of Manual Science,* 99: 265.

Bridges, W. (1980/1984). *Transitions: Making Sense of Life's Changes.* Reading, MA: Addison Wesley.

British Association for Counselling (1984). *Code of Ethics and Practice for Counsellors,* Form No. 14.

Brown, G. R., Harman, E., Mintz, S. M., Nevis and E. W. L. Smith (1987). 'The Training of Gestalt Therapists: A Symposium',

Gestalt Journal, 10(2): 73–106.

Buber, M. (1958/1984). *I and Thou.* Edinburgh: T. and T. Clark (first published 1937, second edition first published 1958).

Burchfield, R. W. (ed.) (1976). *A Supplement to the Oxford English Dictionary.* Oxford: Oxford University Press.

Cannon, W. B. (1932). *Wisdom of the Body.* New York: Norton.

Capra, F. (1976/1978). *The Tao of Physics.* London: Fontana (first published 1975).

Clark, A. (1982). 'Grief and Gestalt Therapy' , *Gestalt Journal,* 5(1): 49–63.

Clarkson, P. (1988). 'Gestalt Therapy–An Up-date' , *Self and Society,* 16(2): 74–79.

Clarkson, P. (1989). 'Jungian Gestalt–Conceptual Convergence and Experiential Divergence' , Jungian Gestalt Workshop, London.

Clarkson, P. (1991). 'Individuality and commonality in Gestalt' , *British Gestalt Journal* 1(1): 28–37.

Clarkson, P. (1997). 'The beginning of Gestalt' , *Gestalt Journal* 20(2): 23–42.

Conduit, E. (1987). 'Davanloo in Britain' , *Changes,* 5(2): 333–337.

Delisle, G. (1988). *Balises II: A Gestalt Perspective of Personality Disorders.* Montreal: Le Centre d'Intervention Gestaltiste, Le Reflet.

Dublin, J. E. (1977). 'Gestalt Therapy, Existential–Gestalt Therapy and/Versus "Perls–ism" , pp. 124–150 in E. W. Smith (ed.), *The Growing Edge of Gestalt Therapy.* Secaucus, NJ: Citadel Press.

Eliot, T. S. (1959/1986). *Four Quartets.* London: Faber and Faber (first published 1944).

Enright, J. B. (1971). 'An Introduction to Gestalt Techniques' , pp. 107–124 in J. Fagan and I. L. Shepherd (eds.), *Gestalt*

Therapy Now. New York: Harper and Row (first published 1970).

Fagan, J. (1977). 'The Gestalt Approach as "Right Lobe" Therapy', pp. 58–68 in E. W. Smith (ed.), *The Growing Edge of Gestalt Therapy*. Secaucus, NJ: Citadel Press.

Farrell, B. A. (1979/1980). 'Work in Small Groups: Some Philosophical Considerations', pp. 103–115 in B. Babington Smith and B. A. Farrell (eds.), *Training in Small Groups: A Study of Five Methods*. Oxford: Pergamon Press.

Finney, B. C. (1976/1983). 'Let the Little Child Talk', pp. 385–419 in C. Hatcher and P. Himelstein (eds.), *The Handbook of Gestalt Therapy*. New York: Jason Aronson.

Franck, F. (1973). *The Zen of Seeing*. New York: Vintage Books.

Frankl, V. E. (1964/1969). *Man's Search for Meaning*. London: Hodder and Stoughton (first published 1959, revised edition first published 1962).

Freud, S. (1955). *The Interpretation of Dreams*. New York: Basic Books (first published 1900).

Friedlaender, S. (1918). *Schöpferische Indifferenz*. Munchen: Georg Muller.

Fromm, E. (1986). *Psychoanalysis and Zen Buddhism*. London: Unwin Paperbacks (first published 1960).

Gagnon, J. H. (1981). 'Gestalt Therapy with the Schizophrenic Patient', *Gestalt Journal*, 4(1): 29–46.

Goldstein, K. (1939). *The Organism*, Book 6. New York: America Books.

Green, H. (1986). *I Never Promised You a Rose Garden*. London: Hodder and Stoughton (first published 1964).

Hall, R. A. (1977). 'A Schema of the Gestalt Concept of the Organismic Flow and its Disturbance', pp. 53–57 in E. W. Smith (ed.),

The Growing Edge of Gestalt Therapy. Secaucus, NJ: Citadel Press.

Hazleton, L. (1985). *The Right to Feel Bad*. New York: Ballantine Books.

Horney, K. (1937/1977). *The Neurotic Personality of Our Time*. London: Routledge and Kegan Paul.

Husserl, E. (1970). *The Crisis of European Sciences and Transcendental Phenomenology*. Evanston, IL: Northwestern University Press (first published 1936)

Hycner, R. H. (1985). 'Dialogical Gestalt Therapy: An Initial Proposal', *Gestalt Journal*, 8(1): 23–49.

Jacobs, L. (1978). 'I–Thou Relation in Gestalt Therapy', Unpublished doctoral dissertation. Los Angeles: California School of Professional Psychology.

Koffka, K. (1935). *Principles of Gestalt Psychology*. New York: Harcourt, Brace and World.

Köhler, W. (1947/1970). *Gestalt Psychology: An In troduction to New Concepts in Modern Psychology*. New York: Liveright.

Kottler, J. A. (1986). *On Being a Therapist*. San Francisco: Jossey–Bass.

Kübler–Ross, E. (1969). *On Death and Dying*. New York: Macmillan.

Lee, M. A., O. G. Cameron and J. F. Gredon (1985). 'Anxiety and Caffeine Consumption in People with Anxiety Disorders', *Psychiatry Research*, 15(2): 211–217.

Lewin, K. (1952). *Field Therapy in Social Science: Selected Theoretical Papers*. London: Tavistock Publications (first published 1951).

Macdonald, A. M. (ed.) (1972). *Chambers Twentieth Century Dictionary*. London: W. and R. Chambers.

Maslow, A. (1968). *Toward a Psychology of Being*. New York: Van Nostrand.

Masterson, J. F. (1976). *Psychotherapy of the Borderline Adult: A Developmental Approach*. New York: Brunner/Mazel.

Melnick, J. (1980). 'The Use of Therapist-imposed Structure in Gestalt Therapy', *Gestalt Journal*, 3(2): 4–20.

Melnick, J. and S. M. Nevis (1986). 'Power, Choice and Surprise', *Gestalt Journal*, 9(2): 43–51.

Merleau-Ponty, M. (1973). 'Phenomenology and the Sciences of Man', pp. 47–105 in M. Natanson (ed.), *Phenomenology and the Social Sciences*. Evanston, IL: Northwestern University Press.

Moreno, Z. (1979). 'Escape Me Never', *Group Psychotherapy, Psychodrama and Sociometry*, 32: 5–12.

Morphy, R. (1980). 'An Inner View of Obsessional Neurosis', *Gestalt Journal*, 3(1): 120–136.

Naranjo, C. (1982). 'Gestalt Conference Talk 1981', *Gestalt Journal*, 5(1): 3–19.

Onions, C. T. (ed.) (1973). *The Shorter Oxford English Dictionary: On Historical Principles*. Oxford: Oxford University Press (first published 1933).

Ornstein, R. E. (1972). *The Psychology of Consciousness*. San Francisco: W. H. Freeman.

Ovsiankina, M. (1928). 'Die Wiederaufnahme von Interbrochenen Handlungen', *Psychologische Forschung*, 2: 302–389.

Passons, W. R. (1975). *Gestalt Approaches in Counselling*. New York: Holt, Rinehart and Winston.

Pavlov, I. P. (1928). *Lectures on Conditioned Reflexes* (trans. by W. H. Ganff). New York: International Publishers.

Perls, F. S. (1969a). *Ego, Hunger and Aggression*. New York: Vintage

Books (first published 1947).

Perls, F. S. (1969b). *Gestalt Therapy Verbatim*. Moab, UT: Real People Press.

Perls, F. S. (1975). 'Group vs. Individual Therapy' , pp. 9-15 in J. O. Stevens (ed.), *Gestalt Is*. Moab, UT: Real People Press.

Perls, F. S. (1976). *The Gestalt Approach & Eye Witness to Therapy*. New York: Bantam Books (first published 1973).

Perls, F. S. (1979). 'Planned Psychotherapy' , *Gestalt Journal*, 2(2): 5-23.

Perls, F. S., R. F. Hefferline and P. Goodman (1951/1969). *Gestalt Therapy: Excitement and Growth in the Human Personality*. New York: Julian Press.

Perls, L. (1977). 'Comments on the New Directions' , pp. 221-226 in E. W. Smith (ed.), *The Growing Edge of Gestalt Therapy*. Secaucus, NJ: Citadel Press.

Polster, E. (1985). 'Imprisoned in the Present' , *Gestalt Journal*, 8(1): 5-22.

Polster, E. (1987). *Every Person's Life Is Worth a Novel*. New York: W. W. Norton.

Polster, E. and M. Polster (1974). *Gestalt Therapy Integrated*. New York: Vintage Books (first published 1973).

Polster, E. and M. Polster (1977). 'Gestalt Therapy' , pp. 213-216 in B. B. Wolman (ed.), *International Encyclopedia of Neurology. Psychiatry, Psychoanalysis and Psychology* (Vols 1-12). New York: Aesculapius.

Reich, W. (1972). *Character Analysis* (third edition). New York: Simon and Schuster (first published 1945).

Reps, P. (1971). *Zen Flesh, Zen Bones*. Harmondsworth: Penguin Books (first published 1957).

Resnick, R. W. (1984). 'Gestalt Therapy East and West: Bi-Coastal

Dialogue, Debate or Debacle?', *Gestalt Journal,* 7(1): 13–32.

Resnick, R. W. (1987). *Personal Communication.*

Rosenfeld, E. (1982). 'An Oral History of Gestalt Therapy. Part One: A Conversation with Laura Perls' , pp. 3–25 in J. Wysong and E. Rosenfeld (eds.), *An Oral History of Gestalt Therapy.* New York: Gestalt Journal.

Rosenfeld, R. and L. Jacobson (1968). *Pygmalion in the Classroom: Teacher Expectation and Pupil's Intellectual Development.* New York: Holt, Rinehart and Winston.

Rycroft, C. (1972/1979). *A Critical Dictionary of Psychoanalysis.* Harmondsworth: Penguin Books (first published 1968).

Sartre, J. –P. (1948). *Existentialism and Humanism* (trans. by Philip Mairet). London: Methuen (first published in French 1946).

Sartre, J. –P. (1956). *Being and Nothingness* (trans. by Hazel E. Barnes). New York: Philosophical Library (first published in French 1946).

Simkin, J. S. (1976). *Gestalt Therapy: Mini-Lectures.* Millbrae, CA: Celestial Arts.

Simkin, J. S. and G. M. Yontef (1984). 'Gestalt Therapy', pp. 279–319 in R. J. Corsini (ed.), *Current Psychotherapies,* Itasca, IL: F. E. Peacock.

Smith, E. W. (ed.) (1977). *The Growing Edge of Gestalt Therapy.* Secaucus, NJ: Citadel Press.

Smuts, J. (1926). *Holism and Evolution.* New York: Macmillan.

Stevens, B. (1970). *Don't Push the River.* Lafayette, California: Real People Press.

Stevens, B. (1975). 'Boyd Work' , pp. 157–184 in J. O. Stevens (ed.), *Gestalt Is.* Moab, UT: Real People Press.

Stevens, J. O. (ed.) (1975). *Gestalt Is.* Moab, UT: Real People Press.

Stratford, C. D. and L. W. Brallier (1979). 'Gestalt Therapy with

Profoundly Disturbed Persons', *Gestalt Journal,* 2(1): 90–103.

Suzuki, D. T. (1949). *Introduction to Zen Buddhism.* London: John Murray.

Suzuki, D. T. (1972/1974). *Living by Zen.* London: Rider (first published 1950).

Tobin, S. A. (1975). 'Saying Goodbye', pp. 117–128 in J. O. Stevens (ed.), *Gestalt Is.* Moab, UT: Real People Press.

Tobin, S. A. (1983). 'Gestalt Therapy and the Self: Reply to Yontef', *Gestalt Journal,* 6(1): 71–90.

Van De Riet, V., M. P. Korb and J. J. Gorrell (1980/1985). *Gestalt Therapy, An Introduction.* New York: Pergamon Press.

Van Dusen, W. (1975a). 'The Phenomenology of a Schizophrenic Existence', pp. 95–115 in J. O. Stevens (ed.), *Gestalt Is.* Moab, UT: Real People Press.

Van Dusen, W. (1975b). 'Wu Wei, No-mind, and the Fertile Void', pp. 87–93 in J. O. Stevens (ed.), *Gestalt Is.* Moab, UT: Real People Press.

Von Franz, M. -L. (1978). *Time: Rhythm and Repose.* London: Thames and Hudson.

Watts, A. W. (1962/1974). *The Way of Zen.* Harmondsworth: Penguin Books (first published 1957).

Wertheimer, M. (1944). 'Gestalt Theory', *Social Research*, 11(1): 78–99.

Whitmont, E. C. and Y. Kaufmann (1977). 'Analytical Psychology and Gestalt Therapy', pp. 87–102 in E. W. Smith (ed.), *The Growing Edge of Gestalt Therapy.* Secaucus, NJ: Citadel Press.

Whyte, L. L. (1954). *Accent on Form.* New York: Harper.

Wittgenstein, L. (1981/1986). *Tractatus Logico-Philosophicus* (trans. from the German by C. K. Ogden). London: Routledge and Kegan Paul (first published 1922).

Yontef, G. M. (1979a). 'A Review of the Practice of Gestalt Therapy' in F. D. Stephenson (ed.), *Gestalt Therapy Primer*. Springfield, IL: C. Thomas.

Yontef, G. M. (1979b). 'Gestalt Therapy: Clinical Phenomenology', *Gestalt Journal,* 2(1): 27–45.

Yontef, G. M. (1980). 'Gestalt Therapy: A Dialogic Method'. Unpublished manuscript.

Yontef, G. M. (1981). 'Gestalt Therapy: A Dialogic Method', pp. in K. Schneider (ed.), *Gestalt Therapie und Neurose*. Munchen: Pfeifer Verlag.

Yontef, G. M. (1984). 'Modes of Thinking in Therapy', *Gestalt Journal,* 7(1): 33–74.

Yontef, G. M. (1987). 'Gestalt Therapy 1986: A Polemic', *Gestalt Journal,* 10(1): 41–68.

Yontef, G. M. (1988). 'Assimilating Diagnostic and Psychoanalytic Perspectives into Gestalt Therapy', *Gestalt Journal,* 11(1): 5–32.

Zeigarnik, B. (1927). Über das Behalten von Erledigten und Unerledigten Handlungen. *Psychologische Forschung,* 9: 1–85.

Zinker, J. (1978). *Creative Process in Gestalt Therapy*. New York: Vintage Books (first published 1977).

Zinker, J. (1987). 'Gestalt Values: Maturing of Gestalt Therapy', *Gestalt Journal*, 10(1): 69–89.

찾아보기

《인 명》

《내 용》

ㅇ

ㅈ

저자 소개

• 페트루스카 클라크슨(Petrūska Clarkson)

영국 Surrey 대학교 심리상담 및 치료학 교수
Westminster 대학교 방문교수, Roffey, Middlesex 경영대학 출강
영국심리학회 이사, 영국상담심리학회 이사
영국대학협의회 명예 사무총장 역임
영국 게슈탈트치료연구소협회장 역임
BPsS 상담심리 디플롬 시험위원장 역임
영국 런던 메타노이아 심리치료연구소 설립 및 회장 역임
런던 PHYSIS 연구소 기업상담자, 심리치료자, 수련감독자 역임
150여 편의 저술(23개 언어로 출간)

역자 소개

• 김정규

독일 Bonn 대학교 심리학 석 · 박사(임상심리전공)
임상심리전문가/정신보건임상심리사 1급
상담심리사 1급/게슈탈트치료전문가
대인관계정신역동 부부치료전문가

전) 한국임상심리학회장
성신여자대학교 부설 심리건강연구소장
국제 게슈탈트저널 편집위원
현) 성신여자대학교 심리학과 교수
성신여자대학교 사회과학대학장
한국게슈탈트치료학회장

• 강차연

서울여자대학교 문학 석 · 박사(아동심리전공)
상담심리사 1급/청소년상담사 1급
게슈탈트치료전문가
국제공인 NLP Trainer & Consultant
한국NLP상담학회 이사
게슈탈트 표현예술상담협회 이사

전) 서울여자대학교 전임강사
현) 강차연 심리치료연구소 소장
서울여대, 호서대, 명지대, 한국외대 강사

• 김한규

고려대학교 대학원 심리학과 석사(임상심리전공)
성신여자대학교 심리학과 박사과정 수료
정신보건임상심리사 1급
임상심리전문가
게슈탈트치료전문가

전) 성신여대 부설 심리건강연구소 상담실장
현) 다함정신건강상담센터 시설장
　　성신여대, 경희대 강사

• 이상희

서울대학교 대학원 교육학과 석 · 박사(상담전공)
수련감독급 전문상담사
상담심리사 1급/청소년상담사 1급
게슈탈트치료전문가

전) 한국행동과학연구소 책임연구원
　　한국청소년상담원 선임연구원
　　서강대, 숙명여대, 이화여대 강사
현) 삼성생활문화센터 상담실 전문상담원

게슈탈트 상담의 이론과 실제
Gestalt Counselling in Action (2nd ed.)

2010년 10월 25일 1판 1쇄 발행
2025년 3월 25일 1판 9쇄 발행

지은이 • Petrūska Clarkson
옮긴이 • 김정규 · 강차연 · 김한규 · 이상희
펴낸이 • 김 진 환
펴낸곳 • (주) 학지사
04031 서울특별시 마포구 양화로 15길 20 마인드월드빌딩 5층
대표전화 • 02) 330-5114 팩스 • 02) 324-2345
등록번호 • 제313-2006-000265호
홈페이지 • http://www.hakjisa.co.kr
인스타그램 • https://www.instagram.com/hakjisabook

ISBN 978-89-6330-527-1 93180

정가 16,000원

역자와의 협약으로 인지는 생략합니다.
파본은 구입처에서 교환하여 드립니다.